中等职业教育
活力课堂理论与实践

主　　编：陈金国　吕传鸿
副 主 编：姚　敏　马艳琴
参编人员：陈文博　赵有林　陈伟方
朱中海　朱　俊　房忠东
葛振娣

江苏大学出版社
JIANGSU UNIVERSITY PRESS
镇　江

图书在版编目(CIP)数据

中等职业教育活力课堂理论与实践 / 陈金国，吕传鸿主编. -- 镇江 : 江苏大学出版社，2022.10
ISBN 978-7-5684-1877-5

Ⅰ. ①中… Ⅱ. ①陈… ②吕… Ⅲ. ①中等专业学校—课堂教学—教学研究 Ⅳ. ①G718.3

中国版本图书馆 CIP 数据核字(2022)第 196303 号

中等职业教育活力课堂理论与实践

主　　编/陈金国　吕传鸿
责任编辑/许莹莹
出版发行/江苏大学出版社
地　　址/江苏省镇江市京口区学府路 301 号(邮编: 212013)
电　　话/0511-84446464(传真)
网　　址/http://press.ujs.edu.cn
排　　版/镇江文苑制版印刷有限责任公司
印　　刷/镇江文苑制版印刷有限责任公司
开　　本/710 mm×1 000 mm　1/16
印　　张/20.5
字　　数/355 千字
版　　次/2022 年 10 月第 1 版
印　　次/2022 年 10 月第 1 次印刷
书　　号/ISBN 978-7-5684-1877-5
定　　价/49.00 元

序言

2019年1月，国务院印发《国家职业教育改革实施方案》，这体现了在教育系统层面改革传统职业教育的国家意志。“改革”已经成为推动我国职业教育发展的强大动力，催生了众多职业教育发展经验和成果。江苏省中等职业学校教育改革从日常课堂教学实践开始，从培养学生核心素养的角度出发，关注学生基础差异，注重学生个性化发展。中等职业教育课堂如何从“死力”转向“活力”，成了江苏职业教育课堂教学研究的主题之一。扬州市以叶澜先生的“生命·实践”教育学派理论所呈现的“课堂革命”的逻辑与方法，开启了市域中等职业学校课堂教学改革的先河。

扬州市职业教育改革聚焦课堂的背后，是生命教育思想在发力。陈旧的课堂，没有思维的空间，没有活动的支撑，没有经验的改造，没有意义的发现，没有关系的重建，更谈不上真正的学习。扬州市教学策略改革通过课堂教学范式的转变提高课堂教学的实效性，提高教师的教学实践能力。两个“提高”相互促进、并行发展，使扬州市职业学校的课堂教学改革重点落在“应该如何开展课堂教学”这个问题上，从而使课堂教学改革的研究任务合乎逻辑地落在市域顶层设计上，引导扬州市职教教研机构人员全力投入。应该说，在国家教育政策的指导下，在职业教育工作者的共同努力下，扬州市职业教育课堂教学策略改革在新课堂建构上取得了一些值得关注的经验。实践证明，只有着眼于革新课堂教学方法，提高教师的教学水平，才能消除陈旧课堂模式的弊端，提高课堂教学质量，促进学生积极学习、快乐成长。

近年来，扬州市积极打造活力课堂教学范式，市域教学大赛成绩在全省保持领先。这不仅促进了教师的专业成长，而且促进了扬州市整体教学质量的提升。目前，课堂教学改革取得了令人瞩目的成绩，活力课堂已逐步发展成为扬州市职业教育的一个品牌，吸引着愈来愈多的同行前来观摩、学习。扬州市活力课堂教学范式通过教学策略的改革和对学习环境的有效管理，极大地调动了学生的学习积极性，把以往学生被动学习、低效学习以及气氛沉闷的乏力课堂变成了学生主动学习、互助学习的活力课堂，创造了通过课堂教学范式的转变提高教学效能的新经验，为职业教育工作者通过课堂教学改革提高教育教学质量提供了思路。

书中通过丰富的教育教学案例，一方面用原生态教育语言系统介绍了扬州市活力课堂教学范式的发展过程、主要内容及其实践成效，在为读者提供一些成功教育改革案例的同时，生动地展示了职业教育工作者追寻教育理想的集体努力与智慧结晶；另一方面用丰富的教育成果展示了扬州市本土教育资源的开发潜力，彰显了本土教育智慧对中等职业教育改革和发展的重要价值，值得同行研究和借鉴。

方健华

2021 年 2 月

前言

本书是中等职业教育活力课堂教学范式教学理论研究与实践应用的智慧结晶。全书共分两大部分。第一部分为中等职业教育活力课堂理论篇，主要阐述了中等职业教育活力课堂的发展渊源、理论基础与实践依据、理论框架、教学结构设计、实施策略、保障体系及其运行机制，以及基于活力课堂的课堂教学诊断与改进、实践路径与价值分析等。第二部分为中等职业教育活力课堂实践篇，包括两个方面的内容：一是中等职业学校教师活力课堂教学案例选编，主要通过中等职业学校教师实施的典型教学案例论述了活力课堂的设计策略、分析与启示；二是中等职业学校教师活力课堂获奖作品选编，主要介绍了有关教师在应用活力课堂教学范式参加国家级、省级职业院校技能大赛教学能力比赛中的相关教学设计、教学内容重构、课程资源开发、教学环境创设、教学策略运用、教学评价实施等内容。

本书阐释了中职活力课堂理论框架，汇聚了多篇具有代表性的实践素材，力求呈现活力课堂教学的多元化面貌及发展趋势，给一线教师开展“课堂革命”以启示。本书使用范围广泛，不仅可以作为从事中等职业教育的教师的课堂教学研修读本，还可为热心于职业教育改革的广大社会读者选用。

限于作者水平，书中难免存在疏漏，敬请广大读者批评指正。

目 录

第一部分　中等职业教育活力课堂理论篇

第一部分

中等职业教育活力课堂理论篇

第一章

中等职业教育活力课堂的发展渊源

伴随改革开放的步伐，我国职业教育已经走过40多年的发展历程。在这40多年的改革与发展过程中，职业教育经历了由小到大、由弱到强、由规模发展到内涵发展的转变，为我国经济社会发展、小康社会建设做出了积极贡献。

近年来，随着我国进入新发展阶段，国民经济水平不断提高，产业结构转型升级不断加快，各行业对技术技能人才的需求愈发紧迫。职业教育作为一种重要的教育类型，肩负着为社会经济发展提供高素质技术技能人才的重任，其重要作用和地位日益凸显。国计民生对职业教育寄予的更高期望和要求，促使职业教育必须进一步探索高质量发展模式。为此，2014年5月，国务院印发了《关于加快发展现代职业教育的决定》，文件中明确要求加快构建现代职业教育体系，激发职业教育办学活力，提高人才培养质量。2019年1月，国务院印发《国家职业教育改革实施方案》，其中首次提出“职业教育和普通教育是两种不同的教育类型，具有同等重要地位”，并提出开展职业教育“三教”（教师、教材、教法）改革的任务，旨在大幅度提升职业教育人才培养和产业需求发展之间的契合度，提升职业教育质量。同时，该文件针对职业教育内外部改革的关键问题提出了战略性解决方案，包括完善现代职业教育体系、健全国家职业教育制度框架、促进产教融合校企“双元”育人、建设多元办学格局、完善技术技能人才激励保障政策、加强职业教育办学质量督导评价等，引起了社会的高度关注，被视为办好新时代职业教育的顶层设计和施工蓝图。2022年4月，新修订的《中华人民共和国职业教育法》(简称“新《职业教育法》”）指出：“职业教育是与普通教育具有同等重要地位的教育类型，是国民教育体系和人力资源

开发的重要组成部分，是培养多样化人才、传承技术技能、促进就业创业的重要途径。国家大力发展职业教育，推进职业教育改革，提高职业教育质量，增强职业教育适应性，建立健全适应社会主义市场经济和社会发展需要、符合技术技能人才成长规律的职业教育制度体系，为全面建设社会主义现代化国家提供有力人才和技能支撑。”新《职业教育法》是推进全面依法治教、提升治理体系和治理能力的必然要求，是增强职业教育适应性、加快建设技能型社会的根本之法，是确定职业教育类型地位、推动现代职业教育体系建设进入法治化阶段的有力体现，是巩固职业教育改革成果、把成熟改革举措上升为法律制度的战略之举，是清除体制机制障碍、凝聚职业教育发展合力的有力保证。因此，新《职业教育法》的颁布具有重大意义。与此同时，我们也清醒地认识到，新《职业教育法》对职业教育自身发展提出了明确要求，增强适应性、提升人才培养质量已成为职业教育迫切而又长远的任务。课堂是职业教育人才培养的主阵地，唯有课堂改变，学校才能改变，教学质量才能提升，职业教育的适应性才能增强。因此，推进职业教育课堂教学改革、提升人才培养质量已经成为职业教育界的共识。

活力课堂，源于华东师范大学叶澜教授在 20 世纪和 21 世纪之交提出的中小学课堂教学改革新理念。叶澜教授在《让课堂焕发出生命活力》一文中指出：“把丰富复杂、变动不拘的课堂教学过程，简约划归为特殊的认识活动，把它从整体的生命活动中抽象、隔离出来，是传统课堂教学观的最根本缺陷。”针对传统课堂缺陷，叶澜教授提出构建基于生命活力激发的课堂。她指出：“必须超出和突破（但不是完全否定）‘教学特殊认识论’的传统框架，从高一个层次——生命的层次，用动态生成的观念，重新全面地认识课堂教学，构建新的课堂教学观。”“我们把教学改革的实践目标定在探索、创造充满生命活力的课堂教学，因为，只有在这样的课堂上，师生才会全身心投入，他们不只是在教和学，他们还在感受课堂中生命的涌动和成长；只有在这样的课堂，学生才能获得多方面的满足和发展，教师的劳动才会闪现出创造的光辉和人性的魅力；也只有在这样的课堂，教学才不只是与科学，而且是与哲学、艺术相关，才会体现出育人的本质和实现育人的功能。”

叶澜教授关于活力课堂的理念对于职业教育课堂教学改革具有鲜明的指导性。在职业教育领域，虽有对活力课堂的相关研究，但往往集中于对课堂中教师、学生、教学环境、教学内容、教学资源、教学评价等要素的某一方面或几个方面的研究，缺乏对活力课堂理论深入而全面的探索，尚未形成中等职业教育活力课堂理论及其可用的相对稳定的教学范式，影响了活力课堂相关研究结论在中等职业学校课堂教学中的实际应用。因此，我们必须依据职业教育规律，系统建构中等职业教育活力课堂（简称“中职活力课堂”）教学理论和中职活力课堂教学范式，开启中职活力课堂的创新实践，从以教师、教材、教室为中心以及“讲解—接受”式（简称“三中心一讲受”式）传统封闭式课堂，逐步走向以生命发展、学生学习、学习效果为中心以及“互动—生成”式（简称“三中心一共生”式）现代开放式课堂。

第一节　中等职业教育活力课堂的研究与实践背景

一、基于创新驱动的产业转型升级对中等职业学校人才培养的要求

开展中等职业教育活力课堂创新实践，是基于创新驱动的产业转型升级对中等职业学校人才培养的要求。要素驱动是指依靠土地、资源、劳动力等各种生产要素的投入来促进经济增长的发展方式。创新驱动是指依靠科学技术的创新来实现集约化发展的经济增长方式。改革开放以来，我国经济社会取得了飞速发展。与此同时，要素驱动带来的诸多问题日益显现，从要素驱动转向创新驱动是大势所趋。全面实施创新驱动发展战略，教育为基础，科技为关键，人才为根本。早在 2014 年 6 月于成都召开的全国职业院校管理经验现场交流会上，时任教育部副部长鲁昕就已经指出：“过去，职业学校对毕业生的定位是套一身蓝工作服的产业工人；现在，学校要转变观念，要为中高端产业输送技能人才。”《国家职业教育改革实施方案》明确要求，职业教育必须由追求规模扩张向提高质量转变，由参照普通教育办学模式向企业社会参与、专业特色鲜明的教育办学模式转变，大幅提升新时代职业教育现代化水平，为促进经济社会发展和提高国家竞争力提供优质人才资源支撑。因此，职业教育应当围绕“公平有质量、类型特色突出”的主题，以提质培优、增值赋能为主线，坚持问题导向、需求导向、目标导向，着力加强内涵建设，提高教育质量，增强职业教育吸引力。这些落实在教学方面，就是要深化课堂教学改革，唤醒学生

学习的自主意识，激发学生的生命潜能与创新冲动，促进学生自我实现与自我解放；要加强对学生文化素养、职业精神、技术技能的培养，促进学生的全面可持续发展，以满足基于创新驱动的产业转型升级对新型技术技能人才的需求。

二、基于各级教育行政部门对职业教育教学质量的要求

开展中等职业教育活力课堂创新实践，是基于各级教育行政部门对职业教育教学质量的要求。《教育部关于深化职业教育教学改革全面提高人才培养质量的若干意见》（教职成〔2015〕6 号）指出："坚持工学结合、知行合一。注重教育与生产劳动、社会实践相结合，突出做中学、做中教，强化教育教学实践性和职业性，促进学以致用、用以促学、学用相长。""加强公共基础课与专业课间的相互融通和配合，注重学生文化素质、科学素养、综合职业能力和可持续发展能力培养，为学生实现更高质量就业和职业生涯更好发展奠定基础。"这体现了国家对提高职业教育教学质量的要求。2016 年 9 月，北京师范大学受教育部委托，联合国内高校近百位专家成立课题组，发布了《中国学生发展核心素养》的研究报告。报告提出，核心素养以培养"全面发展的人"为核心；学生发展的核心素养指学生应具备的、能够适应终身发展和社会发展需要的必备品格和关键能力，包含文化基础、自主发展、社会参与三个方面，细分为人文底蕴、科学精神、学会学习、健康生活、责任担当、实践创新六大素养。学生发展的核心素养是对素质教育内涵的具体阐述，可以使新时期的素质教育目标更加清晰、内涵更加丰富，更具有指导性和可操作性。学生发展的核心素养是一套系统的教育目标框架，其实施需要整体推进各教育环节的改革，最终形成以学生发展为核心的完整教育体系。所以，中等职业教育亟待通过课程与教学改革落实对学生核心素养的培育，将学生核心素养发展作为课程设计的基础和出发点，明确公共基础课程、专业技能课程的具体教育目标和任务，加强各课程的纵向联系和横向合作，使学生的核心素养在中等职业教育课程教学中得以贯彻和积淀。落实在中等职业教育课程具体教学内容中的素养可以理解为知识、技能、态度与能力等要素的集合。《关于建立江苏省中等职业学校学生学业水平测试制度的意见（试行）》（苏教职〔2014〕36 号）明确指出，建立中等职业学校学业水平测试制度是深化职业教育教学改革、创新人才培养模式、提高职业学校教学管理水平和保证教学质量的重要举措。目前，关于学业水平测试的表述已经改为

学业水平考试，充分体现了江苏省教育厅对职业教育教学质量的重视程度。各级教育行政部门出台政策、标准等的目的就是推进职业学校深化课程改革，开发体现产教融合、落实核心素养且结构合理的课程体系，推进课堂教学中基于教师、学生、内容、环境等核心要素之间的关系重塑，促进学生自主健康发展和教师自觉专业成长。

三、基于中等职业学校课堂教学改革的迫切需要

从扬州市中等职业学校的情况来看，总体上学生基础薄弱、学习习惯不良、学习兴趣不浓、课堂教学气氛沉闷且缺乏生机与活力，承载课堂教学活动的教室不是“润泽的教室”，而是缺少人情味的，以硬邦邦、干巴巴的关系构成的教室。这些严重影响了师生教学的积极性与课堂教学的有效性。因此，创新课堂教学实践已成为中职课堂教学改革的迫切要求。2014 年 5 月，国务院印发《关于加快发展现代职业教育的决定》（国发〔2014〕19 号），文件明确了提高人才培养质量的要求包括创新教学模式、专业课程内容与职业标准相衔接、全面实施素质教育、加强信息技术应用等，为职业教育教学改革指明了方向。2017 年 9 月，时任教育部党组书记、部长陈宝生在《人民日报》撰文，吹响了“课堂革命”的号角。陈宝生提出，课堂教学改革是教育改革的核心，课堂教学改革要坚持“一个中心，两个基本点”，即以学生发展为中心，坚持素质教育在课堂，坚持教为学服务。课堂已经不再是单纯传授知识的封闭场所，而应该是师生生命相遇的一段旅程，是充满生命活力、实现师生生命意义的幸福地带。这就需要广大教师从师生生命价值的实现出发，用积极情绪、思维来反思现代课堂的建构，不断“让课堂焕发出生命的活力”。因此，开展中等职业学校活力课堂创新实践，是基于中等职业学校课堂教学亟待改革的需求。早在 2010 年年初，随着江苏省教科院课程改革实验学校项目的推出，扬州市中等职业学校陆续开展了“活力课堂”“生态课堂”“积极课堂”“有效课堂”“适学课堂”等课堂教学改革探索。它们虽然名称不同，但目标一致、策略相似。扬州市职教教研机构应势而为、与时俱进，自 2014 年起先后依托有关基层学校深入研究并实践活力课堂，设计关于提高中等职业学校人才培养质量的“活力课堂”实施方案。该方案在全市中等职业学校推进实施，形成了活力课堂教学改革“自下而上”与“自上而下”的互动推进机制。

第二节　中等职业学校课堂教学的现状与思考

为了解扬州市职业学校课堂教学现状，剖析课堂低效、无趣、乏力的根源，以便有针对性地开展中等职业学校活力课堂的实践研究，扬州市职教教研机构专门成立了活力课堂项目研究组。项目研究组研究制定了分别面向教师和学生的两份调查问卷，问卷围绕教学目标的确立、教学资源的整合、教学过程的质态、知识能力的生成、科学人文精神的融合、课堂教学的效果等维度进行设计。随后，项目组利用问卷网对全市 11 所中等职业学校 336 名教师、8781 名学生分别进行了问卷调查、统计分析，调查样本做到了对全市职业学校的全覆盖和各年级学生的广覆盖。同时，项目组在一些职业学校的部分师生中开展了走访调查。从调查情况来看，调查结果具有一定的研究价值。

一、关于中等职业学校课堂教学现状的调查分析

关于教学目标的确立，教师总体能关注三维目标，能注意到课堂教学应以学生为主体，能依标据本进行教学目标设计，但教师对课程之间的相互服务关系缺乏考虑，仅 31%的教师能够根据学情分层设计教学目标，能关注到教学目标要清晰、可观察、可测量。

关于教学资源的整合，90%的教师在上课过程中能从实际问题、典故或与专业相关的问题出发创设情境，但“做中学”资源在实际课堂教学中应用得比较少，利用互联网资源、专有平台及教材教辅进行教学的教师占 80%以上，自主开发课程资源的不到 30%，教师虽然有获取教学资源的渠道，但整合、创新、应用能力不足。

关于教学过程的质态，总体上教师课堂教学未形成稳定的教学程序，缺乏情境创设、探究学习、课堂总结、学习评价等环节，课堂问题设计较随意，缺乏探究性和启发性，不重视将学生的学习从课中向课前预习与课后拓展延伸。同时，许多教师的教学思想较为落后、教学方法传统保守，仍采用传统的“满堂灌”方式传授知识，未能发挥学生学习的主观能动性，未能使学生在学习中体会到学习成功的快乐以激发他们的学习兴趣。教师很少为学生设计有序、有效的学习活动，大多时候根据自己的想法进行教学，以学生练习作为课堂的补充，未能充分体现学生的主体性，多数

情况下学生只能消极地跟着老师被动学习。

关于知识能力的生成，教师较为关注知识教学，对激发学生的学习兴趣和促进师生交流互动不够重视，与学生的情感沟通不畅，导致课堂教学气氛不够愉悦，学生参与度不高、难以产生主动学习的意向与知识的自我建构，教师普遍不重视课堂教学资源的生成与处理。

关于科学人文精神的融合，教师重知识而轻思维能力训练。有些教师虽然关注学生思维的培养，但往往缺乏对学生批判性思维与创新性思维等高阶思维能力的审视。在课堂教学中，教师们很少有美育文化元素渗透的意识，不关注学生合作学习活动的设计，学生缺乏合作学习与探究问题的精神。

关于课堂教学的效果，中等职业学校课堂教学明显缺乏活力，学生学习兴趣不浓，不能积极主动完成课后任务，教师对自身的教学效果也不甚满意。另外，在课堂中对教学效果经常开展评价的教师不到30%，且开展教学评价的主体和方法很单一，主要采用教师评价、终结性评价，很少采用学生自评、互评和过程性评价，更少采用发展性评价、增值性评价。

综上所述，虽然影响中等职业学校课堂教学活力的因素有很多，但教师的态度与能力素养是决定性因素。中等职业学校教师在长期传统的教学方式中形成了学科导向思维定式，习惯于从理论到理论的系统讲解，不关注所学知识与学生已有经验的联结，忽视了学生情感、态度、价值观的发展，从而忽略了学科的育人价值与功能。由于教师重视学科本身而轻视学生的发展，过于强调学生在学习中的独立性和知识的系统性，学科成为中心，知识成为目的，课堂教学成为促进学科发展、培养学科后备人才的手段，因此教学效能低下。与此同时，教师的教育理念滞后，教学方法不当，这不仅影响师生情感交流，而且难以使学生化情感为学习的动力，不利于发挥学生学习的主动性。教师对课程标准认识不到位，缺乏对本课程与其他课程之间联系的研究，缺乏将课程与岗位、大赛、职业资格证书相关目标内容整合的意识，缺乏对各类教学资源的整合与利用。教师对在课堂中发挥学生主体地位的认识不足，教学过程中较多地从“教”的角度去设计与实施，习惯于灌输教学、机械训练，学生被动听讲、浅层学习、机械记忆，忽视学生的主动学习、实践学习、探究学习、合作学习，影响了学生自身潜能的调动和发挥，扼杀了学生的实践、发现、质疑、批判、建构等实践创新能力。

众所周知，相当一部分中等职业学校的学生在进校时基础薄弱，学习能力不强。因此，中等职业学校教师迫切需要加强学习、更新理念，解放思想、勇于改革，着力解决对学生学习潜能的激发与唤醒问题，不断增强学生的学习动力、学习毅力和学习能力。

二、中等职业教育活力课堂要解决的问题

第斯多惠说过：“教学的艺术不在于传授本领，而在于善于激励、唤醒和鼓舞。”根据对中等职业学校课堂教学现状的调查分析，中职活力课堂要解决的问题主要有以下三个方面：一是学生学习积极性不高，知识基础、学习能力差异较大，学习目标不明确，学习兴趣不浓厚，导致支配和维持学习活动的内在驱动力不够。二是教师教学理念、教学能力差异较大，职业成就感不强，创新动力不足。三是课堂教学模式陈旧、教学目标不明确、教学方法单一、教学过程随意、学生学习消极被动，师生之间、生生之间缺乏情感交流，课堂气氛沉闷压抑，学生学习自觉性不够，不能通过对自身行为的监控及调节来达到既定学习目标，学习行为难以深入持久。四是课堂教学评价随意，教学评价理念落后，缺乏科学的教学评价标准与方便快捷的教学评价工具，评价主体单一、应用流于形式，较为关注学科的独立性和系统性，对落实立德树人根本任务、将教学内容与“岗课赛证”有机融合、培养学生核心素养与实践创新能力重视不够，对多元主体评价与多种方式评价相结合、教学评价工具的开发应用，以及评价结果的应用效力等方面缺乏关注。

因此，在中等职业学校开展活力课堂教学改革的研究与实践，必须实现学生的学习从被动到主动、从消极到积极、从无趣到有趣、从低效到高效的蜕变。与此同时，开展中等职业教育活力课堂教学改革和探索，能促进教师以科学的方法开展教学改革实践，提高教学能力，改善教学效果，获得职业成就感，形成现代化学生观、教师观、教学观、质量观，有利于打造一支品德高尚、业务精湛、充满活力的高素质教师队伍。

中等职业教育活力课堂立足中等职业学校课堂教学实际，从遵循中等职业学校学生认知规律出发，在现代教学理论与先进实践经验的支撑下，以全面、系统、发展、联系的观点对中等职业教育课堂教学现象进行观察与分析，厘清课堂各要素及其之间的关系，探讨中等职业教育活力课堂的内涵与特征，构建中等职业教育活力课堂的有效策略与运行保障机制，以此丰富课程与教学方面的研究成果，发展中等职业学校学生的核心素养，突破中等职业学校课程教学质量与教师专业发展水平的瓶颈，最终实现中等职业学校教学质量的全面提升。

第二章

中等职业教育活力课堂的理论基础与实践依据

布鲁斯·乔伊斯等在《教学模式》一书中指出，教学模式就是学习模式。当我们在帮助学生获取信息、形成思想、掌握技能、明确价值观、把握思维方式和表达方式时，也在教他们如何学习。教学的终极目标就是提高学生的学习能力，使他们将来能够更加便捷有效地学习，一方面获得知识技能，另一方面掌握学习的过程。苏联教育家凯洛夫提出的课堂教学五环节——组织教学、复习提问、讲授新课、巩固新课、布置作业，是在夸美纽斯《大教学论》中的课程概念指导下建立的，是适应单纯的系统知识传授型的教学方式，在长期的教育实践中成为职业教育教师普遍习惯的传统课堂教学模式，在职业教育的发展进程中发挥了重要作用。然而，随着增强适应性、服务高质量的时代呼唤，这种传统教学模式显然不再适应职业教育的发展要求，亟待实现从学科导向的教学模式向行动导向的教学模式转变，而运用现代教学理论指导和借鉴先进实践经验将成为这种转变的重要途径。

第一节　中等职业教育活力课堂的理论基础

一、马克思主义人的本质论

马克思指出："人的本质并不是单个人所固有的抽象物。在其现实性上，它是一切社会关系的总和。"马克思的这一著名论断蕴含了以下思想：首先，人的本质是人的真正的社会联系，而不是人的生物属性；其次，人的本质不是社会关系的某一方面，而是全部社会关系的总和；最后，人的本质是具体的、历史的。综上所述，人的主体性是人的本质的最高层次。

马克思主义人的本质论对中等职业教育活力课堂的启示在于，主体性是包括自然意义与学习意义在内的生命活动的本质特征。中职学生是正在成长中的社会主体，在课堂教学中，教师必须充分发挥学生的主体作用，培养学生学习的主体能力。

二、建构主义学习理论

建构主义学习理论认为，知识不是通过教师传授得到的，而是学习者在一定的情境（即社会文化背景）下，得到获取知识过程中的其他人（包括教师和学习伙伴）的帮助，利用必要的学习资料，通过意义建构的方式获得的。由于学习是在一定的情境下，通过人际间的协作活动而实现的意义建构过程，因此建构主义学习理论强调以学生为中心，认为“情境”“协作”“会话”和“意义建构”是学习环境中的四大要素或四大属性。

建构主义学习理论对中等职业教育活力课堂的启示在于，应当根据学生的学习兴趣和经验创设情境，激发学生的求知欲；应当重新确定师生角色，学生是学习的主体，教师只是学生学习的引导者和帮助者，师生之间应当平等对话，相互理解尊重，加强情感交流；应当建立合适的学习共同体，让学生在共同的目标追求中开展协作与对话，实现对知识的意义建构。

三、陶行知生活教育理论

陶行知生活教育理论可概括为三句话：生活即教育，社会即学校，教学做合一。就“生活即教育”“社会即学校”而言，陶行知主张学校教育的范围不仅在书本，还应扩大到大自然、大社会和群众生活中，向大自然、大社会和群众学习。就“教学做合一”而言，它是陶行知生活教育理论的教学方法论，革新了传统单一的教授法。陶行知反对以“教”为中心，主张“教学做合一”，这就从教学方法上改变了教、学、做的分离状态，克服了书本知识与生活实践脱节、理论与实际分离的弊端，是教学法的一大变革。

生活教育理论对中等职业教育活力课堂的启示在于，加强生活化教学策略的应用，引导学生观察和思考生活中的实际问题，使学生在经验与知识的联结中建构知识的意义；坚持“做字当头、学贯始终、相机而教”，尽可能地让学生在做中学，在与环境、教师及小组同伴的互动过程中获得知识、提高能力、发展素养。

四、最近发展区理论

苏联教育家维果茨基提出了最近发展区理论。最近发展区是指“儿童现有的独立解决问题的水平”与“通过成人或更有经验的同伴的帮助而能达到的潜在的发展水平”之间的区域。最近发展区理论认为，教学应着眼于学生最可能达到的发展水平，为学生提供适当难度的内容，学生在教师与同伴的协助下，学习的积极性得以调动，潜能得以发挥，超越自身最近发展区而达到新的发展水平，然后在此基础上进行下一个发展区的发展。

最近发展区理论对中等职业教育活力课堂的启示在于，找准学生的最近发展区，实施分层教学。中职活力课堂应当积极应对学生现有的学习基础和学习能力分化问题，依据学生现有的发展水平确定教学目标，让不同学习层次的学生学有所得，体验收获的乐趣与成长的快乐。

五、生命教育理论

1968 年，美国学者杰唐纳·华特士在《生命教育：与孩子一同迎向人生挑战》一书中首次提出了“生命教育”理念，拓展了学校教育的内涵。他认为，教育是融书本学习和人生体验于一体的过程，应该让身、心、灵兼备的生命态度成为未来教育的新元素。他指出：“孩子们所学习的是如何生活在这个世界上，而不只是如何找到一份工作、从事一种职业；他们必须懂得如何明智、快乐而且成功地生活，而不违背自己内在深层的需求；当然，更不会执着于金钱和权力。”

华东师范大学叶澜教授创立的“生命·实践”教育学派认为，真正的人的教育，是充满着生命活力的人的教育；教育不是简单的直接传递现存知识的过程，而是生命与生命的交往与沟通的过程，只有有了这种生命的沟通，才能深刻地实现对生命发展的影响。教育的宗旨应当从生命和教育的整体性出发，唤醒教育活动的每一个生命，让每一个生命真正“活”起来。“生命·实践”教育学派主张关注每一个学生的终身发展，培养健康主动发展的人，关注个体差异，注意学习力的提升，促进学生社会性的发展；关注学生思维与能力的生成发展；关注学生自我生命的发展，强调学生的学习方式为主动选择、互动生成、积极实践；关注学生“动力内化”

的过程。“生命·实践”教育学的核心关键词是“生命自觉”，基本特质是真实开放性、灵动结构性、发展生长性。

生命教育理论对中等职业教育活力课堂的启示在于，面对中职学生长期以来缺乏自信、缺少生命自觉的状况，教师要鼓励并指导他们在不利情况下找准发展定位，加强师生之间、生生之间发乎内心的生命情感的交往与沟通，让他们将知识技能学习与人生体验融为一体，促进自身逐步形成“动力内化”，实现“生命自觉”。

六、情感教育理论

罗杰斯人本主义情感教育理论认为，教育的目的在于激发学生学习的动机，发展学生的潜能，使学生形成积极向上的自我概念和价值观体系，最终能够自觉教育自己。他强调了情感在教育中的作用：首先，教师应该用情感进行教育；其次，学生的认知过程与情感过程是有机统一体；最后，要创造师生情感交流的教育环境。

人本主义教育理论强调人的尊严和价值，反对行为主义学派的机械论倾向，批评精神分析学派只注重研究情绪和精神障碍患者而忽略大量的心理健康的人，主张研究对个人和社会进步具有意义的问题。人本主义教育理论秉承马斯洛的“人的自我实现”理论，把教育的宗旨定位在：教育要真正关照人的终极成长，促进人的自我实现，培养完整人格，而非受教者的成绩提高之类的短期目标。因此，人本主义始终关注的是人的整体发展，尤其是人的“内心生活”的丰富和发展，即人的情感、精神和价值观的发展。

苏霍姆林斯基的情感动力理论认为，要开展和谐教育，即通过丰富多彩的精神生活，保证学生个性全面发展，保证其天赋才能充分表现，使学习富有成效。和谐教育内在的、恒久的支柱在于使学生建立积极的“情感动力系统”。

情感教育理论对中等职业教育活力课堂的启示在于，在课堂教学中，应关注学生的认知过程与情感过程的有机统一，关注学生的整体和全面发展。中职活力课堂应当营造宽松愉悦的学习氛围，使学生在课堂上有安全感，在自主学习与合作探究中不怕出错和失败，让学生在知识建构的过程中获得生命的意义，促进学生自我实现；另外，必须重视情感交流和精神引领在课堂教学中的价值，设计能触及学生情感和精神需要的教学活动，使学生从学习中收获满足和愉悦。

七、教学过程最优化理论

苏联教育家和教学论专家巴班斯基建立了教学过程最优化理论。该理论运用现代系统论的原则和方法，对教学理论进行综合性的研究和探索。它并不是什么特别的教学方法或教学手段，而是一种教学方法论、一种教学策略思想。教学过程最优化理论把教学过程作为一个系统进行研究。该系统包括教学过程中的人（教师和学生）、教学条件（教学物质条件、教学卫生条件、教学的道德心理调节）、教学过程结构（包括教学目的和任务、教学内容、教学方法、教学组织形式、教学结果等），以及教学实施的基本环节。他认为，教学过程最优化是在全面考虑教学规律、教学原则、现代教学形式和方法、教学系统的特征及内外部条件的基础上，为了使教学过程从既定标准出发能发挥最有效（即最优）的作用而组织的控制。

教学过程最优化理论对中等职业教育活力课堂的启示在于，教师应全面关注学情分析、师生关系、教学条件、教学结构、教学活动与教学评价，进行教学过程的系统化设计；依据教学规律和教学原则，根据教学内容特点和学生学情选择最佳教学方案，绝不能采用千篇一律、一成不变的教学策略。

第二节　中等职业教育活力课堂的实践依据

一、尝试教学法

20 世纪 60 年代，我国尝试教学法创立者邱学华在教学领域率先提出“先练后讲”的概念，70 年代他亲自在农村中学进行“先试后导”的探索性实验，80 年代在大量且系统的教育实验后，“尝试教学法”被正式提出并成功推广，90 年代尝试教学理论在中小学的许多学科中得到了广泛应用。尝试教学法历经 60 多年的发展，综合了历代优秀教育家的观点，从小学数学尝试教学法逐渐发展为尝试教学法，并在不断丰富和完善教育实践的基础上，进一步上升为尝试教学理论，最终成为一套根植于中华文化的内容完整、逻辑缜密的教育理论体系。尝试教学法所涉及的猜测、自信、挑战、协作、交流、讨论、坚持、坚守等因素，已成为当代教学改革与实验的基本要素，成为新时代中国特色教学法的典型特征。邱学华认为，“学生能尝试，尝试能成功，成功能创新”。其精髓在于，要在教学中确立学生的主体地位，使学生在尝试中收获成功、享受喜悦。邱学华的尝试教学法根植于中国的实践大地，萌芽于中华传统教育固有的尝试基因，借鉴了《易经》中的蒙卦思维、孔子的“愤”“悱”境界、孟子的尝试表述、陶行知的教学理念、胡适的尝试思想等一脉相承的思想精髓，走出了一条长期实验、循序渐进的健康发展轨迹。经过实践，尝试教学法已经形成了“先试后导、先学后教、先练后讲”的教学模式，并从小学数学辐射到其他各科教学，从基础教育辐射到职业教育。

尝试教学法对中职活力课堂的启示在于，必须改变中等职业学校课堂教学中先讲后练、先教后学、学生被动学习的境况，对于适合的教学内容，可实施“先学后教，以学定教，以教导学”的策略，充分发挥学生的主体作用，促进中职课堂迸发出师生的生命活力。

二、活动单导学

“活动单导学”教学模式是江苏省如皋地区结合区域教学实际，创新性地提出以“活动单”为学习载体，并以之推进课程改革的一种活动教学模式。它是指以“活动单”为媒介引导学生在“活动”中自主、合作学习，实现教学目标的过程。将活动教学思想与“活动单导学”结合起来并以前者指引后者，让学生在课堂上既能获得活动的体验，又能获得思想的滋润。相对于一些笼而统之的教学改革而言，有了“活动单”这一载体，学生的学习过程将更为明确，学习效果也更好。“活动单导学”的灵魂是活动，通过让学生动起来，使课堂活起来，学生参与活动的过程就是其体验快乐、探究真知的过程。

“活动单导学”对中职活力课堂的启示在于，要把活动作为学生的学习载体，要让学生在亲身参与活动中体现其学习的主体性；要将教育目的蕴含于活动过程之中，不要怕学生在学习活动中学习效率“低”、生成问题“多”、课堂秩序“乱”，要放手让学生真正参加活动，以获得对认知过程的主体性体验，使学生的知识、技能、态度、能力等核心素养得到有效提升。

三、生态课堂

运用生态学理论开展生态课堂理论与实践研究，构建生态课堂教学模式，已成为近年来各级各类教育课堂教学改革的热点。生态课堂是由教师、学生、教学生态环境（物质环境和精神环境）构成的有机生态整体，主要表现为教师与学生之间、学生与学生之间，以及师生与教学生态环境之间相互影响、相互作用。生态课堂具有开放性、整体性、生命性、生成性和可持续发展等特点，它不是否定传统的课堂教学，而是重构课程理念、师生关系、实践范式，并在此基础上构建一种新型课堂。生态课堂从生态学的视角关照课堂，是课堂教学中人与环境之间动态平衡的良性发展的课堂。生态课堂的本质是联系、发展、和谐与共生，内涵核心是以人为本，目的是实现教育的可持续发展。生态课堂范式不一，但多数具有以下共同点：在教学过程中，创设积极的有利于学生动态生成的课堂生态情境与和谐的教学生态环境，将课外资源引入课内教学，以理解、交往、动态生成等为教学策略，协调课堂生态内部生态主体——教师与学生、学生与学生之间的关系，使教师与学生成为平等的对话者、合作者，学生与学生成为协同的自主学习者、竞争者，从而使学生的个性得到发展、教师在专业上得到成长。

生态课堂对中职活力课堂的启示在于，在由教师、学生、课程、环境与技术等要素共同组成的课堂教学系统中，既要使各因子之间相互联系、相互促进，又要使各主体实现个性化的发展，通过诸因子间便利流畅的能量流动促进共生、共荣。

第三章
中等职业教育活力课堂的理论框架

中等职业教育活力课堂作为中职课堂教学改革的一种核心主张，应该经过清晰的学术探讨，如果不能从理论上对其内涵与核心要义做深入的辨析，那么“活力课堂”很有可能成为一个口号，甚至误导师生。从现有的课堂观察来看，教师对“活力课堂”存在多重理解，尤其对“活力”内涵的理解呈现歧义性，导致课堂实践比较随意与盲目。因而，要使活力课堂真正发挥作用，就需要厘清中等职业教育活力课堂的内涵、特征与操作方式，这是事关中职活力课堂理论与实践研究的关键问题。

第一节　对“活力”概念的理解

目前，“活力”一词在各领域中的应用越来越频繁，但多限于经验的理解和现代的视域。人们在不同场合将“活力”进行语言组合，诸如经济活力、市场活力、企业活力、教育活力等，但“活力”的内涵究竟为何，尚缺乏足够的学理探讨。这种内涵模糊的状态，对于中等职业学校课堂教学改革的主张，显然是不够的。《现代汉语词典》将“活力”解释为“旺盛的生命力”。“活力”的英语可表示为“vigor”，意为身体或精神上的力量或能量。目前，约定俗成的“活力”概念涵盖了以上两种解释，即活力包括体力、情绪、认知灵敏性三个维度的能量。由此看来，活力总是以生命为前提的，没有生命的事物无所谓活力。然而，如果仅仅从这一定义出发来理解“活力”，那么活力课堂并不能带给人们新的启发，就如许多地方盛行的各种冠以新名称的课堂一样，只是换了一个新的标签而已。为使这一概念能真正引导中等职业学校的课堂实践，需要从思想史的视角去考察“活力”观念的古今之变。

一是目的论活力观。从西方词源上看，“活力”一词来自亚里士多德的思想。他提出了目的论活力观。该学说认为，生命体的一切活动，都是由其内部所具有的非物质因素即“活力”所支配的。他把这种特殊的“活力”称为“隐德莱希”，其中，“隐”是指“内在的”“在内里的”；“德莱希”是从“目的”一词衍生而来的，表示目的的达到。正是这一具有内在目的性的“隐德莱希”决定着生命的本质，使“生命”这一特定的形式得以自我完善。丧失了这种目的，生物体的活力就会大大降低。亚里士多德认为，对于生物体而言，目的性是影响生物体生命活力的一个重要因素。

二是主体性活力观。以康德为代表的德国古典哲学家一反具有本体性的目的论活力观，提出了主体性活力观。在他们看来，主体性活力观强调人的理性与自由，活力不仅表现为认知活力、道德实践的活力，还表现为作为崇高的审美的活力。康德对于教育的诸多论述正是以这一理论为指导的。他认为，教育中最重大的问题之一是人们怎样才能把服从于法则的强制和运用自由的能力结合起来。这就说明，生物体在规则与自由的调和中产生的主体性，是生物体生命活力的基本表征。

三是实践论活力观。马克思认为，活力立足于实践，人的活力是在一定的社会环境和社会生活中形成的，是被召唤到实践中去的一种现实的能动力量。对此，马克思有一句传诵甚广的论断，即“人的本质不是单个人所固有的抽象物，在其现实性上，它是一切社会关系的总和”。也就是说，只有在与现实中的他人的关系中，才能彰显自己的生命力，发挥创造力，进而实现个人潜能和活力的激发与释放。因此，个体只有获得现实的实践基础，才能认识自己作为真正的人的本质性规定，人的生命力、创造力、自主性等生命活力才会大大增强。

四是生命哲学活力观。柏格森的生命创造活力论以“生命冲动”为标志，其核心思想为“对绵延的直觉”，这是一切生命及其运动变化的前提。他认为，只有经由直觉，才能使我们认识生命、认识真正的自我，才有可能获得生命的真谛。因此，生命的活力在于创造和超越。活力不再仅仅局限在生命问题上，而是同人的自由自觉、自我实现、创新冲动、自我解放紧紧关联。

五是天人合一活力观。中国文化背景中的活力观，体现为人与自然的浑然一体。在中国哲学家眼里，自然就是展现在我们面前的生命力——连续、神圣和动态的生命力。庄子说：“有人，天也；有天，亦天也。”天人本是合一的。但是人为设定的各种约束，使人失去了原来的自然本性，变得与自然不协调。人修行的目的便是“绝圣弃智”，打碎这些加于人身上的藩篱，将人性解放出来，重新归于自然，达到一种“万物与我为一”的精神境界。在道家看来，人必须按照“道”本身来看待生命与万物，“道”不只是道路，还是自然的法则、能生的根源，甚至是存在本身。在庄子看来，人如何看待物，如何与物交往，就决定了人如何看待自己，如何决定自己的本质。生物体若跟随自然的生命之道，注重和尊重事物的本性，就能产生无穷的生命活力。石中英认为，活力是指生物体的生命力，是指它们的本性在合适的自然环境条件下得以充分表现的状态。人的本性即人的自由自觉的活动，是不受束缚的、自发的活动。

综上所述，课堂活力就是师生的活力，是指师生的本性在合适的教学环境条件下得以充分表现的状态。学生的活力主要表现为自由自觉、自我实现、创新冲动和自我解放。自由自觉即学生学习目的明确，对学习过程中存在的自我意识感受强烈，在学习活动中因自觉而自由，因自由而自觉；自我实现即学生在主体性活动中发现自我、实现自我、肯定自我；创新冲动即学生在实践性活动中形成不满现状的变革精神、打破常规的求异思维、突破桎梏的勇敢行为；自我解放即学生在反思性学习过程中从原本的束缚中解脱出来，成为自身的主人，获得真正的自由和健康发展，从而使自己不再是自己前进的阻力，而永远是自己前进的动力。从教师职业要求角度考量，中职教师的活力是指教师在教学活动中呈现出的志向坚定、智慧丰富、行为高效、情绪积极的“四位一体”表征，是教师生命活力的内核。志向坚定是指坚定培养中职学生成人成才的教育志向；智慧丰富是指创新教学设计、诱导生成、机智处理；行为高效是指优化教学环境、优选教学方法、优制教学过程等，高度达成教学目标；情绪积极是指心随身往、乐观灵活。其中，志向坚定是前提，智慧丰富是基础，行为高效是根本，情绪积极是保证，它们相互影响、相互促进、相互融合，最终形成“四位一体”教学活力。

第二节　活力课堂研究的现状分析

叶澜教授在《让课堂焕发出生命活力》一文中提出“活力课堂”的概念。她指出，要从高一个层次——生命的层次，用动态生成的观念，重新全面地认识课堂教学，构建新的课堂教学观，让课堂焕发出生命的活力。她还指出，活力课堂以“多向互动、动态生成”为教学过程的内在展开逻辑，通过开放式的问题、情境、活动，要求学生联系自己的经验、体验、想法或预习时搜集的信息相互交流，开发学生的“原始资源”，实现课堂教学过程中的资源生成；在教师初步汇集原始资源的基础上，生成与教学内容相关的新的问题——“生长元”，通过网络式的生生多元互动形成对“生长元”多解的“方案性资源”；教师汇集不同的方案性资源，组织学生一起讨论、比较、评价、互补、修正，形成比不同方案性资源更为丰富、综合、完善的新认识，并引出新的开放性问题。

自叶澜教授提出活力课堂的理念后，许多学者结合教学工作实际，凝练概括了各自对活力课堂的理解。王光宇认为，“活力课堂”既包括教师的教学活力，也包括学生的学习活力，还包括教学过程的动态生成，这三个方面的活力综合起来才是真正有活力的课堂。有活力的课堂一定是学生主体性、个性得到培育与发展的课堂，是学生思维能力、创造能力得到最大限度提高的课堂，也必将是有利于学生素质全面提高的课堂。张金秀等认为，活力课堂应是关注师生生命的课堂，活力的具体内涵应是师生在知识探求、能力发展及健康人格形成中所表现出的积极思维活力和美好情感活力。陈苏俊认为，活力课堂应具有自主度、参与度、情趣度和有效度。活力课堂的行为主体是学生，教师扮演导演的角色，引导学生主动探究知识，该课堂具有主动性；活力课堂的表现形式不仅是师生、生生之间的互动，还应包括人与教学资源、教学环境等物之间的互动，该课堂具有互动性；活力课堂应着眼于学生的生长，为学生成长营造积极阳光的氛围，在这样的课堂中，学生具有浓郁的学习兴趣，积极投入学习中，学有所用，学有所成，该课堂具有生长性；创设活力课堂，其目的是引导学生自主学习，提高学生在课堂中的参与水平，使课堂教学效率得到提高，该课堂具有有效性。林伟民、夏一生认为，活力课堂要有“活力”，就是要求课堂活动自始至终伴随着师生的情感和思维，并且追求教学效益的最大化。活

力课堂，其本质是一种全方位激发课堂教与学的原始生命活力、全过程优化教育教学环节、全面提高课堂教学生态效益、最大限度实现师生生命价值的教学理论体系。任逸姿认为，活力是对课堂氛围状态的描述。活力课堂，顾名思义就是气氛活跃、充满生气、互动良好的课堂，与涣散、消沉的课堂氛围相对。

不同的学者对活力课堂特征的理解有所不同。张金秀等认为，动态、高效、愉悦应是活力课堂的主要特征。任逸姿认为，活力课堂的特征主要体现在以下五个方面，即以人为本（具有人本性）、目标明确（具有目的性）、开放合作（具有开放性）、高效整合（具有高效性）、智慧生成（具有启发性）。王光宇认为，活力课堂中应该有疑问、有猜想、有惊讶、有笑声、有争议、有沉思、有联想、有收获。活力课堂是学生的课堂，是高效的课堂，是思维的课堂。

在活力课堂实施策略方面，一些学者也提出了自己的见解。陈海鲸认为，活力课堂实施策略包括以下几点：一是教学目标全面化。教学目标是课堂教学的总纲，因而在确立时不应只局限在学生的认知层面上，更应体现在学生的全面发展、整体提高上。在设计教学内容时，要充分挖掘文本资源，找到知识与生活的联系点，让学生有更多的机会从周围熟悉的事物中学习和理解课程知识，真切感受到课程知识的生动性。二是师生关系多维化。学生是学习的主人，在活力四射的课堂中，提倡多向的师生交流，既可以是学生个体与个体之间的交流，也可以是小组之内，抑或是师生之间的交流。三是教学时空开拓化。突破传统班级授课制的统一、机械模式，努力让教学走出课堂，拓展40分钟的教学时空，实施“大课堂”教学。四是教学调控灵活化。活力课堂的关键还在于教师灵活地调控教学，而这完全依赖于教师的教学机智和教学敏感性。教师要善于从学生的错误表现中发现其闪光点和不足之处，合理调控教学节奏和方法，让“意外”演绎出不曾预料的课堂精彩。陈苏俊认为，活力课堂不是单个因素作用的结果，课中的活力是课前、课后的集中展现，课前是活力之源，课后是活力的延伸。

以上研究结论对于中职活力课堂的理论建构与实践探索具有重要的借鉴意义。

第一，有活力的课堂应该体现在课堂教学活动始终伴随着师生的积极情绪、思维与行动。从心理学角度看，个体的欲望是否得到满足是人产生各种各样情绪的原因，情绪直接影响人的思考和本能反应，思考和本能反应又影响最终结果，这就是情绪与思维、行动之间的基本逻辑关系。因此，活力课堂应努力满足学生合作探究、研讨交流、自我展示等的欲望，使其产生积极情绪，促进其思维能力与行动能力的提升。

第二，有活力的课堂应该体现在学生的主体性得到充分发挥。马克思认为，人的主体性是人的本质的最高层次。主体性是包括自然意义与学习意义在内的生命活动的本质特征。因此，坚持以学生为中心，发挥学生的主体性作用是课堂活力的源泉，是活力课堂的核心内涵。活力课堂应当充分尊重并发挥学生学习的主体性作用，采取“先学后教，以学定教，以教导学”的策略，把活动作为教学载体，将教育目的蕴含在活动过程之中，放手让学生真正参与思维与实践活动，以此实现学生的认知目标，发展学生的核心素养。

第三，有活力的课堂应该体现学生的整体全面发展。根据情感教育理论，我们需要在课堂教学中进行完整、全面的人的教育。无论是教师还是学生，都是以整体的生命而不是生命的某一方面投入各种学校教育活动中的。因此，任何学校教育活动都会对人的身心产生影响，每一项学校教育活动都应顾及学生多方面的发展。课堂教学作为教学的基本活动形式，更应该关注这一点。在课堂教学中，虽然学生的认知发展作为中心任务的地位不可动摇，但我们也要重视学生核心素养的发展，具体表现在学生知识、技能、态度和能力等目标的全面实现上。课堂教学的每一项目标都应既有与知识、技能等认知活动相关的内容及价值，又有其相对独立的内容及价值。这些方面的统合，构成了学生生命的整体发展。虽然这些目标不是在一两节课内能完成的，但教师必须有意识地通过每节课来实现，将其渗透在课堂教学的全过程之中。

第四，有活力的课堂应该呈现“多向互动、动态生成”总体样态。正如叶澜教授所说，活力课堂以“多向互动、动态生成”为教学过程的内在展开逻辑，通过开放式的问题、情境、活动，要求学生联系自己的经验、体验、想法或预习时搜集的信息相互交流，开发学生的“原始资源”，实现课堂教学过程中的资源生成；教师汇集不同的生成性资源，组织学生一起讨论、比较、评价、互补、修正，形成更为丰富、综合、完善的新认识，并顺势引出新的开放性问题。

第五，有活力的课堂应该充分关注课堂要素作用的发挥。教师、学生、教学内容、教学环境、教学活动、教学评价是课堂教学不可或缺的基本要素，创设环境、提出问题、组织活动、引导归纳、组织评价是活力课堂应当呈现的教师基本教学活动，自主学习、合作探究、互动生成、迁移应用、总结反思是活力课堂应当呈现的学生基本学习活动。因此，建立民主和谐的师生关系，教师根据教学内容采取合适的教学方法，开展多元化、多样化评价，调动学生学习的积极性，促进课堂的动态生成与思维活动的纵深发展，这些是活力课堂的本质要求。

第六，有活力的课堂应该突破传统班级授课制的时空限制。将课前、课中、课后教学活动进行整体设计，在现代信息技术的支持下，通过构建学生学习共同体，引导学生将学习活动前延、后伸，实现跨时空、多样化、个性化学习。

第三节　中等职业教育活力课堂教学范式

一、中等职业教育活力课堂的基本内涵

中职活力课堂是学生生命活力、教师教学活力得到有效发挥，师生生命潜能得到充分开发的课堂。

1. 学生生命活力

中职学生的生命活力是指学生在学习活动中呈现出的自由自觉、自我实现、创新冲动与自我解放等生命表征。在中等职业教育活力课堂中，学生学习的目的性、主体性、实践性和反思性得到增强。目的性即个体想要达到的设定目标，是产生学习自由自觉之源；主体性即个体在学习活动中表现出的行动、意志、情感，与自我实现相互促进；实践性即个体在一定学习环境中的认知活动，是产生创新冲动的根本途径；反思性即个体在学习活动中表现出的自我认知行为，是实现自我解放的原生动力。四者之间相互联系，目的性引导主体性，主体性是实践性的本质，实践性是主体性的载体，反思性激发主体性，“四性合一”方可生成生命活力。

2. 教师教学活力

从教师职业要求的角度考量，中职教师的教学活力是指教师在教学活动中呈现出的志向坚定、智慧丰富、行为高效、情绪积极的“四位一体”表征，是教师生命活力的内核。志向坚定是指坚定培养中职学生成人成才的教育志向；智慧丰富是指创新教学设计、诱导生成、机智处理；行为高效是指优化教学环境、优选教学方法、优制教学过程等，高度达成教学目标；情绪积极是指心随身往、乐观灵活。其中，志向坚定是前提，智慧丰富是基础，行为高效是根本，情绪积极是保证，它们相互影响、相互促进、相互融合，最终形成“四位一体”的教学活力。教师的教学活力是学生产生目的性、主体性、实践性和反思性的根本动因，同时，学生活力又能促进教师活力的生长。

3. 师生生命潜能

生命潜能就是生命潜在的能力、能量。人的潜能犹如一座有待开发的金矿，蕴藏无穷、价值连城。美国哈佛大学教育研究生院的教育心理学家霍华德·加德纳在 1983 年提出了语言智能、逻辑数学智能、空间智能、肢体运作智能、音乐智能、人际智能、内省智能、自然探索智能、存在智能等多元智能理论，为生命潜能的开发提供了一定的理论依据。教师的潜能包括：精神潜能，如职业信念、师德风范；教学潜能，如教学设计、组织实施；研究潜能，如即时反思、有效改进；等等。学生的潜能包括：语言潜能，如有效表达、文学创作；计算潜能，如数学运算、程序编制；运动潜能，如体育活动、劳动锻炼；艺术潜能，如表现能力、艺术能力；创造潜能，如创新思维、创造作品；人际潜能，如组织协商、团队合作；内省智能，如自我认知、自我沟通；等等。

中等职业教育活力课堂师生活力蕴含着生命潜能，潜能开发能促进师生活力的发挥。尊重生命、关怀生命、拓展生命、提升生命，发挥“四性合一”的学生生命活力、“四位一体”的教师教学活力，开发师生生命潜能，是中等职业教育活力课堂的价值追求和实践样态。

二、中等职业教育活力课堂的基本特征

在中等职业教育活力课堂中，师生相互尊重、平等相处、接纳包容、热情友爱，在心随身往、相互回应中交流情感；在做中学、做中教，师生、生生在相互碰撞中开展实践活动、交流互动，产生动感；在问中学、问中教，在问题引导、质疑思辨中生成资源、产生顿悟和智慧的火花，闪现灵感；在用中学、用中教，实现迁移应用、个体满足、生命成长，在生命与生命、生命与环境、内容与方式、整体与部分的和谐统一中产生愉悦体验，展现美感。以上“四感”是中等职业教育活力课堂的基本特征，也是师生生命活力的自然呈现。

1. 有情感

苏霍姆林斯基说过：“我在学校工作的全部时间里，一直为学生们的

情感状态与他们的观念、道德和理智的发展以及信念的形成这两个方面的相互关系和依存关系感到不安。”中职学生在义务教育阶段，由于学习成绩、家庭问题、教师忽视等种种因素，影响了他们积极情感的形成，引发人生观念、道德、理智的不良发展，影响了人生理想信念的形成。正如苏霍姆林斯基所说：“形象地说，个人的情感状态是乐队指挥，随着他神奇的指挥棒的挥动，各种散音变成美好旋律的和声。”这说明个人的情感与其道德、智力、审美等方面的发展密不可分，而且情感在这些方面的发展中发挥着主导作用。情感有积极情感和消极情感之分，唯有积极情感（比如乐观、自信、热情、友爱等）才会发挥促进作用。中等职业教育活力课堂有情感特指师生的积极情感。

课堂是学生获得成长和发展的场所，也是教师实现生命价值的舞台。中等职业教育活力课堂首先要保证中职学生积极的情感状态，这就需要创设积极的情感环境。苏霍姆林斯基认为：“情感环境是培养情感的手段，它的实质在于，人用心灵来感觉别人内心的极其细腻的活动并通过自己的精神活动来回答它们。”由此可见，中职活力课堂教学情感环境是指在课堂教学过程中教师和学生双方都处于心灵在场、心灵敏感和心灵回应的积极的心理状态。具体地说，心灵在场强调师生不仅要身在课堂中，更要心随身往，全身心投入和参与课堂，绝不能身在而心不在；心灵敏感强调师生对周围的细微变化能够敏锐地觉察到，尤其是对对方的心理、情感的变化保持机敏；心灵回应强调师生对对方做出适当的反应，让学生能够感受到自己被关怀和被呵护。总而言之，中等职业教育活力课堂教学情感环境是师生、生生之间心灵上的相互照应和默契，是一种充满人道主义色彩的温馨的心理氛围。这种课堂教学情感环境可以极大地激发中职学生的安全感、自主感、自信心和创造力，有助于促进他们的全面发展和健康成长。与此同时，这种课堂教学情感环境也易于教师产生成就感和幸福感，有助于其创造性地完成课堂教学任务。

2. 有动感

陶行知的生活教育理论中的“教学做合一”思想，十分重视“做”在教学中的作用。他认为，要想教得好、学得好，就须做得好；要在做上教、做上学，不在做上下功夫，教固不成为教，学也不成为学；教与学都以做为中心，在做上教的是先生，在做上学的是学生。陶行知进一步强调，师生共同在做上学，在做上教，在做上质疑问难，进而运用科学方法在做上追求做之所以然，要在劳力上劳心。陶行知所说的“做上教、做上学”也就是“做中教、做中学”的意思。传统中职课堂教学普遍停留在“教学合一”的层面，实行广种薄收、急功近利、粗枝大叶的与“做”不联系的教学方式。这样的教学难以引发个体体验学习的快乐、产生新的需要，没有快乐和新的需要就没有发展的动力，也就不会有新的发展，学生最终必将颓废下去，导致产生厌学情绪，从而影响教师的教学成就感。

苏霍姆林斯基说过，“人的心灵深处，总有一种把自己当作发现者、研究者、探索者的固有需要”。针对中职学生学习动力不足的问题，教师尤其应该激发学生的这种心灵深处的固有需要。如何激发这种需要成为中职活力课堂的重要任务。为此，中职活力课堂应充分利用人的这一心理特点，将传统的“教学合一”层次提升到“教学做合一”层次。教师创设情境，提出探究的任务，鼓励学生带着任务动手做、动脑想、动嘴说，教师围绕学生的做中学，引导和帮助学生解决在做中学出现的问题，实现在做中教。由此，伴随着师生的有效实践活动，以及在师生之间、学习共同体之间产生的积极交流互动，学生在课堂上真正动了起来，成为课堂这个舞台的主角，让一成不变的课堂“动感”起来。在课堂上，师生共同感受生命的涌动，共同享受课堂教学的快乐，有助于师生思维的同频共振；另外，师生配合默契、相互感染、相互启发，形成热烈而有序的课堂氛围，使教与学达到良性循环。

3. *有灵感*

“灵感”是舶来词，可以追溯到两千多年前柏拉图提出的神的“灵感说”。柏拉图认为，灵感的源泉主要是“灵魂附体”或“神灵凭附”，灵感的表现是“迷狂”，灵感的获得过程是“灵魂”对真善美的理式世界的回忆。后来，康德也在其理论构架中提到了灵感，并提出了“天才说”。康德和柏拉图都属于唯心主义者，他们对灵感理解的共同点在于他们都认为艺术天赋是生来就有的，不可教、不可学，独一无二。随着科技的发展，科学家对人类大脑也有了新的认识。科学家们发现，人类思维分为直觉思维和分析思维。在使用直觉思维时，大脑的颞叶区（与概念处理有关）和额叶区（与认知控制有关）的活动明显增强；在使用分析思维时，脑后部的大脑皮层视区的活动明显增强。灵感就是在这两种思维转化过程中出现的神秘感觉。由此可见，灵感是突发而至的，是大脑思维的结果。事实上，哪里有人类的创造性活动，哪里就会出现令人神往的灵感之花。

中职活力课堂借寓课堂生成与创新思维，以及教师在处理突发性事件时所采取的突变性措施，是一种突破性的创造性认识活动。在活力课堂理念指导下，教师站在关注生命的高度关注学生发展，诱发课堂动态生成，关注教学过程中可变因素的动态发展，使课堂教学焕发出真实的生命活力，流淌出精彩的生命激情。所谓动态生成，是指在课堂教学动态发展的过程中，随机生成的教学内容（如问题）或教学活动。中职活力课堂倡导学生在整个学习过程中作为一种活生生的力量，带着自己的知识、经验、思考、灵感、兴致参与课堂活动，从而使课堂呈现出丰富性、多变性和复杂性。在课堂上，教师应该关注那些互动过程中产生的生成性资源，及时捕捉相关信息，并随时调整自己的教学行为。

4. 有美感

在一个审美化的时代，审美素养已成为完满的人所必需的素养。中职活力课堂倡导在自由和谐的氛围下，使课堂从纯认知活动转变为一种特殊的审美活动，师生在审美化教学过程中获得精神上的愉悦和满足，从而焕发出生命活力，主要表现在以下几个方面。

一是心理满足。心理满足是一种主观感受，是个体的需要得到满足时所获得的持续快乐的体验。中职学生长期以来难以获得学习的满足感，久而久之失去了学习的兴趣和动力，这种状况对中职教师的教学活动产生了消极影响，为数不少的教师存在课堂满足感缺失的问题，并逐渐形成职业倦怠。职业倦怠不仅影响中职教师自身的身心健康，而且影响学生的成长进步与学校的整体发展，已成为社会普遍关注的问题。根据心理学家马斯洛提出的人的需求层次理论，人的需求主要包括生存、安全、归属和爱、尊重以及自我实现的需求。生存需求是人的所有需求中最重要、最有力且最基础的。在最基础的需求得到满足后，随之而来的有安全需求、归属和爱的需求、尊重的需求等。安全需求是对稳定、安全、得到保护、秩序等的需要，归属和爱的需求是要求与他人建立感情联系，尊重的需求则包括自尊和希望受到别人的尊重。自我实现的需求被认为是更高层次的需求，是追求实现自己的能力或潜能的需求。大部分人的需求要经历一个从生存需求到自我实现需求的发展过程。中职活力课堂不仅仅要关注学生在课堂中对生存、安全、归属和爱的需求，更要关注学生能力的培养，重视学生知识、技能和态度的主动习得，提高学生应用所学知识和技能解决实际问题的水平，在应用中实现深度学习、获得自我满足，使他们突破原有的自我限制，激发他们的生命潜能，从而获得自我实现。与此同时，中职教师获得了在生存与发展过程中精神层面的满足，有助于教师生成积极的主观体验，获得对自我身份的认同、自我价值的肯定，充分激发中职教师发展的内生动力。

二是情理交融。教师将学生的理性思维和感性体验结合在一起，有效促使学生融入课堂教学，引导学生从不同角度理解教学内容，为学生解决现实生活中的实际问题提供一定的依据。教师在客观分析学生的基础上，更关注学生的感受，帮助他们形成正确的自我态度。教师应注意挖掘教学内容中蕴含的丰富的德育资源，通过情感与理性的有效整合，促进学生价值观的形成，真正体现课程教育活动的德育价值。

三是思行相长。教师引导学生将思考与行动相结合，在思考中强化行动，在行动中增进思考。恩格斯在《自然辩证法》一书中指出："地球上最美的花朵——思维着的精神。"在教学中，要想让学生感受思辨之美，激发学生对智力活动的兴趣，提高学生分析问题和解决问题的能力，引发学生独立思考，教师就应该在教学过程中组织学生合作探究、分享交流，促使学生主动思考问题、积极辨析问题、合作探究问题，从而深刻感受思辨之美。

四是和谐统一。和谐是事物多方面的协调统一，美在和谐，既能求真，又能扬善。中职活力课堂是一种自由和谐的活动过程，必须实现外在与内在、整体与部分的和谐统一。这种"和谐"表现在三个方面：第一，教、学、评和谐统一，即教师的教、学生的学及对学习的评价应该具有目标的一致性。这既能保证目标的实现，又能使课堂优化升级为有效课堂、美感课堂。第二，课堂中主客体和谐统一。首先，师生关系和谐。中职活力课堂不仅是一个知识传授的过程，更是一个精神交流的过程，师生同为课堂的主体，应发挥各自的生命力量。其次，课堂氛围和谐。摆脱外在功利的压力，师生在平等对话中共同探索知识，共同分享学习过程中获得的美好体验，共同领悟人生的价值与生命的意义。最后，课堂的各要素与学生个性和谐。无论是课堂的目标、内容还是手段，都要基于学生的特点，这样才能创设最适宜的课堂。第三，课堂部分与整体的和谐统一。课堂教学要注重课程的整体设计与优化，每堂课都要紧紧围绕课程目标展开，实现学生核心素养的螺旋式上升，关注课与课之间的衔接与渗透。

五是自由与规则。美学界早已将美感视为生命的一种自由境界。正如海德格尔所说，"心境越是自由，越能得到美的享受"。康德说过，"美感是一种自由的快感"。卢梭也说过，"人生而自由，且又无往不在枷锁中"。中职活力课堂给师生以自由感，使师生的生命步入自由境界，从而真正地体验和欣赏课程美，创造更多更美的课程。这种"自由"包括两层含义：第一，自由的意识，即正确地选择自由。“自由”不是指随心所欲、为所欲为，而是指只有在充分认识客观世界必然规律的基础上遵守相应的规则，才能建立自身的自由世界。第二，思想自由，即在探究课程问题和表达学习观点时，不受任何外界人为的、不恰当的干扰和束缚。教师只有将学习的自由还给学生，给学生提供一个被尊重、多样发展的空间和可能，学生才能够出于满足自身好奇心和完善自我的需要，在其中自由选择、自由发展，形成自由的精神。

六是体验与创造。凡是感觉不到的东西，就不存在美感。因此，中职活力课堂有美感旨在使学生的学习成为一种审美的体验过程。这种体验性学习是个体整个生命活动的参与，可以打开学生与课程美之间的阻隔，实现主客体的融合，形成课程美感。所有的创造，无论是物质生产领域的，还是精神生产领域的，都含有审美因素，能够激发审美情趣。因此，创造活动本身就是美感的源泉。中职活力课堂有美感是指教师发挥自身的创造力，为学生构建创造性课堂，将创造渗透教与学的全过程。

三、中等职业教育活力课堂的操作方式

中等职业教育活力课堂确定“三段六步、稳变结合”的教学程序，形成了教学过程结构化；将教学内容与思政元素、学生生活资源、“岗赛证”内容、人文科学交融渗透，形成了教学内容融合化；将物理环境、心理环境、问题情境、学习共同体有机结合，形成了教学环境系统化；综合应用“三少三多、三变三学”教学策略，形成了教学方式多样化；开展课堂整体性活力评价与学生个体性增值评价，形成了教学评价多元化。以上“五化”是中职活力课堂的系统操作方式，是课堂呈现“四感”特征的动因和保障。

1. 教学过程结构化

“三段六步”旨在将学生课前、课中、课后的学习进行一体化设计，促进学生学习的前延、后伸。首先是准备阶段，教师通过预习导航、情境导入的教学序幕，了解学生学习的最近发展区，调动学生学习的积极情感，使其自觉投入新知的学习中。其次是探究阶段，教师将“做中学、问中学、用中学”作为中职活力课堂教学原则，整合情境教学、案例教学、项目教学、任务驱动、问题导向等多种教学方式，使学生在做中感知、在问中究理、在迁移中应用，促进学生主体参与、深度学习。最后是总结阶段，师生通过总结评价、拓展提升的反思回馈，共同梳理归纳，促进学生形成知识结构、掌握学习方法、拓展知识应用。

中职专业类别众多、课程类型多样，不同课程活力课堂的探究阶段千姿百态，但又在“稳”与“变”之间达成统一。做中学、问中学、用中学三者之间相互依存、彼此促进、螺旋上升，构成中职活力课堂教学原则，而它们多种方式的整合运用，则为教师留下灵活可变的创新空间。“三段六步”是活力课堂明线，“四性合一”“四位一体”是活力课堂暗线，明线与暗线相互交融，保持了教学目的、内容、活动与评价的逻辑一致性，保证了活力课堂的价值实现和特征呈现。

2. 教学内容融合化

教师通过将教学内容与学生生活资源融合，与岗位任务、大赛项目、证书考点融合，与思政元素、人文科学融合，开发具有易阅读、易激趣、易体验、易浸润、易领悟、易认同“六易特性”的校本教材，在“知、情、意、行”相互联结又相互促进的融合化内容中，使学生产生“信而学”的动力，形成“学而乐”的情感，促发学生自由自觉、自我解放。

将教学内容与学生生活资源融合，就是以教学内容生活化为原则，把学生的知识、直接经验和生活世界看作重要资源，搜集和整理与学习密切相关的、富有教学意蕴的资料，补充或替换现有教学资源中非生活化的情景、问题、习题等内容，让学生能结合已有的生活经验自由自觉地学习。

将教学内容与岗位任务、大赛项目、证书考点融合，是指加强“岗课赛证”融合的教学内容改革，开展校企合作，与行业及企业专家共同分析职业岗位的工作要求，根据职业岗位对工作任务和职业能力的要求、对职业技能竞赛的要求、对“1+X”职业技能等级证书考试的要求，确定相关教学内容。

将教学内容与思政元素融合，是指课程教学要坚持立德树人根本任务，实现“浇花浇根、育人育心”，教师要基于课程思政元素挖掘与专业相关的内容，遵循思政与专业相长原则，确定课程中思政元素的切入点，在教授课程知识的同时，注意发挥课程文化的育人功能，讲好中国故事，促进学生建立“四个自信”，激发学生强烈的爱国热情，培养学生精益求精的工匠精神。

将教学内容与人文科学融合，是指以学生的全面进步和发展为目标，将教学内容渗透人文教育与科学教育的思想，让学生接受人文教育和科学教育的价值观影响，促进学生形成人文情怀和审美情趣，形成理性思维、批判质疑和勇于探究的精神，为适应终身发展和社会发展的需要奠定必备

品格和关键能力。

与此同时，中职活力课堂将教学内容建立起结构性的联系，使新旧知识之间、新知识各构成部分之间、新知识与学生生活世界之间等相互关联，引领学生注意到知识之间的联系，在自主学习的基础上进行知识结构的提炼与升华，在合作学习的基础上进行分享与研讨，在探究学习的基础上进行概括与总结。也就是说，借助种种不同的引导方式，促使学生对知识有个总体的把握、整体的认识。

3. 教学环境系统化

动态、有机、和谐的教学环境有利于教学活动的开展及师生的共同成长。“教学环境”作为教学研究中的一个核心概念，教育学、心理学、社会学等不同学科给出的解释各不相同。《教育大辞典》（1990 年版）指出，教学环境是影响教学活动的各种外部条件，狭义的教学环境特指班级（教室）内影响教学的全部条件。除此之外的解释，有的侧重能激发学生创造性思维的班级气氛；有的强调学校环境、家庭环境和社区环境的组合；有的直接把教学环境定义为“学校教学活动所必需的诸客观条件和力量的综合”；有的在客观物质条件之外，提到师生人际关系也属于教学环境的一种。不过，大部分学者对教学环境的认知偏向于客观的外在物质条件，把人与物设立成对立的关系。

魏善春不赞成将教学环境与作为主体的人视为“二元对立”的两端，他提出：教学活动本身与教学环境如同鱼和水的关系一样，教学在环境中发生并且与环境相关联，两者之间不仅仅是一种“在其中”的包含关系，更是一种“彼此嵌入”的交互性和连续性的关系。他以怀特海过程哲学的“过程—关系”思维反思教学环境的建构，提出了构成教学环境的特殊形态，即师生的感官和身体，师师、师生及生生之间形成的“共同体”，以及围绕儿童生活和经验组织的“连续性课程知识”。戴维 · H. 乔纳森等在《学习环境的理论基础》一书中指出：以学习者为中心的学习环境提供了互动的、鼓励性的活动，能满足个人独特的学习兴趣和需求，实现在不同复杂程度下的学习，并加深对学习的理解。

对照以上教学环境理论，以往中职课堂教学环境还有很多不足和缺失之处，需要加以改进。首先，对于作为“身体性”存在的教学环境而言，当下师生的个体生命活力不足。教师上课很难达到最佳精神状态，学生也精神不振，作为学习主体的身份特征极不明朗，因此师生作为“身体性”存在的教学环境处于一种亟待改进的状态。其次，教师共同体、学生共同体要么不存在，要么形同虚设。魏善春指出，共同体是内部有着密切关系的团体，人类在不同的共同体中相依成长。乔纳森认为，学习共同体包括共同学习的成群学习者，他们在真实的、领域相关的实践中共同学习和建模。教学中存在多种类型的共同体，比如教师共同体、师生共同体、学生共同体等，学校理应提供充满关爱、相互成就的生存环境。但现实情况却不容乐观，中职学校或者忽视各种共同体的建立，或者使已经建立的共同体形同虚设，没有发挥出共同体应有的引领、指导、合作、交流、互助、激励、凝聚等作用。最后，连续性教学环境缺失。魏善春认为，过程哲学崇尚构建一种连续性的教学环境，连续性教学环境重视“经验”在师生成长中的作用以及“经验”在教学中的桥梁作用。换言之，课程知识不仅仅是一种作为客观知识体系的名词性经验，它还包括在主观的、主动经历的实际活动中获得的动词性经验。当课程内容作为“主观经历过程”的“连续性经验”存在时，课程内容便成为教学环境构成的另一个重要方面。中职学校由于课程门类多、规定教学时间少等原因，教师常常采用灌输式教学方法，无视学生主动经历知识探究的学习活动，不仅不安排学生进行实践体验，也很少设计隐含有效问题的教学情境，更谈不上有利于学生经验生长的一系列问题（问题串）的精心设计。

基于教学环境相关研究的最新理论，中职活力课堂应秉承“过程—关系”教学环境建构思路，建构主客体共在的、动态和谐的课堂教学环境。具体来说，中职活力课堂教学环境应该包括物理环境、心理环境、共同体（教师共同体、师生共同体、学生共同体）、问题情境等不同内容，并形成师生共同成长、课上课下相互协调、课内课外目标统一、整体局部和谐发展的系统化教学环境。

这种系统化教学环境为实施活力课堂提供了强有力的支撑。第一，智能化环境是现代课堂教学物理环境的主要形式。乔纳森指出，在以学生为中心的学习环境中，计算机工具能被用来增强、补充或扩展思维与观点；将想法可视化支持了多重表征形式，通过使用替代方法来展现“难以看到”的概念并且去操作它们，学习者以通常难以达到的方式来考虑概念和想法。国家《教育信息化 2.0 行动计划》提出“智慧教育创新发展行动”，指出要开展以学习者为中心的智能化教学支持环境建设，通过无线网络环境、交互式电子白板、课堂任意分组、互动教学系统、多终端支持、智能管理、实时应答系统、课堂大数据分析等构建智慧教室这样的现代化物理环境，激发学生的学习兴趣和学习动机，大大增强中职课堂的开

放性、实践性、交互性、多样性、创造性。第二，民主尊重、亲切和谐、安全信任等心理环境能实现课堂的师生心灵在场、相互回应，使课堂教学在积极的情感中有效运行。第三，“学习共同体”环境有助于促进教师团队的共同成长，有助于课堂中形成“师—生”“生—生”之间的多向互动，以此形成师师、师生与生生亲密和谐的关系。第四，问题情境能联系学生经验、激发学生学习兴趣和学习动机，促进学生在探究、质疑、争论、思辨的过程中建构知识与技能，在直觉思维与分析思维转换的过程中生成顿悟和创新思维。正如乔纳森指出的那样，以学习者为中心的环境经常利用熟悉的问题或者本地化的问题来促进对个人的理论和经验的获取和利用。易于连接学习者经验的活动和境脉被用来提升相关性和参与度。

4. 教学方式多样化

众所周知，方式是指说话做事的方法和形式，因此，我们可以认为，教学方式即教学行为的方法和形式，指依据课程标准所采取的教学方法和教学组织形式。学习方式是学生完成学习任务时基本的行为和认知取向，是学生在学习方法、学习习惯、学习意识、学习态度、学习品质方面的特征。由此可见，教学方式可以认为是教师教的方式和学生学的方式的总和。

教学是课程实施的主要途径，教学方式的变革直接影响着课程改革的实施。教学改革史昭示我们，如果只改变课程标准、教学内容、教学环境，而不改变师生在课堂上的教学行为，那么成效必将大打折扣。长期以来，在中职课堂教学中始终占据主导地位的教学方式是以知识掌握为目的的传授、灌输式教学，具备以下基本特征：形式单一、刻板，教师讲、学生听；教学手段单调、落后；教学缺乏情感，课堂气氛沉闷乏力。因此，转变教学方式、改善课堂教与学的关系是中职活力课堂的重要目标。

“三少三多”是指减少单一讲解，运用多种方法；减少不适环境，建立多向交互；减少封闭活动，促发多元生成。“三变三学”是指变机械记忆为实践感知，在做中学；变机械听课为自主探究，在问中学；变机械训练为灵活迁移，在用中学。“三少三多”是直接式转变，以多法并用、互动生成、做中体验、系列问题解决、迁移应用来突出教师主导性和学生主体性的同场同频、协调发展。“三变三学”是间接式转变，以交流研讨、练习反馈、评价反思来强化对学生学习过程、方法和效果的反思和改进；通过理性处理课堂生成的教学资源，将解决良构问题与非良构问题相结合，实现学生的理解性、批判性、创新性学习（即深度学习）。

5. 教学评价多元化

构建“一体两翼”教学评价体系，形成师生活力激发的动力系统。“一体”即课堂生命体，“两翼”即“课堂整体性活力评价”“学生个体性增值评价”。“课堂整体性活力评价”是基于活力课堂的教学评价体系，具有发展性评价理念、多元评价主体、多种评价方式、基于教学目标与活力要素的多维评价标准。中职活力课堂教学评价标准包括教师教学、学生学习及教学效果三个维度。这是因为中职活力课堂的核心指向学生主体学习、师生多向交互、课堂多元生成，目的是实现学生的深度学习、激发师生的生命活力。教师教学维度体现在教师的教学设计、学习环境创设、教学方法运用、活力状态；学生学习维度体现在学生的参与程度、自主学习情况、合作学习情况、活力状态；教学效果维度体现在课堂互动状态、生成状态、深度学习情况及学生核心素养发展。“学生个体性增值评价”主要突出学生活力与核心素养，教师围绕知识、技能、态度、能力四个维度，设计相关观测点，评价学生个体进阶水平。开展课堂整体性活力评价与学生个体性增值评价，可促进师生自我认知，诊断课堂教学问题，研究改进教学方案。

教学评价的根本目的在于促进学生自我认知，实现学生自我超越、自我解放。自我认知通常指的是个体对自己的洞察和理解，包括自我观察和自我评价。自我观察是指对自己的感知、思维和意向等方面的觉察，自我评价是指对自己的想法、期望、行为及人格特征等的判断与评估，这两者是自我调节的重要条件。中职学生在学习中的自我认知，就是实事求是地评价自己的学习状态，对自己的学习过程、学习方法、学习效果进行判断和评价。自我认知可以帮助学生克服学习自卑或骄傲自大等不切实际的问题，是中职学生获得自我调节和人格完善的基本前提，是重塑他们学习自信、增强内驱动力的重要策略。在教学过程中，教师通过组织学生及时开展自我评价、自我分析，促进学生自我认识并获得自我体验；通过组织学生对已完成的学习活动及结果进行质疑和完善，促使学生审视自己品质与能力的发展情况，重构对已获得知识的理解，促进高阶学习；通过组织学生反思问题解决的思维结构与过程，促进学生探索问题解决的本质。

“四感五化”中等职业教育活力课堂教学范式见图 1 至图 6。

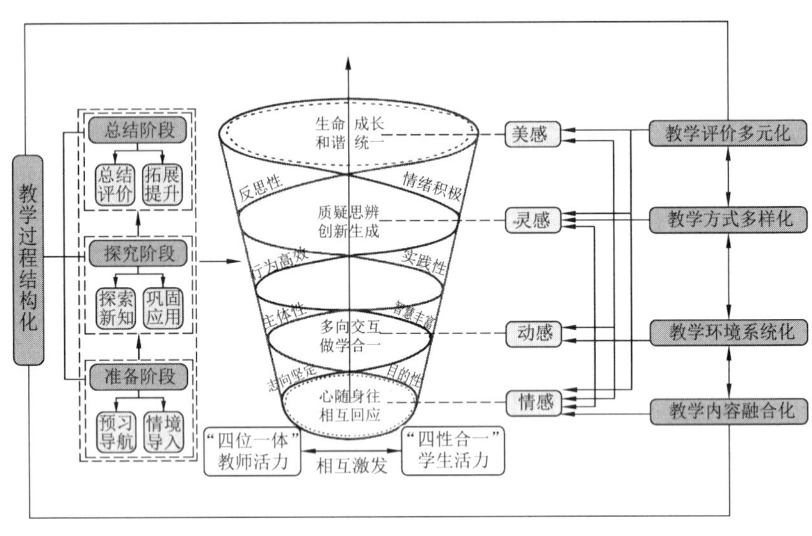

图1　"四感五化"中等职业教育活力课堂教学范式（主图）

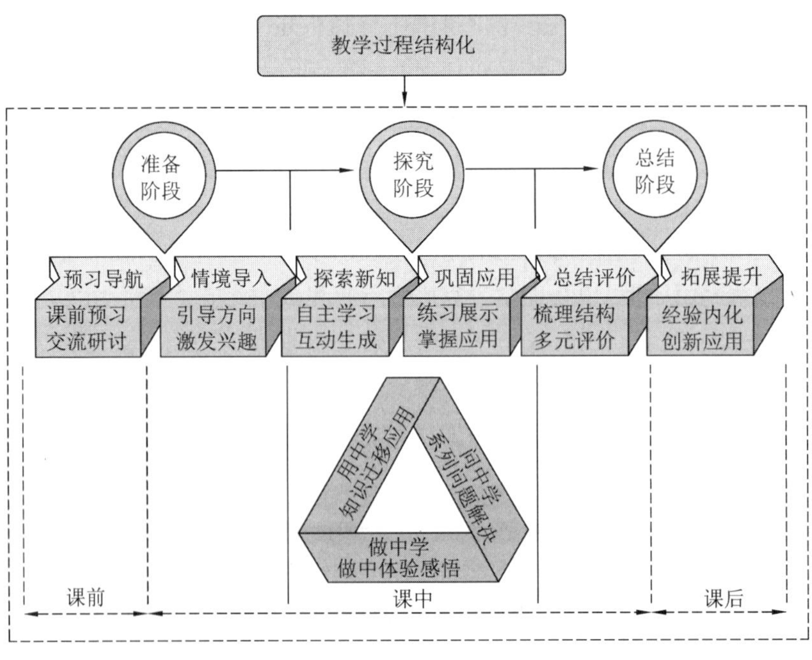

图2　"四感五化"中等职业教育活力课堂教学范式（辅图1）

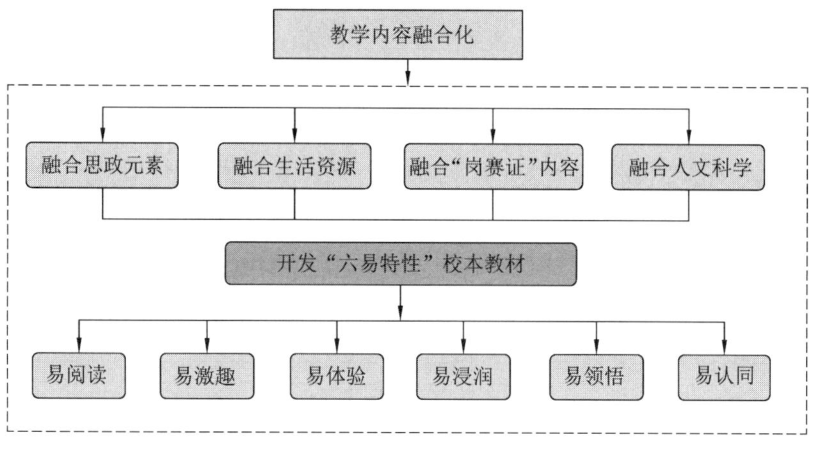

图 3　“四感五化”中等职业教育活力课堂教学范式（辅图 2）

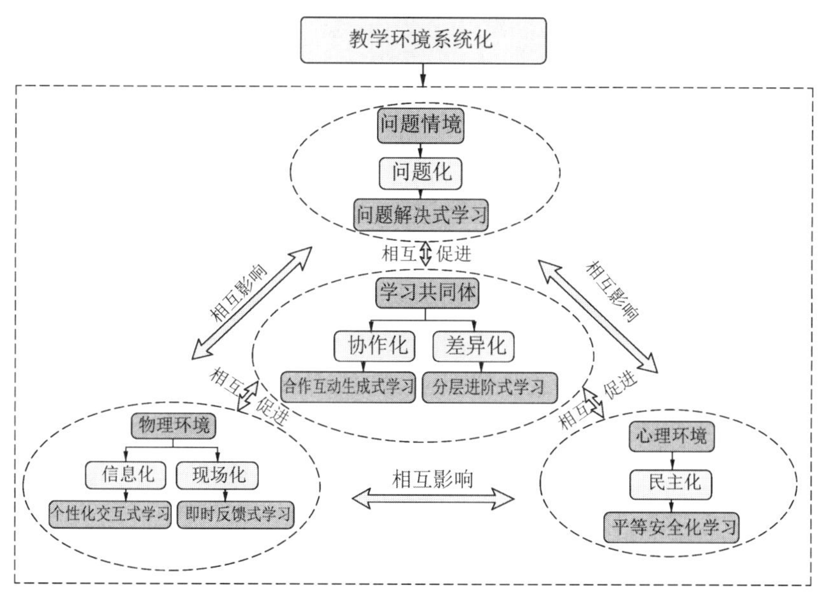

图 4　“四感五化”中等职业教育活力课堂教学范式（辅图 3）

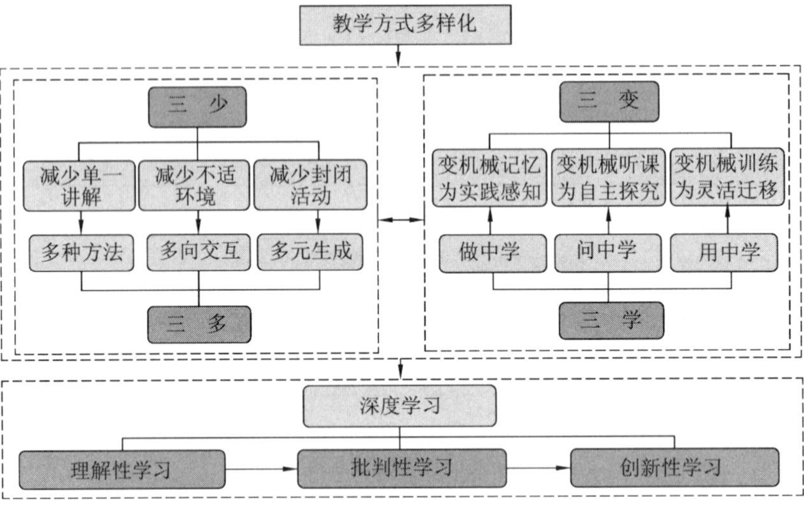

图 5 “四感五化”中等职业教育活力课堂教学范式（辅图 4）

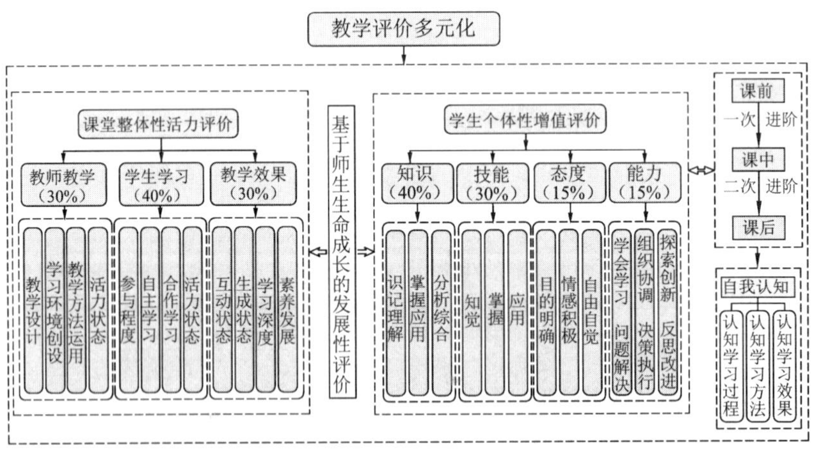

图 6 “四感五化”中等职业教育活力课堂教学范式（辅图 5）

第四节　中等职业教育活力课堂的理论模型

基于系统论、叶澜的“生命·实践”教育学派理论，突出对生命活力的价值追求，以“四立四引”中职教师培养目标路径激发志向坚定、智慧丰富、行为高效、情绪积极“四位一体”的教师教学活力，以学习的目的性、主体性、实践性、反思性“四性合一”生成学生生命活力。活力课堂由“五化”生发“四感”，既承载教师教学活力，又增强学生学习“四性”，师生相互发掘潜能，相互激发活力，建构了中职活力课堂师生“活力共生”的理论模型。这一理论模型对于解决课堂低效乏力的问题，促进中职师生生命发展具有重要的指导意义（见图7）。

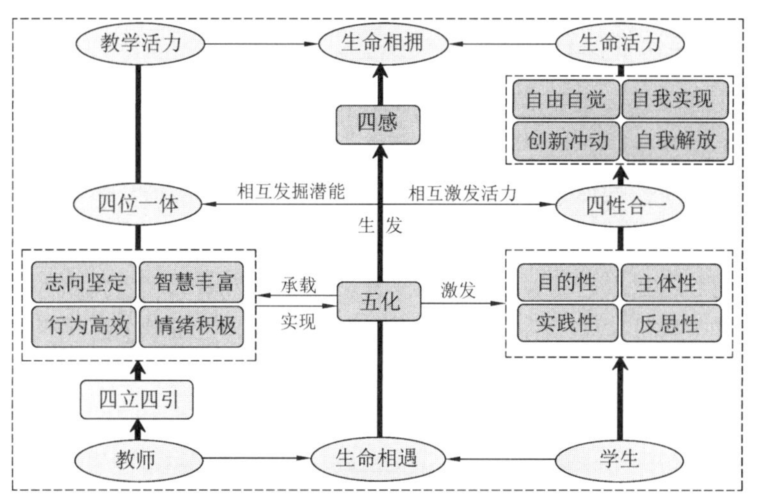

图7　师生“活力共生”的中等职业教育活力课堂理论模型

叶澜认为，“课堂教学应被看作师生人生中一段重要的生命经历，是他们生命的有意义的构成部分”。对于学生而言，课堂教学是其学校生活的最基本的构成部分，它的质量直接影响学生当前及今后的多方面发展和成长；对于教师而言，课堂教学是其职业生活的最基本的构成部分，它的质量直接影响教师对职业的感受、态度以及专业水平的发展、生命价值的体现。因此，中职活力课堂是教师教学活力、学生生命活力得到有效发挥，生命潜能得到充分开发的课堂，是师生从生命相遇走向生命相拥的场域。爱因斯坦说：“场是相互依存事实的整体。”按照场论的观点，没有能

够孤立存在的实体，它们总是相互作用为“场整体”。活力课堂建立了师生活力相互依存、相互牵引的“存在场”，富有特定的能量。师生生命会在活力课堂“场”的吸引力作用下，产生共同的能量取向、价值追求和意义努力。

中等职业教育遵循“四有”好教师标准，以“立德弘志、立特发展、立技强业、立爱育人”为中职教师培养目标，以“专家引领、学习引导、实践引路、研究引航”为中职教师培养路径，激发志向坚定、智慧丰富、行为高效、情绪积极“四位一体”的教师教学活力。在活力课堂有情感、有动感、有灵感、有美感“四感”总体设计要求引导下，使教学过程、教学内容、教学环境、教学方式、教学评价等“五化”要素相互联系且相互作用，形成教学活动中教师生命与学生生命相互交流的综合信息。教师的“四位一体”教学活力积蓄了“五化”要素所蕴含的能量，而教学实施中的“五化”要素能量又连续激发学生学习的目的性、主体性、实践性和反思性，“四性合一”生成学生“自由自觉、自我实现、创新冲动、自我解放”的生命活力。中职活力课堂是以知识为载体，以心的交流、爱的呼唤和生命感动为特质，是师生相互拥有生命活力的课堂，其意义在于师生通过课程再生而心灵相应、精神相拥，提升生活质量和生命意义。

邬志辉在《论教育实践的品性》一文中指出，“教育实践是人的生命实践活动，失去了与人的联系，让教育实践纯粹地客观化，那么它不仅会丢失意义，而且会失去其本应具有的丰富与充盈”。活力课堂中的教师没有单纯的知识传授，而是关注学生的学习方式、学习愿望和学习能力的培养，这就使得师生生命之间相互认同、相互激励、相互成就，在师生互动、平等参与的生动局面中，生命交互的信息活跃在学习内容的建构、学习过程的规划、学习目标的达成、学习效果的评价中，因而活力课堂中声音流动的背后是师生情感的流动、思维的流动、愉悦心理和即兴创作的生命的流动。在师生共同拥抱课程时，师生间开放心灵、交流碰撞，敞开个人对知识价值的追求，敞亮各自对课程实践的思想空间，显现自由自觉的个体创造性和创新活力，从而使学生获得心灵舒展、思想飞翔、自主发展、自我解放的力量。让师生带着渴望、带着创造未来的冲动而成长，在生命相拥中，共同谛听来自生命深处的声音，让灵魂在美好情愫的浸润下，在激动和陶醉、喜悦和同情的共鸣情感体验中，实现课堂生命体人格的深刻变化。

第四章

中等职业教育活力课堂的教学结构设计

为激发自由与自觉、创新与超越的师生活力，促进教师在课堂教学中把握教学主线、创新教学设计、规范教学环节，中等职业教育活力课堂将“三段六步”作为基本教学结构。“三段”即准备阶段、探究阶段、总结阶段，“六步”即预习导航、情境导入、探索新知、巩固应用、总结评价、拓展提升。“三段六步”教学结构程序只是将一次课进行了宏观上的安排，以保证活力课堂具有总体结构的稳定性和规律性。其中，探究阶段为教师留下了很大的教学设计空间，以发挥活力课堂教学设计应用于不同课程的灵活性与创新性；另外，根据不同课程的特点，探究阶段可以形成不同且相对稳定的模式。

第一节 “三段六步”总体稳定的教学结构程序

为消除以往中职课堂教学设计简单化、片面化的现象，中职活力课堂将学生课前、课中、课后的学习进行一体化设计，具体表现为“三段六步”教学结构程序。

一、准备阶段

准备阶段包括预习导航、情境导入。预习导航是教师根据课堂教学内容在课前布置预习任务，上课伊始针对学生课前预习问题的完成情况，引导学生针对存在的问题进行交流研讨，为学生顺利探究新知导引航向。随后，教师根据新课内容特点，按照“诱发兴趣、贴近经验、真实发生”的原则创设情境，使学生以积极的情感态度投入新知探究中。

二、探究阶段

探究阶段包括探索新知、巩固应用。探索新知是指教师根据新知内容特点，优化教学策略，综合运用多种教学方法，引导学生开展自主学习、合作学习和探究学习。学生在完成各学习任务的过程中经历了“在做中学”“在问中学”“在用中学”等环节，达到实践感知、问中究理和迁移应用的效果。各环节之间衔接自然、合理，使学生在亲身参与的学习活动中获得对新知的建构，以及能力、情感和素养等方面的整体全面发展。随后，学生运用知识完成教师精心设计的练习题，并及时进行交流与展示。在这一过程中，学生通过在不同情境中应用新知解决问题，完成了对新知的巩固、拓展和提升，实现了深度学习。

三、总结阶段

总结阶段包括总结评价、拓展提升。总结就是师生共同对新知进行结构化梳理、对新知获得的过程与经验进行分析与归纳，促进学生构建知识体系、掌握认知方法；评价是师生按照学习态度、知识掌握、能力提升与素养发展等维度对学生学习情况实施多元评价，以检测教学目标达成度，促进学生提升元认知能力。在课堂的最后阶段，为进一步促进学生对新知的深刻理解与迁移应用，教师布置与学生生活、专业等相关的实际问题，让学生在解决这些问题的过程中拓展自己运用所学知识分析问题和解决问题的能力。

中职活力课堂的“三段六步”教学结构程序消除了以往中职课堂教学设计简单化、片面化的现象，将学生课前、课中、课后的学习进行了有机整合，将学生的学习行为从课内延伸到课外，使其主动参与学习的意识和习惯不断得到强化。学生在探究阶段与课后拓展的过程中，经历了知识在不同情境中的迁移应用，实现了深度学习，师生的生命意义得到了极大的提升。在教学中实施多元评价与过程性评价，客观、准确地反映了学生学习的真实情况，为师生改进教学行为提供了科学依据。

第二节 “三段六步”局部可变的教学探究设计

“一千个读者就有一千个哈姆雷特”，同样，一千个教师就有一千种活力课堂，每一位教师都可以设计属于自己的活力课堂。在“三段六步”的探究阶段，教师可以根据课程内容及学生学习的特点，遵循学生在做中学、在问中学、在用中学的总体原则，在各任务中自主设计探究学习的形式，从而极大地激发自身教学创造的热情。例如，思政课程教学可设计“四案四理”任务探究模式，语文议论文教学可设计“六中六理”任务探究模式，数学概念与命题教学可设计“六中联动”任务探究模式，英语听说交际课程教学可设计“MIDPP”任务探究模式，体育与健康课程教学可设计“试析选练”四步任务探究模式，专业理论与技能课程教学可设计“六步螺旋”任务探究模式。以下逐一对上述探究模式进行介绍，为教师创新探究阶段设计提供参考。

一、思政课程“四案四理”任务探究模式

思政课程坚持在活力课堂教学理论指导下，突出体现“三段六步”教学结构，综合运用案例分析、情境教学、合作探究、小组讨论等教学方法激发学生学习活力。在探究阶段遵循汇案示理、议案论理、析案明理、验案知理四个教学步骤设计、组织学习活动，引导学生在思考中探究，在探究中明理，培育学生政治认同、法治意识等学科核心素养。(见图 8)

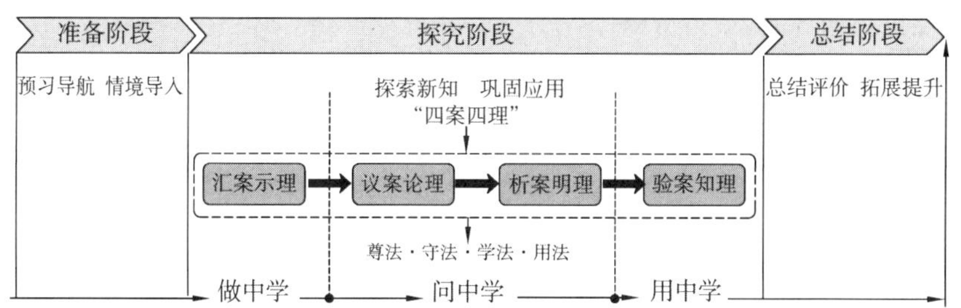

图 8 中职思政（思想道德与法治）活力课堂“三段六步”教学程序

（1）汇案示理。汇报案例，展示所学。学生围绕本课议题分组汇报课前搜集的案例资料，展示学习成果。

（2）议案论理。小组讨论，辨明道理。学生围绕本课议题展开活动，通过小组讨论、课堂辩论等形式，从不同角度分析案例，在案例中思考、探究，形成自己的价值判断。

（3）析案明理。分析案例，明晰道理。教师连线专业顾问、专家学者等，通过专业人士的解读，引导学生形成新的认识，形成本课知识体系。

（4）验案知理。巩固检验，验证所学。通过组织知识竞赛、小组抢答

PK 赛、案例分析等活动验证所学，进一步巩固和强化学生对本课学习内容的领悟和应用，实现深度学习。

二、语文议论文“六中六理”任务探究模式

语文议论文教学采用中职活力课堂“三段六步”教学结构，可在探究阶段实施“六中六理”任务探究模式，通过读中寻理、疑中问理、议中争理、思中明理、展中说理、练中固理六个步骤逐层推进内容学习。(见图 9)

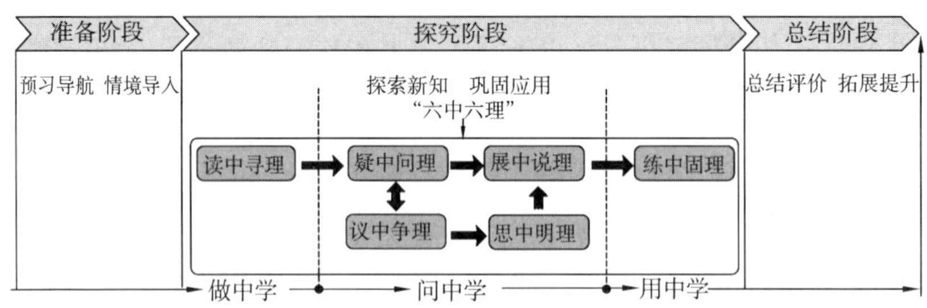

图 9 中职语文（议论文）活力课堂“三段六步”教学程序

(1) 读中寻理。教师灵活运用选读、略读等阅读方法，使学生通览全文，寻找文脉理络；学生通晓课文内容，觅寻中心论点与分论点之间的逻辑思路。

(2) 疑中问理。进入问题情境，引发疑问，激发兴趣，使学生深入思考作者要表达的核心观点和思想情感。

(3) 议中争理。通过小组讨论、思想碰撞、多向交互，使学生探究论据材料的条件关系，以及所用论证方法证明观点的适切性，明晰论证过程，感悟逻辑力量，实现多元生成。

(4) 思中明理。学生在多重思辨中明确中心论点，由浅入深、由远及近、由外往内参悟、内化、建构新知，从而达成共识，产生共鸣，明白论点的理论本质。

(5) 展中说理。学生联系日常生活，结合自身体验、情感经历和已学知识，将抽象理论融入生动实例，并将展示与讲解相结合，多元解读对文本的理解和感受，形成内在经验，熟练理论应用。

(6) 练中固理。学生掌握议论文写作方法，品味语言特点，学以致用，巩固所学，从而形成信念、生成动力，提高议论文的阅读和写作能力。

三、数学概念与命题“六中联动”任务探究模式

数学概念与命题教学采用中职活力课堂“三段六步”教学结构，运用弗赖登塔尔“数学化”教学思想，在课中采用“六中联动”新知探究模式，使学生在与教学内容紧密结合的活动中获得知识、能力与品格，最终感悟到自己生命的意义与价值。“六中联动”任务探究模式对于中职数学概念与命题教学有很强的适切性。“六中联动”即做中体验、问中导学、答中明理、悟中概括、展中完善、用中升华。(见图 10)

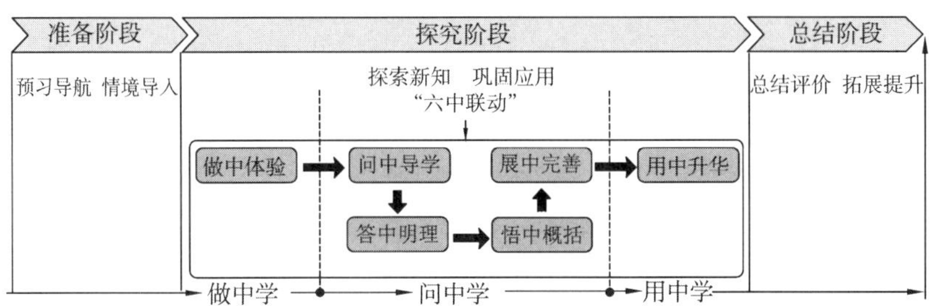

图 10 中职数学（概念与命题）活力课堂“三段六步”教学程序

(1) 做中体验。做中体验具体表现在教师科学、合理地设计贴近学生经验和数学问题本质的体验性活动，让学生在做中亲身体验，在感悟知识发生的过程中自主建构知识，实现能力发展。

(2) 问中导学。问中导学表现在教师紧扣教学目标、学情和教学内容要点，遵从维果茨基最近发展区理论，在学生愤悱之时设计意义联结的提问内容，激发学生探究的欲望，引领学生朝着知识的本质进行探究性学习，实现“问中究理”。

(3) 答中明理。答中明理表现在教师提出问题后，学生在候答过程中将问题与已有的知识经验相联结，积极思考并逐渐明晰问题的本质。

(4) 悟中概括。悟中概括表现在以问题为导向的教学过程中，学生在回答教师一系列问题的过程中逐渐领悟数学知识的本质，经过小组间协作对话，学生用自己的语言概括表述数学概念或定理，实现“悟中互学”。

(5) 展中完善。展中完善表现在当学生自己概括概念后，教师组织各小组进行展示、研讨和交流，学生通过思维的碰撞对概念进行相互补充和修正，实现“评中集成”。

(6) 用中升华。用中升华表现在运用所学的数学知识解决数学问题和

实际生活中的问题，让学生在用知识的过程中巩固所学，提升解决问题的能力。

四、英语听说交际课程“MIDPP”任务探究模式

英语课程坚持在活力课堂教学理论的指导下，突出体现“三段六步”教学结构，综合运用案例分析、情境教学、合作探究、小组讨论等教学方法激发学生学习活力。在英语听说交际课中的探究阶段，运用北京外国语大学文秋芳教授创新的产出导向法（POA），结合中等职业学校英语的教学要求，通过体验交际情境、视听任务样本、比对细化标准、对标分项操练、展示整体任务五步产出导向式探究模式来设计和组织教学。(见图11)

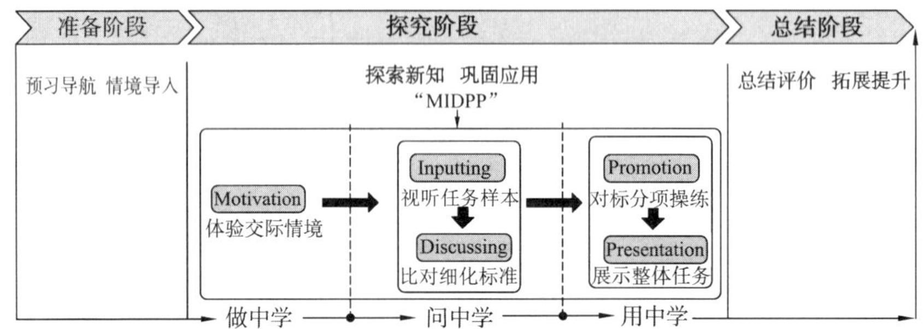

图11 中职英语（听说交际）活力课堂“三段六步”教学程序

（1）Motivation——体验交际情境，初试产出任务。教师在课前结合学生专业及生活背景，围绕话题、目的、身份、场合四个要素设计明确的产出任务，学生在课中根据要求尝试完成任务，感知任务基本要素。

（2）Inputting——视听任务样本，产生有效输入。教师展示任务完成样本，设置问题引导学生有效视听。

（3）Discussing——比对细化标准，促进有效产出。教师引导学生对照样本，诊断与评价产出任务存在的产出问题，通过比对细化任务完成过程中的标准，确立产出任务的分项任务目标。

（4）Promotion——对标分项操练，提升产出质量。教师指导学生对照标准，通过梳理总结、讲解交流、分析归纳、检测评价等环节完成分项任务操练，遵从“驱动—促成—评价”流程，分块达成有效产出。

（5）Presentation——展示整体任务，完成有效产出。教师指导学生完成产出任务并进行整体展示，开展多维评价，强化反思诊断，形成学习闭环。师生共建评价标准，提高过程评价中的自评、互评占比，推行在线评

价方式，教师引导学生反思存在的问题，培养其自我评价和改进的能力，提高产出任务质量。

五、体育与健康课程“试析选练”四步任务探究模式

中职体育与健康课程教学以中职学生需求为导向，从中职学生关心的职业能力和职业健康两方面出发，充分运用“三段六步”教学结构，激发课堂要素活力，在课中探究环节制定了“尝试练习→分析讨论→智选练法→练习改进”四步探究模式，指导学生了解职业特点，明确个人需求，学会有效锻炼，形成运动习惯，为学生的专业发展及终身体育锻炼打好基础。(见图12)

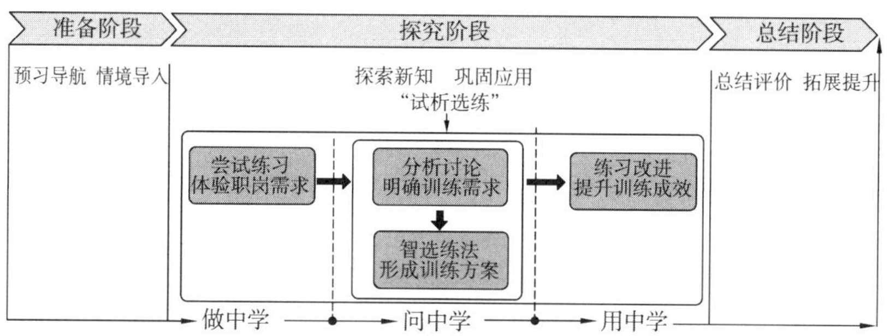

图12 中职体育与健康活力课堂“三段六步”教学程序

(1) 尝试练习，体验职岗需求。教师在指导学生课前了解职业环境对体能要求的基础上，组织学生在课中开展与职业相关的体能运动，体验职岗环境下的体能要求。

(2) 分析讨论，明确训练需求。教师引导学生在尝试练习的基础上，通过自我分析、小组讨论明确自己的体能不足和健康需求。

(3) 智选练法，形成训练方案。教师指导学生在教师提供的体能练习方法库里选择恰当的练习方法，确定自己个性化的运动方案。

(4) 练习改进，提升训练成效。教师指导学生根据运动方案练习，在练习的过程中根据效果的差异发现锻炼方法和运动方案不匹配之处，从运动种类、运动强度、运动时间、运动频率、运动进度及注意事项等方面修改个人运动方案，使学生在运动方案的不断改进和完善中感受体能提升的效果。

六、专业理论与技能课程“六步螺旋”任务探究模式

专业理论与技能课程教学采用中职活力课堂“三段六步”教学结构。根据布鲁纳认知结构理论，认知过程实质上是建立在已有经验之上的、个体逐步熟悉和理解知识和技能的过程，即认知活动是一种分阶段的循序渐进、螺旋上升的过程。因此，应分阶段、按步骤开展专业理论与技能探究活动。课堂活力是由不同阶段的活力共同组成、逐步呈现的。新知探究应结合中职学生心理、年龄、认知等特点，通过自主发现问题、虚拟仿真演练、做中领悟要点、展示交流完善、赛中固化技能、新知迁移应用的“六步螺旋”探究模式，激发学生不同过程中自身的活力，也通过彼此之间的融合促进，让课堂活力有机展现和递增。(见图 13)

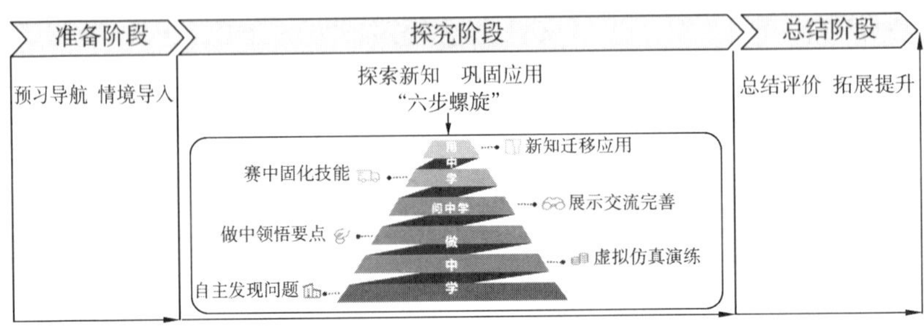

图 13 中职专业理论与技能活力课堂“三段六步”教学程序

(1) 自主发现问题。自主发现问题就是通过创设情境，使学生交流、研讨其中内容后产生思维冲突，提出问题。

(2) 虚拟仿真演练。虚拟仿真演练就是借助教学软件，帮助学生对抽象概念进行直观认知，使学生能直观了解、真正掌握概念的内在关联和核心组成。

(3) 做中领悟要点。做中领悟要点就是组织学生开展与学习任务相关的实践活动，让学生在操作中体验概念中所蕴含的核心要素并加以运用。

(4) 展示交流完善。展示交流完善即以小组为单位向全班展示学习成果，并进行相关表述，或就学习中的某个问题、疑惑进行阐述，其他小组对此展开交流与讨论，使学生形成清晰思维，形成正确结论。

(5) 赛中固化技能。赛中固化技能即教师结合课程标准、岗位要求，创设比赛境脉，开展与职业能力相匹配的课堂竞赛，各小组运用已掌握的

知识参与竞赛。

（6）新知迁移应用。新知迁移应用即教师将新知与行业、企业的真实岗位相融合，结合课程标准和人才培养方案创设适合的情景，引导学生运用所学知识解决真实问题。

第五章

中等职业教育活力课堂的实施策略

要推进中等职业教育活力课堂教学实践，必须突破传统课堂的桎梏，充分发挥课堂要素的作用，采取“三少三多、三变三学、自我认知、深度学习”教学策略，灵活应用教学方法进行有效实施。

第一节　发挥课堂要素作用

教师、学生、教学内容、教学环境、教学活动、教学评价等要素相互作用、相互激发，影响着课堂多向交互与多元生成的状态；影响着课堂目的与手段、认知与情感、规则与自由、理性与直觉、沉默与热闹之间的平衡和互动；影响着学生能否进行自我认知和深度学习。因此，充分发挥课堂要素的作用是建构活力课堂的有效途径。

一、激发教师活力

教师活力是教师在教学过程中表现出的能够建构活力课堂、彰显品格魅力、促进自我实现的思想、行为、情感、思维等方面的状态。教师有活力，课堂才会有活力。因此，欲建构活力课堂，激发教师活力应首当其冲。

从对教师总体要求层面上说，要坚持“四立四引”目标路径，培养“四位一体”活力教师队伍，就要遵循习近平总书记提出的“有理想信念、有道德情操、有扎实知识、有仁爱之心”的“四有”好教师标准，秉承“立德弘志、立爱育人、立技强业、立特发展”的中职教师培养目标，以“专家引领、学习引导、实践引路、研究引航”为培养路径，使教师成为“志向坚定、智慧丰富、行为高效、情绪积极”的活力教师，积极服务“三全育人”，实现思政课程与课程思政同向同行，开展教学过程、教学内容、教学模式改革创新，培养职业教育“跨界”思维方式，实现自身专业跨界、教学场景跨界、教学资源跨界、教学方式跨界。同时，促进教师提升从事职业教育教学的责任感、使命感和成就感，增强教学创新的动力和能力，激活自身生命价值。

从具体实施活力课堂的要求层面上说，要着力激活教师的思想、行为、情绪和智慧。首先，要激活教师的教学思想，促使他们形成各自的教学风格。教师通过学习或在教学工作中根据个人经验自然形成的一套固定的思考方式和教学方式，就是个人的教学风格。教学风格在研究中不断地得到完善和肯定就会形成模式，因此对教师来说尤为重要。通过理论引领、教学研究、赛教融合等措施，他们可成为教学理念先进、教学设计新颖、教学实施有效的教师，能在课堂教学中立足学生中心和行动导向的职业教育教学理念，根据教学标准与学情分析科学设计教学目标；立足学生主体性学习，灵活、新颖地设计学习活动，使课堂教学活动实现学在发展区、点在关键处、评在全过程。

其次，要激活教师的教学行为，完善他们的个性品格。一个优秀的教师通常比较公正、民主、负责、善良、机敏、灵活、自信、顽强，能积极反馈各种刺激。毫无疑问，一个具备热情、同情、幽默等品质的教师，相比于品质较弱的教师更能激发课堂活力，也更能在教学领域取得成就。通过示范引领、成功体验、激励机制等措施，他们可成为把握行为角色、具有教学艺术、富有教学魅力的教师，在课堂教学中善于做学生学习的引导者、帮助者，具有较强的实践能力和信息技术应用能力，能对学生起到示范引领作用。他们善于在恰当的时机，运用适当的语言，给学生以鼓励和启迪；善于给学生带来真善美的熏陶，做到润物细无声，促进学生全面发展，燃起生命希望。

再其次，要激活教师的教学情绪，优化他们的情感态度。在教学过程中，教师形成了对学生、教学和教学环境的情感态度，这种态度又会影响学生、家长和同事。对于中等职业学校来说，教师的教学情绪与情感态度在一定程度上影响了基础水平较弱的学生的学习热情。通过价值引领、角色体验、氛围影响等措施，他们可成为职业情怀深厚、情绪积极稳定、能激发学生学习潜能的教师。罗曼·罗兰说过：“要想散布阳光到别人心里，先得自己心里有阳光。”因此，教师情绪的激活表现为教师保持积极饱满的情绪，创设以学生为中心的学习环境，以极大的热情关心每一位学生的学习和发展，保持富于感染力和推动力的精神状态，让学生在愉悦的学习情绪中激发自己的学习兴趣和潜能。

最后，要激活教师的智慧，优化他们的教学能力。联合国教科文组织国际教育发展委员会指出："教师的职责已经是越来越少地传授知识，而越来越多地激励思考。"乌申斯基曾说："不论教育者怎样地研究了教育学理论，如果他没有教育机智，他就不可能成为一个优良的教育实践者。"通过专家引领、同伴互助、个人反思等措施，他们可成为教学机智灵活、创新处理生成、点燃学生生命火花的教师，能令课初的情境创设起到"涟漪荡漾"的作用，激发学生兴趣，引发学生思考，引导学生提出问题、确定问题，从而为课堂学习引领方向；在课中教学活动中能通过连贯精准的问题串激励学生探究、思考，分析问题、解决问题，促进课堂动态生成，同时教师还能迅速、敏捷、准确地作出判断，为促进学生理解知识和技能的本质顺势而为、灵活处理，促进师生、生生之间的情绪交流和智慧碰撞，点燃学生创新思维、探索未知的生命火花；在课末总结评价时能创造"欲罢还休"的教学情景，提出具有挑战性的问题，促进学生总结反思，形成知识结构，从而起到发微烛远的作用。

二、激发学生活力

学生活力是学生在课堂学习活动中释放潜能、实现自我发展所表现出的行为、情感、思维等。学生活力是活力课堂的基本表征，学生有活力，课堂就有活力。因此，激发学生活力是中职活力课堂的本质追求。正如英国教育家怀特海所说：学生是有血有肉的人，教育的目的是激发和引导他们的自我发展之路，因为"自我发展才是最有价值的智力发展"。自我教育与自我发展相互联系、相互促进，没有学生的自我教育，便没有学生的自我发展。

从促进学生整体全面发展的层面上说，要建立基于"三全五育、产教融合"的自我教育机制。一是开展"三全育人"，在教师教育教学、其他人员服务与管理的全过程中履行育人职责，从课内课外、校内校外、线上线下各种空间维度营造全方位育人环境，引导学生产生自我教育意识。二是实行"五育并举"，加强德育铸魂的思想，让思政教育、价值引领无处不在，激发学生为实现中华民族伟大复兴而学习的强大内驱力；加强智育固本，使基础课程、专业技能课程协同实施，促使学生形成学习自信；加强体育健体，引导学生加强体育锻炼，增强学习意志力；加强美育浸润，提升学生的审美、立美能力，促进学生对更高层次生命价值的认识与追求；加强劳动立身，促进学生在生活劳动、专业劳动实践和公益劳动中形成劳动精神，积淀自我教育能力。三是深化“产教融合”，加强工匠精神的引入和培育，使学生确立立志成才、技术报国的理想，形成自我教育自觉。学生在形成自我教育意识、能力、自觉的过程中，激活了自身的生命活力。

从活力课堂具体实施的要求层面上说，要着力激发学生的学习目的性、主体性、实践性和反思性。首先，要激发学生的学习目的性，使他们自由自觉地学习。马克思在《1844 年经济学哲学手稿》一书中说：“自由自觉的活动恰恰就是人类的特性。”这是马克思从本源上对人的本质所作的重要论述。所谓自由，就是人对世界的认识和改造；所谓自觉，就是有目的、有计划的意思。这就是说，人的活动既能按照客观规律，又能按照自身目的进行。这种合规律性（真）和合目的性（善）相统一的活动，是一种创造性的活动，也是人的本质力量的具体表现。福禄贝尔提出：“教育的本质是使人们自由自觉地发展和表现。”缺乏学习目的性是导致中等职业学校的学生不能自由自觉学习的根本原因。当学生明确了学习目的，就会对学习存在的自我意识感受强烈，从而在学习活动中因自觉而自由，因自由而自觉。在课程教学中，通过课程知识、工匠精神、思政教育等多维目标引领，以及丰富有趣的教学内容、新颖多变的教学方法、学习获得的成功体验、学习结果的正向反馈等措施，他们可成为学习有动力、有热情、有勇气、有韧性的学生，表现为学习兴趣浓厚，勇于克服困难，善于解决问题，富有学习成果。

其次，要激发学生的学习主体性，促进他们的自我实现。华中师范大学陈佑清教授在《教学论新编》中指出，学习的主体性是指学生在学习过程中所表现出来的主动参与和自主调控自身学习过程的特性。学生自身的发展需要是学生主动参与的动力，人的自我意识则是使人调节自身活动的关键。从学习主体的心理构成来看，只有当学生形成相应的学习需要（动机）、对学习过程的意识和自我意识后，学生才可能真正成为学习的主体。因此，激发和培养学生的学习主体性问题，也就转化成了培养学生的学习动机和对学习的意识问题。苏霍姆林斯基认为，教师的任务就是促进儿童学习，激发他们的学习兴趣，这是他们刻苦顽强学习的强大力量，要让每个学生在主体性活动中发现自我、实现自我。美国认知教育心理学家奥苏贝尔认为，学生的学习动机主要分为三类：认知内驱力、自我提高内驱力与附属内驱力。因此，在教学过程中，可以优化重组教学内容以唤起学生的求知欲、激发学生内在的认知内驱力；可以采取目标激励、情感鼓励、方法引导、活动参与、收获成功、评价反思等多种措施，提升学生外在的自我提高内驱力和附属内驱力，使学生善于做学合一、观察思考、归纳总结、灵活应用，走出被动听课、学科导向思维的怪圈，将学生消极、被动、内在、隐形的主体性意识转化为积极、主动、外在、显性的主体性行为。

再其次，要激发学生的学习实践性，促使他们产生创新冲动。马克思曾说，“全部社会生活在本质上是实践的”，“哲学家们只是用不同的方式解释世界，而问题在于改变世界”。实践的观点、生活的观点是马克思主义认识论的基本观点，实践性是马克思主义理论区别于其他理论的显著特征。学习的实践性是指将理论与实践相结合、把知识和经验相统一的一种学习方式，这种学习方式强调知行合一，体现了职业教育行动导向的教学理念，是产生课堂教学活力的原生动力。在教学过程中，通过营造民主平等的宽松心理环境以激发学生对知识的好奇心，还可基于问题解决对学生进行发散性思维训练，这样，他们便可具有不满现状的变革精神、打破常规的求异思维，成为敢想敢做的实践者，进一步形成应用新颖独特的方式解决问题，并能产生新的且有价值的方法或产品的心理过程。学生在学习过程中不满足于认知现状，有“打破砂锅问到底”的意识，有突破常规变通解决问题的思维习惯，有跳出书本从实践中获得真知的行动，这对于培育他们的工匠精神具有重要而持久的意义。

最后，要激发学生的学习反思性，促进他们的自我解放。人的解放是人类和社会进步的重要内容、有效途径和根本标志，而自我解放是人的解放中不可缺少的关键组成部分，在人的解放中占有至关重要的地位，起着举足轻重的作用。所谓人的自我解放，是指一个人能从自己的束缚中解脱出来，成为自身的主人，获得真正的自由和健康发展，从而使自己不再是自己前进的阻力，而永远是自己前进的动力。著名物理学家爱因斯坦曾深刻指出：“一个人的真正价值首先决定于他在什么程度和在什么意义上从自我解放出来。”瑞士心理学家皮亚杰认为，学习取决于实践和反思的结合以及理论与实践的结合，经验虽然是反思的基础，但没有反思就不能产生学习。这种学习是通过自我激励来维持学习动力的，而非依靠外界压力。这种学习不仅重视对当前学习结果的反思，而且关注自身品质与能力的发展情况。在教学过程中，可以通过检查反馈、参与评价、自我分析，促进学生自我认识并获得自我体验，对已完成的学习活动及结果进行质疑和完善，以重构知识体系；善于探索问题解决的本质，优化问题解决的思维结构与过程，在知识的创新应用中实现知识的同化与再发现，从而打破长期形成的自我束缚，实现自我超越。

三、营造以学生为中心的学习环境

学习环境的作用表现为其在激发学生强烈的学习动机、产生积极的心理体验、形成有效的学习成果等方面表现出的能量，它可以使富有创造力的灵敏而活跃的思想在开放的空间里活动。乔纳森指出，以学习者为中心的学习环境类型包括基于问题的学习、学习共同体、实践共同体、游戏虚拟世界和模拟环境、数字知识库，以及建构主义学习环境等，呈现出鼓励性、交互性、开放性等特征。很显然，以学生为中心的学习环境可以激发学生学习的目的性、主体性、实践性和反思性，从而激发学生的活力。因此，创设以学生为中心的学习环境应当成为构建活力课堂的根本举措，这种学习环境主要包括物理环境、心理环境、学习共同体、问题情境等，如具有民主化、协作化、差别化、信息化、现场化、问题化等特征的学习环境。

民主化学习环境，即满足学生心理安全、人格平等的班级社会文化心理环境。这是创设自主学习课堂教学环境的基本保证，民主化学习环境以师生人格平等、心理相容、精神自由为主要特征，每个学生在课堂中都能受到尊重，能自由自觉地参与学习活动、表达自己的观点，能感到愉悦与满足。建立民主化学习环境，首先要转变教师的观念，教师由传统的课堂教学权威者转变为学生学习的合作者、支持者、帮助者，教师只是学习共同体中的一员，师生共同参加教学活动，相互理解、相互沟通、相互接纳，是一种心灵上的相遇相知。其次要转变师生行为，把教师的控制行为转变为支持行为，把学生的被动学习行为转变为主动学习行为，学生有自主选择学习内容、学习方法、学习资源的自由，也有评价自我、评价同学、评价老师的自由，以此促进学生实现学习的自由自觉。

协作化学习环境，即方便学生合作探究、交流互动的学习共同体组织环境。从心理学角度讲，交流表达是一种心理需要，是表现欲得以满足和实现的过程，每个人都有表现自我、影响他人的需要。从教学论角度讲，教是最好的学。《礼记·学记》指出："学然后知不足，教然后知困。知不足，然后能自反也；知困，然后能自强也。”意思是，学不能仅限于潜心习得，还应当尝试施教他人，通过施教这一知识的外化过程强化自己对知识的理解和掌握。教师可以通过构建学习共同体，让每个学生都承担一定的责任，设计合作探究、互动生成的学习活动，组织组内、组间学生的交流展示，促进所有学生在协作学习中获得对知识的深刻理解，由此，课堂由沉闷走向活跃，学生由消极学习转变为积极学习。

差别化学习环境，即目标分立、任务自选的进阶式分层学习环境。从教育目的上讲，差别化学习环境是为了满足学生在共同发展的基础上实现差异化发展。共同发展是共性的要求，指的是每个学生都必须具备一定的基础和达到一定的水准，这是教学的基本任务。差异化发展是个性的体现，指的是学生在共同发展基础上的多样化发展。它包括两个方面的内容：一是学生在发展潜力、速度和水平方面的差异；二是学生在兴趣、爱好、特长方面的差异。实现学生在共同发展基础上的个性化发展是深化教学改革的核心任务。根据学情，首先应确立共同发展的基本教学目标，在此基础上再提升一两个层次确立不同的教学目标；其次，采用多样化教学方法，使学习共同体发挥协作学习的作用；最后，在这样的学习环境中，激发学生学习的兴趣，充分发挥学生的主体性作用，使所有学生都能在原有基础上得到发展，从而促进自我实现。

信息化学习环境，即优化要素、混融共生的教育技术环境。开放性、共享性、交互性、协作性是信息化学习环境的基本特征。开放性打破了教师中心、教材中心、教室中心的封闭式课堂教学体系，使得学生的学习社会化、终身化、自主化；共享性使得教学资源能为全体学生所共享，且资源丰富、动态生成；交互性能实现人机之间的双向沟通和人人之间的跨时空交互学习，促进教师与学生、学生与学生、学生与其他人之间的多向交流；协作性为教师提供了更多的人人、人机协作完成任务的机会，可以建立学生学习信息化空间，为学生提供可以利用的多种学习资源，使学生能够利用各种资源辅助自己的学习。教师通过信息化空间的搭建可以实现师生、生生之间的多向交流互动，开展即时评价；通过实施线上线下混合式学习，使学生获得沉浸式学习体验，促进以学习主题为引领的课上学习向课外学习的自然延伸。

现场化学习环境，即身处真实场所、生产场景的即时反馈式学习环境。许多技能是和真实场景息息相关的，离开了场景，技能的习得将非常困难。传统的技能培训由于条件的限制，往往采用师傅带徒弟的现场培训方式。师傅带徒弟的方式有很多优点，但也有不足。其致命的缺点就是每个师傅都按照自己的思路去教导学员，这对优良技能的传播可能形成阻碍。教学中基于广泛的真实生产场景、社会生活场景或现场直播场景的学习环境，既可以创设服务学生学习的真实场所、生产场景，给学生以正确的示范引导，克服优良技能传播中可能的阻碍，又能激发学生学习的好奇心、责任感、使命感，增强学生学习的内驱力。另外，学生在研讨或练习该场景下的处理方式和技能要点的过程中，能获得即时反馈以促进自我发展。

问题化学习环境，即基于问题的问题解决式学习环境。湖南师范大学张楚廷教授认为："能够带上满口袋问题走进课堂的课，算好课；能够在课堂上唤起学生也生问、发问、提问的课，算更好的课；能够唤起学生提问，居然被学生的问题问倒了（教师一时答不出来了）的课，算是最好的课。"为此，他进一步指出："教学，从根本上说，是思考着的教学引导着学生思考，又让思考着的学生促动教师思考。而在这一过程中，问题是最好的营养剂；在这一过程中，教师的思考和问题意识起着主导的作用。"同样，问题是中等职业教育活力课堂的心脏。在课堂教学中，教师通过创设情境，让学生自主发现情境中的问题、确定问题，教师以一系列问题搭建"脚手架"，引导学生由浅入深地探讨问题、提出新的问题，再不断解决问题，最终实现情境中问题的彻底解决。这种贴近学生最近发展区的问题解决式学习，可以有效激发学生的学习兴趣，驱动他们进行浸润式学习，实现深度学习，提升其基于问题解决的核心素养。

四、重构教学内容

教学内容的作用表现为其在激发动机、引导学习、指示方法、形成价值判断及规范概念等方面表现出的能量。布鲁纳在《教育过程》中指出："学习动机在旁观年纪必须防止被动状态，必须尽可能建立在唤起对所要学习的东西的兴趣的基础上，它的表现必须保持广泛性和多样性。"他建议"增加教材本身的趣味，使学生有新发现的感觉，把我们必须要说的东西转化为儿童思想的形式"。因此，教师要打破传统的依照"教材"教的陋习，转变为科学合理地利用"教材"教学，使教材成为教师有效完成教学任务、达成教学目标的一种工具。长期以来，中职教师习惯于将教材与教学内容等同，习惯于教教材，这种教学认识与行为是片面的。教材仅是教学内容的一种载体，能真正发挥作用的教学内容并不完全等同于教材内容。因此，教师必须重构具有生活化、专业化、结构化、人文化特点的教学内容，充分激发学生的学习兴趣。

生活化的教学内容，即教学内容贴近学生的生活经验，通过增强内容的趣味，使学生有新发现的感觉，从而有效激发学生的学习动机。我国近代著名教育家陶行知先生提出的“生活即教育”理论对当代教育仍具有很强的指导意义。他认为，生活和教育密不可分，教育必须从生活中汲取内容，教育效果也必须落实到生活实践中。陶行知的教育思想不仅重视生活和实践，还重视一定的能力培养要求，学生只有在理解知识、学会使用知识的基础上，才能得到知识和技能的双重提高，实现能力素养的有效提升。教育来源于生活，与学生密切相关的现实生活中有丰富多彩的课程教学内容，教师在重构教学内容时，应当注重教育与生活的联系，着眼于中等职业学校学生的生活实际，将开发教学新内容的目光投向实际生活，从与学生相关的实际生活中发现教学内容，将之与课程知识有机结合。

专业化的教学内容，即教学内容既遵循课程的科学性和规范性，也注重“岗课赛证”的融合，使学生领会教学内容的价值，提高学习的积极性。拉尔夫·泰勒在《课程与教学的基本原理》一书中指出：“在编制一组有效组织起来的学习经验时，需要符合三大标准，即连续性、顺序性和整合性。”连续性是指主要课程要素的直线式重复。顺序性即要将每一个后续经验都建立在先前经验的基础上，且必须更广泛、更深入地探究所涉及的事物。整合性是指课程经验的横向联系，这些经验会帮助学生逐渐获得统一的观点，使其逐渐将自己的行为与所处理的相关要素统一起来。因此，在重构中等职业学校课程教学内容时，应当尊重连续性、顺序性和整合性的要求。另外，“专业化”也是职业教育的一个重要目标。从宏观角度上看，职业教育肩负着培养与我国社会主义现代化建设要求相适应的，且具有全面素质和综合职业能力的中等应用型专门人才和劳动者的使命；从微观角度上看，“专业化”是职业学校的毕业生顺利迈向工作岗位、获得上岗资格的通行证。因此，中职学校课程教学内容必须紧紧围绕职业教育“专业化”这个基本目标进行重构，即突出“专业性”，加强“岗课赛证”的有机融合，为学生专业学习和能力培养服务，为学生的综合职业能力、创业能力的形成和发展服务，为促进学生职业生涯的发展服务。

结构化的教学内容，即教学内容以体现课程基本结构的基本原理方式呈现，使学生习得课程学习的方法，对知识有更深刻的理解和记忆，以便于迁移应用。布鲁纳认为，教专门的课题或技能而没有把它们在知识领域中的脉络弄清楚，这从几个深远的意义上来说，是不经济的。第一，这样的教学，要使学生从已学得的知识推广到他以后将碰到的问题，将非常困难。第二，不能达到掌握一般原理的学习，从激发智慧的角度来说，其效果不大。使学生对一门学科产生兴趣的最好办法是使学生认为这个学科值得学习，也就是使学生获得的知识能在超越原来的学习情境中运用。第三，获得的知识，如果没有用完满的结构把它们连在一起，那多半是一种会被遗忘的知识。一串不连贯的论据在记忆中仅有短暂的寿命，而根据可借以推断出论据的那些原理和观念来组织论据，是降低人类遗忘速率的唯一的已知方法。因此，在重构教学内容时，应通过主题性模块或大单元来统摄相关教学内容，注重让学生从一般的事实性知识学习上升到概念性理解学习，有意识地引导学生从主题与事实中发现核心概念，并将这些概念进行联结以形成上位概念或原理，从而形成结构化的知识链，实现理解性学习，以及实现跨时间、跨空间、跨情境的迁移应用。

人文化的教学内容，即教学内容与思政、文化等元素有机融合，在坚持立德树人根本任务的前提下，通过结构化的课程教学提升学生的人文素养。职业教育是培养全面发展的人的教育，把职业能力作为职业教育的全部价值体系，有悖于教育的本质以及人的全面发展的宗旨。裴斯泰洛齐指出："教育的目的是全面和谐地发展人的一切天赋力量和才能。"国学大师王国维在他的《论教育之宗旨》一文中指出："教育之宗旨何在？在使人为完全之人物而已。何谓完全之人物？谓人之能力无不发达且调和是也。人之能力分为内外二者：一曰身体之能力，一曰精神之能力。发达其身体而萎缩其精神，或发达其精神而罢敝其身体，皆非所谓完全者也。"王国维的"完全之人物"的实质，就是身心全面发展的人。因此，职业教育应当强调职业技能与人文知识的同步发展。中职学生不是被动的"技能机器人"，也不单单是一个纯粹的职业人，而是一个要生存、要发展的社会人。他们不仅要适应社会，而且要融入政治、经济、文化、环境等社会生态关系之中，要有面对生活挑战、应对生活难题、适应职业变化的能力。因此，在重构教学内容时，必须关注学生人文素养的发展，融入相关人文知识，如哲学知识、思政知识、历史知识、道德知识、艺术知识等。学生通过对人文知识的学习和内化，带动自身人文素养的发展，以更好地认识自我、理解人生、确立方向、健全人格、提升境界，使自身在将来的职业生涯中游刃有余，适应多变的职业环境。

五、精心设计学习活动

学习活动是指学习者以及与之相关的学习群体（包括学习伙伴和教师等）为了完成特定的学习目标而进行的所有操作，学习活动可以是个体的，也可以是群体协作的。学习活动的作用表现为其在促进学生自主学习、合作学习、探究学习、深度学习等方面表现出的能量。学习活动设计是指通过规定学习者所要完成的任务目标、成果形式、活动内容、活动策略和方法来引发学习者内部对知识的认知、加工和重构，从而达到发展学习者心理机能的目的。学习活动设计理论认为，学习活动是学习者身心发展的源泉，应把学习活动的设计看作教学设计的核心。学习活动的设计最终表现为学习任务的设计。

学习活动设计包括四个基本环节。一是活动任务或主题的设计。活动的任务或主题是为达到既定的教学目标所需完成的训练内容，如基于问题学习中的问题、探究性学习中的探究主题、项目化学习中的项目等都是典型的活动任务。二是活动基本流程和步骤的设计。确定活动的任务或主题后，就要着手设计活动的基本流程和步骤，这也是一种对活动的宏观控制。三是活动规则的设计。活动规则是对学习活动的微观控制，主要内容包括：各阶段的活动成果形式，可以是报告、产品，也可以是模型等；教师向学生提供的学习支架的内容和类型；干预和反馈的时机；时间进度的安排；调整活动目标和任务的时机；应得到奖励或惩罚的行为。四是活动评价环节的设计。任何活动都应该有评价环节，学习活动必须事先规定活动评价的方法和标准。这里的活动评价是指对学习者完成学习活动情况的评价，不是对活动设计质量的评价。中等职业教育活力课堂学习活动的设计应注意对学习自主性、探究性、发展性、情境性、开放性、生成性、合作性、竞争性、交互性等方面的覆盖。常见的学习活动可以有问题化学习活动、主题探究性学习活动、项目化学习活动、理虚实一体化学习活动、游戏化学习活动、做学合一式学习活动、发现式学习活动等。

现以项目化学习为例，说明如何开展学习活动设计。项目化学习源自杜威的“做中学”，这一概念是由杜威的学生克伯屈提出来的，近年来，项目化学习作为提高学生素养的一种方式得到了尝试。项目化学习就是学生在一定时间内通过研究并解决一个真实的、有吸引力的、复杂的问题，掌握项目内含的核心知识和技能。项目化学习的核心在于可用来有效组织和推进学习活动的真实问题，学生在研究真实问题的过程中形成问题解决方案与产品。项目化学习指向核心知识建构，强调高阶认知，能实现情境迁移后的知识应用，即深度学习。

首先，科学设计学习项目。学习项目设计并不是基于项目或活动本身，而是以学生建构核心知识为出发点。第一，要蕴含核心知识。教师应当通过研究课程标准寻找核心概念、关键概念，先确定哪些知识点与这些概念相关，再将学生的生活经验和专业知识一起作为学习项目设计的依据。第二，要能设计出驱动性问题。学习项目设计必须关注问题能否激发学生的学习兴趣，因此设计出驱动性问题是确定学习项目的前提。设计驱动性问题的关键在于，设计者需要分析清楚核心知识的本质，要能将知识本质融入真实问题情境中，这是检验驱动性问题设计是否适切、可行的根本标准。第三，要能实现学生的高阶认知，项目化学习主要通过高阶认知带动低阶认知，教师在开展项目设计时应根据核心知识的本质研判项目能否促进学生的高阶学习，并使高阶学习整合关于基础知识和技能的低阶学习，以期学生既能获得课程核心素养的发展又能掌握基础知识和技能。

其次，准确把握前置操作。所谓前置操作，指的是在项目化学习开始之前，教师为确保项目学习能真正实现新课标的精神、培养学生核心素养而做出的有针对性的准备。前置操作的关注点落在学的要素的准备上：一是提供必要的学习资源。学习资源是指学生在学习过程中可以利用的一切显性的或隐性的条件，主要包括硬件资源与软件资源，硬件资源为学习设备设施资源，软件资源主要指各种媒体学习资源。项目化学习的开放性既打破了目标与内容、空间与时间等方面的限制，激发了学生活力，又给学生实施项目带来了难度。因此，为学生提供必要的学习资源，让他们在需要的时候用于自主学习、系统分析、制定并实施方案，是十分必要的。二是建立合作学习小组。由于项目化学习的系统性、复杂性与开放性，学生只有在团队协作的情况下才能够完成任务。因此，在项目实施前要将班级学生分成几个合适的学习小组，小组内的学生互相交流配合，对项目任务进行分工、协作、研究，相互激发思维，直至完成项目学习。三是制定评价量表与评价策略。项目化学习是以项目为核心、以学生为主体、以过程为重点的一种学习模式，若不能对学生的学习活动与学习效果进行及时评价，学生的学习行为容易产生偏差。因此，用什么样的评价量表、如何开展项目化学习评价，关系到项目化学习的成效。评价量表要能反映核心知识、学习成果与成果评价三者的一致性，可包括学习目标、学习内容、学习方式、学习效果、学习态度、素养发展等一级指标，也可根据项目化学习的期望，下设若干个二级指标。评价策略应注重评价主体多元化、评价方法多样化、评价手段信息化。

最后，六步引导项目实施。第一步，明确项目任务。教师通过驱动性问题创设问题情境，导入学习项目；引导学生领悟项目的目的、意义等；了解项目化学习过程评价量表、项目化成果评价标准。第二步，开展项目分析。学生初次涉及项目内容时，教师应当给予学生适当的启发，引导学生进行小组讨论，得出完成该项目的总体思路与方法，为小组制订详细计划做好准备。第三步，制订项目计划。项目分析只能给项目实施提供一个大致的方向和程序框架，要想使项目顺利实施，各学习小组还必须制订详细的项目实施计划。项目实施计划应包括学习目标与内容、实施步骤、任务分工、评价方案等，经教师审定后方可实施。第四步，实施项目计划。实施项目计划即学生团队与个人按照项目计划确定的时间、流程、步骤、分工，依据团队工作规范实施项目的各项任务，对项目实施的阶段性学习情况进行检查、考核，并根据需要调整计划，最终完成项目任务。第五步，展示交流成果。项目化学习成果指在项目化学习结束时产生的作品、产品或设计报告等。围绕同一个驱动性问题，各个小组往往会产生不同的成果，每一个成果都蕴含着学生的学习智慧与汗水，因此需要展示交流。各小组代表面向全班学生汇报项目计划与项目实施过程、遇到的问题与解决方法、成果或作品等，使学生在相互学习交流中再次得到思维的碰撞和升华，阅读能力、思考能力与表达能力等核心素养得到真正发展。第六步，开展成果评价。根据各小组交流展示的项目化学习成果，教师引导学生按照事先制定好的项目作品评价标准进行组间讨论、辩论，评判作品特点、差异、产生原因及得分。开展成果评价是培养学生质量意识、竞合精神、元认知能力的需要，要关注以下几点：评价必须公平、公正；作品应符合要求，反映思维的真实性，反映学生对核心知识在高阶认知与低阶认知之间的过渡；作品中应包含对自身性质的描述，包含对作品的设计、计算与制作过程的说明；等等。

六、创新教学评价策略

教学评价的作用表现为其在激发课堂其他要素活力、促进师生发展等方面表现出的能量。发展性、多元性、多样性、即时性评价策略，会促进课堂教学沿着有情感、有动感、有灵感、有美感的“轨道”展开。发展性评价即教学评价立足于师生发展，开展基于活力课堂的教学评价有利于课堂教学的诊断与改进；多元性评价即采取包括校长、教师、教学督导、家长、企业人员、学生等在内的多元主体评价；多样性评价即采用定量评价与定性评价相结合、形成性评价与终结性评价相结合，关注过程的、面向未来的评价，重在对学生探究知识的过程和努力的过程进行评价；即时性评价即从学生成长性指标、比较性指标深入分析每个个体的学习进阶轨迹，通过对活力课堂教学评价的维度、指标、内涵做分级分项设计，赋予各级指标分值与权重，实现动态评价，最终根据定量评价和定性评价制成评价软件，通过学习平台开展即时评价。课堂整体性评价指标体系，将维度分项（教学内容、教师活动、学生活动）与指标量值相结合，将细则分解与权重比例相结合，权重指向活力“很好、好、一般、不好、很不好”的五级定量且与定性评价结合；学生个体性评价指标体系，是通过课前、课中与课后评价进行课中与课前、课后与课中两次进阶水平分析，找到学生的最近发展区，促使学生在学会、会学的过程中形成内驱力，促进学生自我认知、强化学习目的、激发内在动机。

第二节 “三少三多、三变三学、自我认知、深度学习”教学策略

发挥学生学习的主体性作用，增强学习效能，培养学生学习的积极性、实践性、创造性和反思性，激发学生的生命活力，是中职活力课堂的价值追求与根本遵循，“三少三多、三变三学、自我认知、深度学习”教学策略是实现这一目标的基本途径。

1. “三少三多”

“三少三多”是指减少单一讲解，运用多种方法；减少不适环境，建立多向交互；减少封闭活动，促发多元生成。首先，“减少单一讲解，运用多种方法”，就是在课堂教学中，消除“满堂灌”式教学，教师不发生无助力参与、无端由干预、无效应环节，师生活动时间小于一比一，课堂立足于学生要怎么学，多激发和调动学生的积极性，让学生主动参与讨论、制作、演示、讲解和评价，突出教法与学法相适的方法运用。其次，“减少不适环境，建立多向交互”，就是在课堂教学中精简不适合、不起作用的物理环境、心理环境、问题情境，强化综合环境影响，利用智能设备在生生交互、师生交互、生境交互等多向交互中增强课堂能量的流动。最后，“减少封闭活动，促发多元生成”，就是在课堂教学中减少演绎推理单循环式的封闭活动，通过增加开放性问题，鼓励学生合作探究，使学生从思维固化、心智弱化、思想僵化走向知识、情绪、智慧等方面的多元生成。

2. “三变三学”

“三变三学”是指变机械记忆为实践感知，在做中学；变机械听课为自主探究，在问中学；变机械训练为灵活迁移，在用中学。首先，“变机械记忆为实践感知，在做中学”，就是在课堂教学中改变脱离经验基础对概念、方法、原理等认知内容进行死记硬背式的学习，通过实践感知使学生产生学习的主动意识和积极情绪。行动导向是职业教育教学的特征之一，“在做中学”是培养学生主体性和实践性的基本途径，通过创设能激发学生学习兴趣的实践情境和能动手操作的实践活动，让学生融入实践活动的角色和环境之中，促进学生将已有的生活经验与新知识、新技能相融合。其次，“变机械听课为自主探究，在问中学”，就是改变学生被动接受教师设计好的课，以及学生无意于、也无趣于思考解决问题的方法的现状，希望学生通过主动探究产生对知识本质的认知和成功的喜悦。“在问中学”是职业教育培养学生实践性和创造性的根本途径，通过在一定的问题情境中，使学生发现问题、确定问题，在“问题串”解决过程中逐渐领悟知识本质，提升其实践能力和创造性思维。再次，“变机械训练为灵活迁移，在用中学”，就是改变学生因重复性操练的强化练习而导致的学习视野不开阔、思想不解放、精神不自由，通过灵活迁移使学生形成对知识的创新应用能力。“在用中学”是职业教育培养学生实践性和反思性的重要途径，学生通过应用所学知识解决情境迁移后的不同实际问题，将理论与实践相结合，把知识和经验相统一，促进自身由一般认知走向元认知，最终获得知识、技能、态度、能力的积淀与升华。

3. 自我认知

自我认知通常指的是个体对自己的洞察和理解，包括自我观察和自我评价。自我观察是指对自己的感知、思维和意向等方面的觉察；自我评价是指对自己的想法、期望、行为及人格特征的判断与评估。自我认知是自我调节的重要前提。中职学生在学习中的自我认知，就是实事求是地评价自己的学习状态，对自己的学习过程、学习方法、学习效果进行判断和评价。正确的自我认知可以帮助学生克服学习自卑或骄傲自大等不切实际的不良心理，是中职学生获得自我调节和人格完善的基本前提，是重塑学习

自信、增强内驱动力的重要策略。在教学过程中，教师通过组织学生及时开展自我评价，促进学生进行自我认识并获得自我体验；通过组织学生对已完成的学习活动及结果进行质疑和完善，学生审视自己素质与能力的发展情况，重构对已获得知识的理解，促进高阶学习；通过组织学生反思问题解决的思维结构与过程，探索问题解决的本质。

4. 深度学习

深度学习是美国国家研究理会提出的学习理论。美国国家研究理会认为，深度学习是个体将学习的知识从一种情境应用到另一种新的情境的过程。南京师范大学吴永军教授认为，深度学习是在特定的社会文化情境中，学习者在与他人互动以及环境互动中，关注知识之间的有机联系，最终能够迁移并能够解决实际生活问题的意义生成的过程。根据加德纳多元智能理论，每个学生都有无限发展的可能性，只要为中职学生设计适合其发展的教学方式与教学策略，促进学生形成个性化的学习方式，每个学生都能在教师的有效引导下，在与同伴的良性互动中，在自我砥砺、自我锻造中，通过不同的方式获得深度学习品质。相对于浅表学习，深度学习强调学习的深入、深层、深刻，体现的是从理解到创新，转识成智。中职活力课堂采取适合学生学习的多样化、个性化教学方法，教师设计不同情境下的问题，学生在解决这些问题的过程中实现深度学习，并得到最大限度的进阶发展、自我实现与自我解放。正如斯皮罗等提出的认知灵活性理论所述，要使学生从直接套用知识就能解决良性结构问题，到不能直接套用原来的解决方法，而需要建构新的理解方式和解决方案来解决结构不良问题。

第三节 灵活应用教学方法

一、建构性教学方法

建构主义教学观认为学习是一个积极主动的建构过程，学习者根据自己原有的知识经验主动感知外部信息，从而获得意义建构。建构主义理论提倡的教学策略主要有支架式教学、抛锚式教学、随机进入式教学及生成性教学。这些教学策略是建构中职活力课堂的重要教学方法，统称建构性策略，旨在培养学生自主学习、自主探索的能力。

1. 支架式教学

支架式教学从维果斯基的“最近发展区”理论出发，先把复杂的学习任务分解成概念框架，再把学习者的理解逐步引向深入。支架式教学一般由“搭脚手架、进入情境、独立探索、协作学习、效果评价”五个环节组成。支架式教学就是不停顿地让学生从一个水平发展到相邻的更高的水平，并使学生的综合能力在深层次的概念框架中得以构建，强调学生对知识的主动探索。采取支架式教学要注意以下几点：一是教师要在学生学习的可能性与目标之间，按由易到难的顺序拾级而上搭建“脚手架”并形成概念框架，且相邻概念之间的难度跨度要适切。二是教师不要急于揭示概念框架中每一步的结果，而要引导学生按照概念框架小步子、快节奏地进行自主探索、多向交互、多元生成、建构意义。三是要广义地、发展性地理解支架的意义，例如资源性直观支架、常识性背景支架、激励性情感支架等。

2. 抛锚式教学

传统中职课堂教学之所以以教师为中心，很大程度上是因为教师缺乏撬动学生主体参与的支点，而抛锚式教学为学生提供了一个“锚点”，帮助学生成为学习的主体。抛锚式教学一般围绕某一个“锚”来设计教学活动。“锚”通常是有情节的故事或问题，能引起学生的探索兴趣。“锚”一旦被确定，整个教学内容和教学进程也就被确定了。抛锚式教学的主要目的是利用一个真实的问题情境来激发学生的学习动机，学生通过自主学习以及小组成员间的多向交互，经历从识别问题到提出问题、解决问题的全过程。抛锚式教学是促进学生深度学习的重要途径。抛锚式教学一般由创设情境、确定问题、自主学习（解决问题）、教学评价四个环节组成。采用抛锚式教学要注意以下几点：一是“锚”的设计要科学，既要激发学生的学习兴趣，又要有助于学生探索其中蕴含的课程问题。二是教师要引导学生从“锚”中确定课程问题，培养学生发现问题、确定问题的能力。三是教师要组织学生自主学习、合作探究，最终解决“锚”的问题，以此促进学生主体参与学习，实现多向互动、多元生成，直至对知识的意义建构。四是在学生的学习过程中，教师要随时注意观察并记录学生的表现，适时组织学生开展自我评价与相互评价，以把握学习过程、学习方法和学习成效。

3. 随机进入式教学

随机进入式教学是指在教学过程中出于不同目的，立足不同侧重方向，教师以不同形式多次、随机地呈现同一学习内容，使学生对这一问题进行多角度的探索和理解，从而获得知识的多方面的意义建构，实现深度学习。随机进入式教学主要包括确定主题、创设情境、独立探索、合作学习、自我评价等环节。采用随机进入式教学应注意以下几点：一是随机呈现的不同学习主题应该都是同一个问题的不同侧面，以使学生获得对概念知识多维度的理解。二是各学习主题应避免抽象地谈概念运用，而应将概念放到具体的实例中以说明概念不同方面的含义。三是在此过程中教师应注意发展学生的自主学习能力，使学生逐步学会自主学习。

4. 生成性教学

生成性教学是指在教学实施过程中，师生根据教学进展构建教学活动的过程。在师生、生生的合作与对话碰撞中，会出现超出教师预设的新表达、新成果及新问题，师生的不同处理方式可能产生不同的生成价值，使课堂呈现动态变化、生机勃勃、活力四射的特点。生成性学习理论为生成性教学提供了直接的心理学依据。美国心理学家维特罗克认为，学习是一个主动的过程，学习者并非被动地接受信息，而是积极参与其中，主动地构建自己对信息的解释，并从中作出推论。生成性教学的突出之处在于重视师生独立的生命价值，尊重学生的主体地位与学习方式的自由选择，关注学生核心素养的发展。应用生成性教学，可将学生对所学知识内容的多元反应、对课程学习的不同需求以及突如其来的体验，开放性地纳入教学过程之中，伴随着学生对课程知识的理解和应用，以及新表达、新成果及新问题的生成，学生由浅表性、机械性学习走向了深度学习。采用生成性教学应注意以下几点：一是坚持以学生为中心的活动设计，突出学生在学习中的主体地位。二是坚持弹性设计，留足教学空间，促进学生深度学习。三是坚持利于生成发展的动态设计，激发师生的生命活力。

二、体验性教学方法

体验性教学是根据学生的认知特点和规律，通过创造实际的或重复经历的情境还原教学内容，使学生在亲身体验的过程中不断产生新经验、新知识、新情感，并由此彰显师生生命活力的教学方式。生活化教学、游戏化教学、具身认知是比较典型的体验性教学方法，是建构中职活力课堂的重要策略。

1. 生活化教学

对于中职学生来说，联系生活、走进生活的课程教学可以使他们脱离枯燥乏味的刻板教学模式，在课程知识与生活经验的融合中理解知识的本质，由此激发学生学习的兴趣。生活化教学就是从学生的生活经验和已有的知识背景出发，创设生活化的学习情境，组织生活化的学习内容，进而确定问题、分析问题，最终回归生活解决问题，以此促进学生对知识的深度学习，使学生树立学习的自信心，增强对所学知识的理解与应用能力，发展自身的核心素养。生活化教学的本质是创设以学生为中心的学习环境，利用学生所熟悉的生活中的问题促进学生对知识和经验的获取和利用，从而极大地促进学生知识结构的相关性，提高他们在教学活动中的参与度。教学生活化实际上是为了缩小学生现有发展水平与潜在发展水平之间的差距，通过教师引导、任务调整、及时反馈以及同学协助，让学生的学习不断获得成功，引导学生慢慢地进行自主活动。教学生活化可以促进多向交互、多元生成和深度学习，以此激发师生的生命活力。中职活力课堂在具体应用生活化教学时要注意以下几点：一是引导学生观察生活中的课程问题，培养学生学习兴趣；二是引导学生联系已有的生活经验，促进学生深度学习；三是引导学生将知识应用于生活，发展学生核心素养。

2. 游戏化教学

游戏化教学寓课程问题于游戏之中，让学生在做游戏的过程中学到知识、方法和思想。中职学生的学习基础薄弱、学习能力差异大，对课程学习存在畏难情绪，学习参与度不高，课堂自然缺乏活力。通过游戏化教学，教师可以打破课堂沉闷的氛围，激发学生的学习动机，让学生从惧怕学习走向越来越喜欢学习；学生可以从游戏活动中体验、思考课程中的问题，构建新的知识网络结构，获得解决实际问题的基本技能与方法，切实提高学习效果。中职活力课堂开展游戏化教学要注意以下几点：一是加强游戏设计的针对性，应针对中职学生特点设计游戏内容，激发学生参与的积极性与主动性。二是加强游戏设计的趣味性，只有新颖有趣的游戏才能对学生产生吸引力，提高学生学习的积极性。三是加强游戏设计的目的性。游戏的价值在于寓教于乐，因此游戏设计应与教学目标一致，从而体现课堂教学的意义。

3. 具身认知

具身认知理论是继信息加工、联结主义等认知理论之后诠释人类如何获取知识的新视角。具身理论认为，学习是一种“嵌入”身体和环境的活动，这一理论强调了认知者身体、经验以及所处环境在整个认知过程中的功能与作用。杜威的理论也充分体现了具身认知的思想。他指出，把经验和理性截然分开是错误的，一切理性思维都是以身体经验为基础的，并由此产生了“从做中学”的教学原则。“从做中学”要求学生身体力行，亲身经历和体验隐藏于知识背后的奥秘。尊重具身认知理论，在中职课堂教学中开展具身学习，对促进学生学习的身心一体化、激发课堂师生生命活力具有十分重要的作用。在中职课堂教学中推进实施具身认知时需要注意以下几点：一是尽可能多地设计学生通过身体作用于环境中的实践的学习活动，让学生在做中学，从而有效促进知识的主动建构。二是科学创设学习情境，让学生在情境中开展实践。三是加强学习工具与技术手段的研究与运用，以帮助学生开展具身学习，降低学生获取知识的难度。

三、行动性教学方法

20 世纪 80 年代，德国在“双元制”职业教育模式下推行行动导向教学法，行动导向是指由师生共同确定的行动产品来引导教学组织过程，学生通过主动和全面的学习，达到脑力劳动和体力劳动的统一。我们所熟知的行动导向教学法有项目教学法和任务驱动教学法。项目教学法是由学生研究、设计、探究，最终完成一个具有实际价值的教学产品；任务驱动教学法是由教师将教学内容设计成一个或多个任务，使学生带着任务去学习。两者的共同之处在于，它们均以建构主义理论为基础，都是为了发挥学生学习的主体性。两者的不同之处在于，项目教学法具有学习的开放性、系统性与完整性，项目的设计与实施难度较大；任务驱动教学法以任务为主线，引导学生在完成任务的过程中实现教学目标，任务的设计与实施较为容易。

1. 项目教学法

项目教学法是以学生为活动主体的一种教学法，强调学生在教师的指导下，在追求项目成果的过程中，通过项目实践掌握系统知识和技能的教学方法。项目教学法以完成某个项目为出发点，组内成员一起发现问题、设计解决问题的方案，从而解决问题，这样可以发掘学生计算、演练、判断、推理、统筹、实践的各项潜能，提高学生的知识应用能力。应用项目教学法要注意以下几点：一是项目设计要切实可行、难度适切，应带有课程“味道”，项目指向的学习目标是综合统整的，应有利于激发学生的学习兴趣。二是在项目实施的过程中要求学生、教师平等地参与项目，当学生遇到问题时，教师应及时、适当地给予指导，当课堂生成教学资源时，教师要适时予以处理。三是要求学生进行全程评估，包括对项目学习成果进行评估，以及对项目学习过程中展现出来的探究、实践等内容进行评估，以保证项目学习的质量和达成素养目标。

2. 任务驱动教学法

任务驱动教学法主张教师将教学内容循序渐进地安排在若干个有代表性的任务中，以完成任务作为教学活动的中心；学生在完成任务的动机驱动下，通过对任务进行分析、讨论，明确任务涉及的知识和需要解决的问题，并分辨出旧知识和新知识，学生在教师的指导和帮助下主动应用学习资源，在自主探索和互动协作的学习过程中，找出完成任务的方法，最后通过任务的完成实现学习目标。任务驱动教学法是把课堂的教学目标化为若干个小目标，在设置任务的过程中把难点易化，课堂中师生共同探讨，既能充分发挥教师的主导作用，又能充分体现学生的主体地位，既调动了学生学习的积极性，又让学生在完成任务的过程中不断获得成功的体验。应用任务驱动教学法要注意以下几点：一是教师在确定任务时要考虑在任务中融入知识技能、思维训练、问题解决、情感态度等教学目标。二是教师在设计任务时要分析学情，将课堂大目标分解为若干个小目标，从而化难为易、化繁为简，同时还要考虑任务设置的逻辑性与合理性。三是教师在任务实施时要创设贴近学生实际的教学情景，要充分发挥教学环境和教学工具的作用，使学生能在愉悦的环境中完成任务，实现教学目标。

第六章
中等职业教育活力课堂的保障体系及其运行机制

中职活力课堂是以学生为中心的一种全新教学范式，是对以教师为中心的传统教学模式的颠覆，如果不建立科学的保障体系，就容易产生“新瓶装陈酒”的现象。

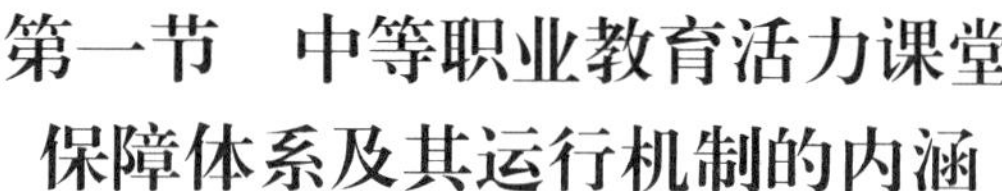

第一节 中等职业教育活力课堂保障体系及其运行机制的内涵

一、中等职业教育活力课堂保障体系

中职活力课堂保障体系是在质量管理思想的指导下，为保证中职活力课堂教学质量标准有效执行所建立的有组织、有制度、有职责、有标准、有秩序、有规范的综合体系。中职活力课堂保障体系应包括以下五个系统：一是负责制定基于中职活力课堂的质量目标、政策和措施、评价标准和制度，即建立运行机制的指挥系统；二是根据中职活力课堂质量标准，采用科学方法搜集所需信息的信息搜集系统；三是对照中职活力课堂教学质量标准，对搜集的信息进行科学分析的信息处理系统；四是对处理系统中的分析结果进行问题梳理和成因分析，提出相应的改进措施，对有关教师教学成效进行价值判断的评估与诊断系统；五是将发现的问题反馈给相关教师和职能部门并督促其改正的信息反馈系统。

二、中等职业教育活力课堂保障体系运行机制

《辞海》将“机制”解释为“机器的构造和工作原理；有机

体的构造、功能和相互关系”。生物学和医学中通过类比借用此词，将“机制”解释为生物集体结构组成部分的相互关系，以及其间发生的各种变化过程的物理、化学性质和相互关系。在现代社会，“机制”一词已广泛应用于社会现象中。“机制”在社会学中的含义可以表述为“在正视事物各个部分的存在的前提下，协调各个部分之间关系以更好地发挥作用的具体运行方式”。尽管对“机制”的各种解释有所不同，但其共同点都是将机制看作系统（或事物）内在功能及其作用方式的总和。综合以上分析，中职活力课堂保障体系运行机制，是指在正视中职活力课堂保障体系的各个构成部分的前提下，协调各个部分之间的关系，以更好地发挥其作用的具体运行方式。

三、中等职业教育活力课堂保障体系运行机制的建立

首先，机制的建立主要依靠体制、制度和执行者。体制是指组织职能和岗位责权的调整与配置，制度是指组织内部的规章制度，通过与之相应的体制和制度的建立，机制才能在实践中得到体现。我们可以通过改革体制和制度，达到转换机制的目的。也就是说，通过建立适当的体制和制度，可以形成相应的机制。同时，要特别重视人的因素的作用，体制再合理，制度再健全，如果执行不到位，机制是不能发挥应有作用的。其次，体制、制度、执行者三者不能完全分离，应该相互交融。只有在执行者主观能动作用得到充分发挥的前提下，体制与制度才有可能形成应有的机制并发挥相应的作用。另外，制度可以规范体制的运行，体制可以保证制度的落实。综上所述，中职活力课堂保障体系运行机制是通过建立组织机构、制定制度标准及激励政策等形成并运行的。

第二节　中等职业教育活力课堂保障体系的组织机构

组织机构是中职活力课堂保障体系有效运行的体制保障，主要包括领导小组、教学管理机构、教学督导机构、课程资源建设机构、教学科研机构等。

一、领导小组

中职活力课堂领导小组在校长的领导下开展工作，负责指导中职活力课堂教学质量标准，教学结构程序，教案、导学案、教材的使用规范，教学组织形式，师生活动时间，教学评价标准等的研究和制定，并监督其执行情况。与此同时，领导小组还负责对中职活力课堂探索实践进行持续推进，组织教师开展活力课堂理论学习、展示交流活动，及时总结中职活力课堂实践的成功经验并予以推广；负责将中职活力课堂活动纳入学校规划与工作计划，通过各类会议、校园网络、标语口号等方式宣传中职活力课堂的意义及要求，积极营造有利于实施中职活力课堂的浓厚氛围，促进师生踊跃投入中职活力课堂的教学实践。

二、教学管理机构

教学管理机构按照领导小组决策，负责对教师落实活力课堂质量标准及相关要求的行为进行管理；做好中职活力课堂保障体系有关信息资料的汇总、分析、总结等工作；建立健全相应的档案制度。中等职业学校教务部门通常是学校教学管理的职能部门，应当承担活力课堂基本制度建设、推进实施、运行管理、质量监控等任务。

三、教学督导机构

教学督导机构结合质量监控重点，深入中职活力课堂了解教师的教学工作情况，并及时向领导小组及任课教师进行双向反馈，为决策提供有效的信息来源。教学督导人员应经常深入中职课堂教学一线，采取听课、巡视、考察、检查教师教学文件资料、开展师生问卷调查及座谈、访谈等形式，搜集总结教学活动的各种信息，对活力课堂实施卓有成效、教学效果明显、深受学生欢迎的教师给予肯定并总结推广其经验；对活力课堂实施成效不好、教学效果差、不受学生欢迎的教师给予警示、指导和帮助。教学督导人员应定期搜集中职活力课堂实践中产生的教学热点、难点问题并进行梳理，从而提出意见和建议，为学校领导与有关部门的决策提供参考。

四、课程资源建设机构

课程资源建设机构负责对中职活力课堂的物质系统课程资源与非物质系统课程资源进行研究、开发、推广和使用。物质系统课程资源主要包括由师生、家长等组成的人力资源，由文本、音像、信息化教学平台、教学设施等组成的物力资源，以及由自然景观、现象等组成的自然资源。非物质系统课程资源主要包括由师生及家长等的知识经验、情感态度价值观，学生的感受与差异等组成的素材性资源，由课堂教学中的教学方式、师生关系、教学评价方式以及学校校风、教风、学风等组成的隐性课程资源。

五、教学科研机构

教学科研机构通过组织开展校本教研活动推动中职活力课堂的实施。具体来说，就是定期组织教师在活力课堂实践的过程中进行反思，安排同课程教师定期研讨互助，邀请有关课程与教学方面的专家对教师进行专业引领。其研究内容应包含以下两个方面：一是活力课堂的相关要素，如活力课堂的内涵、特征；二是活力课堂的具体实践问题，如活力课堂的结构程序、教案、导学案、评价标准与评价方法等。

第三节　中等职业教育活力课堂保障体系的制度标准

配套的制度标准可以引导和约束教师及相关人员在实施中职活力课堂中的工作行为，是保障中职活力课堂保障体系有效运行的首要条件。

一、中职活力课堂教学质量标准

1. 制定中职活力课堂教学质量标准

依据教育行政等权威部门颁发的课程教学标准制定中职课堂教学质量要求，重点关注中职活力课堂教学质量中的两个关键维度：深度学习与激发活力。深度学习表现在学生对基础知识的掌握，以及批判性思维、复杂问题解决、团队协作、有效沟通、学会学习、学习毅力等核心素养及基本能力的发展上；激发活力表现在使学生的主体地位得到确认、兴趣情感得到激发、思维智慧得到升华、创新精神得到彰显。

2. 确定中职活力课堂的教学结构程序

为保证中职活力课堂具有一定的稳定性和规律性，应将课程按准备阶段、探究阶段、总结阶段的教学结构程序进行宏观安排，将学生课前、课中、课后的学习进行有机整合，将学生的学习行为从课内延伸到课外，不断强化其主动参与学习的意识和习惯。同时，探究阶段为教师留下了很大的教学设计空间，保证了活力课堂的灵活性与创新性，学校应引导和鼓励教师根据不同的课型创新设计探究阶段的教学结构程序，并及时运用和推广教师的教学创新成果。

3. 规定教案和导学案编写规范

教案是课堂教学的预设方案，应强调规范、落实课标、突出活力课堂重点。教案应包括教材与学情分析、教学技术与资源整合、教学目标与教学策略，其教学过程设计应包含教学环节、教学内容、师生活动、设计意图，其中师生活动一方面要体现多种方法、多向互动、多元生成，另一方面要符合促进学生深度学习、激发课堂活力的中职活力课堂要求。导学案是与教案配套的辅助性教学方案，应包括学习目标，课前预习要求与内容，课中探究的问题，检测性、巩固性、迁移性练习，课后拓展提升等。

4. 明确教学组织结构要求

课堂上的教学组织结构应对应于课堂编排格局，从而有利于活力课堂的顺利实施。为突显学生主体地位，促进生生之间的情感交流，组织学生开展小组合作学习，必须打破传统教学组织形式下的横行竖列、面向教师的“秧田式”教学组织结构，建立圆桌摆放、面向学生的分组式教学组织结构。分组式教学组织结构能促进学生之间的协作对话、互帮互助、共同提高，为激发学生活力提供组织保证与空间保障。

5. 保证学生活动时间

学生在课堂上活动时间越长，反映学生主体参与的程度越高，课堂教学活力越强。因此，要保证学生活动时间不少于教师的活动时间，在实施中职活力课堂时，应做好课堂时间的合理分配，减少课堂上的生硬讲解、无效示范、不当评价等，以保证课堂上学生自主学习、合作学习、探究学习的时间，增加学生用于思考、质疑、探索的深度学习时间，为激发学生生命活力提供时间保障。

二、中职活力课堂责任制度

中职活力课堂必须打破以教师为中心的传统教学模式，建立以学生为中心的教学新模式，这在操作层面上要求高、难度大。因此，制定纪律严明、职责分明的中职活力课堂责任制度是顺利实施中职活力课堂的根本举措。

1. 校级责任制度

学校校长作为实施中职活力课堂的第一责任人，负责制订活力课堂的实施方案与推进计划；主管教学工作的副校长负责中职活力课堂的具体实施。

2. 教学管理责任制度

教学管理机构代表学校负责中职活力课堂教学方面的政策、制度、措施的建立，教学保障的宏观决策和指导，以及对教学过程、师生教学行为和教学任务落实的宏观监控等。

3. 教学监控责任制度

教学督导机构根据校长及教学管理机构要求，定期深入学校课堂，掌握中职活力课堂的实施成效及问题所在，并及时反馈给领导小组和任课教师，从而形成决策、实施、检查、反馈的管理闭环。

4. 任课教师资格认定制度

教师对现代教育理论的认知水平及其在教学实践中的教学行为和习惯，决定了课堂教学的样态。中职活力课堂是以学生为中心的课堂，是以唤醒、激励、鼓舞学生主动学习与深度学习为目的的一种全新教学范式，因此，建立一支爱岗敬业、锐意改革的教师队伍，是保证中职活力课堂顺利实施的前提。

一是制定教师胜任条件。学校要制定开展中职活力课堂实践的任课教师条件，如热爱学生、理念先进，具有较高的教学能力和信息技术水平，理解中职活力课堂的内涵、特征与结构程序。所有拟参与者必须在通过相关任课教师资格认定考核后，方可参加中职活力课堂实践。

二是建立青年教师培养制度。学校要依据中职活力课堂的要求，建立青年教师导师制度、跟岗学习制度，积极开展任课教师资格认定考核前的培训，以提高教师在中职活力课堂实践中的参与率，最终促进中职学校课堂教学的整体性变革，从而实现教学质量的整体提高。

三是制定中职活力课堂师生教学行为规范。学校要制定完备的中职活力课堂教学管理文件，明确活力课堂各主要教学环节与各要素的质量标准，对师生行为进行规范。首先，对教师进行规范。一要制定基于活力课堂的教师工作规范，引导教师按照活力课堂的内涵要素与结构程序进行教学设计，研制导学案、学习评价表等教学资料并认真组织实施，自觉遵守教学组织形式、师生活动时间、信息技术运用等活力课堂的要求。二要制定中职活力课堂的教师职责范围、激励体系，加强约束教师的教学行为。其次，对学生主体进行规范。一要致力于对教师中心的传统教学局面的根本扭转，制定和完善基于中职活力课堂的学生学习规范，引导学生积极主动地学习、与同组学生开展讨论、勇于发表自己的观点或主张、合理使用终端设备辅助学习，充分激发学生在中职课堂上学习的主动性。二要依托信息化教学平台，依据定性评价与定量评价相结合、形成性评价与终结性评价相结合、自我评价与他人评价相结合的原则，制定基于中职活力课堂的学业成绩考核管理办法，促进学生改变自己以往的学习行为，朝着活力课堂倡导的主动学习、深度学习、发展素养的方向迈进。

第四节　中等职业教育活力课堂教学评价策略

课堂教学评价，就是对中职活力课堂教学保障体系信息处理系统中的比较结果进行问题分析、对课堂教学成效进行价值判断、对师生教学行为提出改进建议。这是中职活力课堂教学保障体系运行机制中的关键环节。中职活力课堂教学评价策略应解决为何评价、评价什么、谁来评价、怎么评价、依据什么评价等问题。为何评价，指向评价价值，反映了评价的价值取向问题；评价什么，指向评价客体，反映了评价的客体问题；谁来评价，指向评价主体，反映了评价的主体问题；怎么评价，指向评价方法，反映了评价的方法问题；依据什么评价，指向评价标准，反映了评价的标准问题。下面逐一进行分析。

一、中职活力课堂教学评价的价值取向

一方面，中职活力课堂教学评价要改变对教师区分优劣、评级定等的价值取向，应致力于评价教师对教学活动产生的积极导向作用，即在对教师教学进行测量和评估后，帮助教师找出自身与活力课堂要求之间的差距，提出教学改进意见，使教师进行教学反思、改进教学行为、促进自我发展。另一方面，中职活力课堂教学评价要改变对学生进行分数评定、以知识目标达成为唯一目的的价值取向，应致力于促进学生多方面的发展，丰富和完善学生的生命世界，满足学生个体成长的需要。

二、中职活力课堂教学评价的客体

长期以来，我国课堂评价一直沿用要素分解法，对课堂教学过程诸多要素进行赋值或等级评价。这在一定程度上有效推进了课堂教学评价的实践，提升了课堂教学的质量，但面对新时代基于学生核心素养发展的职业教育课程改革要求，这样的课堂评价显露出问题与不足。中职活力课堂教学评价应建立在遵循教学规律的基础之上，以活力课堂理念为指导，对教学过程中的教师教学、学生学习、教学效果进行全面的价值判断和发展性评价。唯有这样，才能保证教学评价对中职活力课堂的正确引领，实现教学评价在促进教师专业发展和学生核心素养发展方面的双重功效。

三、中职活力课堂教学评价的主体

课堂教学评价主体的单一化会影响评价结果的可信度和有效性。因此，为克服评价主体单一化带来的弊端，中职活力课堂必须注重课堂教学评价主体的多元性，评价主体应包括校长、教师同行、教学督导、教学专家、学生及家长等。同时，由于自我评价与自我反省、自我监控、自我促进有密切的联系，因此，教师本身也应当成为中职活力课堂教学评价的核心主体。一方面，教师自评有助于教师自我激励和自我提高；另一方面，教师自评是教师自我发展的内在机制，是培养反思型教师的有效途径之一，已成为当今教师评价的发展趋势。

四、中职活力课堂教学评价的方法

根据教学评价方法多样化、多元化发展趋势，中职活力课堂教学评价采取定量评价与定性评价相结合、形成性评价与终结性评价相结合、自我评价与他人评价相结合等方法。

定量评价与定性评价相结合，就是从单一强调量化评价转向关注质的分析与把握。中职活力课堂采用的定量评价方法包括记录学生活动的时间、次数、频率，生成次数，答题正确率，合作学习时间，师生、生生多向互动时间等；采用的定性评价方法不是数学的方法，而是评价者根据师生在教学中的专注程度、活动表现、情绪体验等进行观察和分析，做出质性结论的价值判断。

形成性评价与终结性评价相结合，就是从只关注结果的、面向“过去”的评价转向关注过程的、面向“未来”的评价。中职活力课堂形成性评价不以区分评价对象的优劣程度为目的，不重视对被评对象进行分等鉴定，而是重在探究知识的过程和生命在场的过程，重在师生的发展。在采用形成性评价的同时采用终结性评价，即可对教学活动作出关于教学效果的判断，从而区分出优劣等级。

自我评价与他人评价相结合，就是从以他评为主转向重视自评。中职活力课堂将实事求是的自评作为他评的基础，将全面客观的他评作为自评的印证，以帮助被评对象客观地认识自己，发现被定式和被习惯掩盖的问题，促进自我反思。

在实际开展中职活力课堂评价时，可以将以上几种方法结合起来运用，以充分发挥各种评价方法的优势和特点，从而使评价的结果更加客观、公正、科学，充分体现评价的发现价值、证实价值和价值增值。

五、中职活力课堂教学评价的标准

中职活力课堂的核心指向学生主动学习、师生多向交互、课堂多元生成，目的是实现学生的深度学习、激发师生的生命活力。中职活力课堂目标的变化，要求课堂教学的理念也随之变化，这就对课堂教学评价提出了新的要求。前文说过，中职活力课堂教学评价的客体是教师教学、学生学习、教学效果。因此，中职活力课堂教学评价的标准主要体现在对教师教学、学生学习及教学效果的评价标准中，制定依据应为课堂教学质量标准。对教师教学进行评价的根本意义在于，引导教师按照活力课堂的内涵、特征、结构程序实施课堂教学，进而完成教学目标，促进学生发展。与此同时，实现教师在中职课堂上乐教、会教、教会。对教师教学的评价标准应包括：课前预习、课中学习与课后练习一体化设计；创设分组合作学习、信息化教学、情境化教学等以学生为中心的学习环境；运用多种适合的教学策略实现因材施教、分层教学；给学生留有充分的探究与思考的时间和空间，使师生、生生之间进行多向互动，实现多元生成；突出学生学习的主体地位，实现学生深度学习，激发师生活力；关注学生的核心素养发展，包括培养学生的学习兴趣，培养他们善于发现和解决问题的能力；教师的教学活力得到激发，包括其志向坚定、智慧丰富、行为高效、情绪积极等。对学生学习进行评价的意义在于，全面了解学生的学习方式及学习状态，以便改进教学方法，激发学生的学习动力、毅力和活力，使学生在中职课堂上乐学、会学、学会。对学生学习的评价标准应包括：学生自主学习，独立思考，勇于探索，善于合作学习，学习专注力较强，学习效率较高。中职课堂教学的基本任务就是通过师生共同努力，使学生掌握基本知识，展现个体生命价值，促进学生的全面发展。对教学效果进行评价的意义在于，检测有没有完成课堂教学的基本任务，以便及时研究和提出教学改进方案。对教学效果的评价标准应包括：教学目标是否达成；学生是否实现了深度学习，包括知识掌握、问题解决、团队协作、有效沟通、学会学习、学习毅力等素养是否得到发展；学生的生命活力是否得到激发，包括学生学习的自由自觉、自我实现、创新冲动、自我解放等。

标准是衡量事物具有某种属性的尺度和准则。课堂教学评价标准是对课堂教学评价内容的具体规定，是评价教师教学水平、学生学习情况及实

际教学效果的依据。没有标准的评价往往会使评价主体感到无所适从。因此，在对中职活力课堂实施教学评价时，必须制定明确的标准，这些标准一方面可以提高评价的客观性和准确性，另一方面可以为教师明确努力方向和提供实施路径。本课题组根据中职活力课堂的内涵、特征、结构程序，在吸收已有课堂教学评价研究成果的基础上，运用德尔菲法就评价三维指标及权重反复征询专家小组成员的意见，经过教师试用、多次修改，最后研制形成了 3 个维度、12 个项目、35 个指标的中等职业学校活力课堂教学评价表（见表 1），通过对活力课堂教学评价的维度、指标、内涵的分级分项设计，赋予各级指标分值与权重，最终评价指向活力“很好、好、一般、不好、很不好”五级定性结果，并结合质性评价制成评价软件，通过教学平台开展即时评价。依据可测性原则，并结合教学评价表中 5 个相关项目研制了中等职业学校活力课堂教学活动情况统计表（见表 2），它可作为中职活力课堂教学评价的参考依据。另外，中职活力课堂的教学评价标准把脉每个个体的“长短”，从成长性指标、比较性指标深入分析每个个体的学习进阶轨迹，建立“学生个体性评价”指标体系，通过课前、课中与课后评价进行课中与课前、课后与课中两次进阶水平分析，找到学生的最近发展区，在会学、学会的过程中形成内驱力，促进学生自我认知，强化学生的学习目的，激发他们的内生动力。

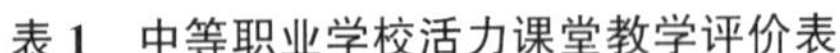

表 1　中等职业学校活力课堂教学评价表

一级指标（维度）	二级指标（项目）	主要内涵（指标）	评分				
			很好 A（5 分）	好 B（4 分）	一般 C（3 分）	不好 D（2 分）	很不好 E（1 分）
教师教学（30%）	教学设计（20%）	1. 学习目标。基于课程标准，结合学生实际，分级设计知识、技能、态度、能力等目标，可观察、可操作、可检验（30%）					
		2. 教学内容。基于课程标准，教学内容与课程思政、学生生活、“岗课赛证”项目、人文科学交融渗透（30%）					

续表

一级指标(维度)	二级指标(项目)	主要内涵(指标)	评分				
			很好 A (5分)	好 B (4分)	一般 C (3分)	不好 D (2分)	很不好 E (1分)
教师教学(30%)	教学设计(20%)	3. 教学程序。遵循“三段六步、稳变结合”教学程序。准备阶段：预习导航、情境导入；探究阶段：探索新知、巩固应用；总结阶段：总结评价、拓展提升。探究阶段遵循“在做中学、在问中学、在用中学”的总体原则进行灵活创新（40%）					
	环境创设(30%)	4. 协作化学习环境：按同组异质、异组同质原则建立合作学习小组，形成学习共同体。差别化学习环境：按目标分立、任务自选建立进阶式分层学习空间。民主化学习环境：学生心理安全、人格平等（40%）					
		5. 信息化学习环境：有机运用“平台开放、资源共享”的教学支持系统，支持预习导学、情境创设、多向交互、多元生成、巩固应用、展示交流、学习评价等。现场化学习环境：面向真实场所、生产场景创设即时反馈式学习空间（30%）					
		6. 问题化学习环境：基于问题解疑释惑，创设问题解决式学习空间（30%）					
	教学实施(20%)	7. 教学环节。各教学阶段完整、严谨。学生通过“在做中学、在问中学、在用中学”，经历了感知、理解、应用、反馈等环节，各环节之间衔接自然、合理（30%）					

续表

一级指标（维度）	二级指标（项目）	主要内涵（指标）	评分				
			很好 A（5分）	好 B（4分）	一般 C（3分）	不好 D（2分）	很不好 E（1分）
教师教学（30%）	教学实施（20%）	8. 教学方式。通过“三少三多、三变三学、自我认知、深度学习”的综合应用，形成多样化教学方式。灵活运用启发式、支架式、抛锚式、游戏化、问题驱动、项目教学、任务驱动等教学方法，促进课堂中多向交互、多元生成、深度学习（30%）					
		9. 教学活动。基于教学内容重组，组织学生在具有情境性、探究性、行动性、开放性的教学活动中开展学习（20%）					
		10. 教学评价。开展多元主体、多种形式的进阶式教学评价，检测教学目标的达成情况，促进学生自我认知、进阶学习（20%）					
	活力状态（30%）	11. 志向坚定。坚持以生为本，尊重学生，耐心细致，关心学生生命成长、核心素养发展（20%）					
		12. 智慧丰富。教学设计新颖：落实活力课堂教学理论，促进学生自主、自由、自觉学习。 教学机智灵活：创设情境激发学生兴趣、引发学生思考，从而使学生提出问题，为课堂学习确定方向。 创新处理生成：促进动态生成，准确判断，灵活处理，促进师生、生生情绪交流和智慧碰撞（30%）					
		13. 行为高效。把握自身角色：为人师表，民主平等，善于做学生学习的引导者、指导者、帮助者。 教学实施有效：教学严谨规范，基本功扎实，语言生动，能掌控课堂教学进程、优化教学策略，促进目标达成（30%）					

续表

一级指标（维度）	二级指标（项目）	主要内涵（指标）	评分				
			很好 A（5分）	好 B（4分）	一般 C（3分）	不好 D（2分）	很不好 E（1分）
教师教学（30%）	活力状态（30%）	14. 情绪积极。亲和力强，能激发学生学习热情、点燃学生生命希望，促进学生全面发展（20%）					
学生学习（40%）	参与程度（20%）	15. 主动程度。积极投入学习活动，踊跃参加讨论、交流发言（40%）					
		16. 参与深度。注意力集中，实现行为参与、认知参与、情感参与（30%）					
		17. 参与广度。唤醒学习需求，激发学习动机，参与学习活动的人数多（30%）					
	自主学习（30%）	18. 自觉学习。学生主动、独立地开展学习活动（50%）					
		19. 自由学习。能根据自己的经验和习惯，选择和运用一定的学习策略，如阅读、实践、分析、归纳等，在实践感知与本质揭示中产生意义建构，习得知识和能力（50%）					
	合作学习（20%）	20. 合作精神。与小组其他成员互教互学、合作探究，共同学习和提高（40%）					
		21. 交往能力。理解各方需求，善于聆听、沟通、协商，并达成共识（30%）					
		22. 竞争意识。通过小组间的学习竞争，形成公平、公正的竞争意识（30%）					

续表

一级指标（维度）	二级指标（项目）	主要内涵（指标）	评分				
			很好 A（5分）	好 B（4分）	一般 C（3分）	不好 D（2分）	很不好 E（1分）
学生学习（40%）	活力状态（30%）	23. 自由自觉（目的性）。学习目的明确，有好奇心与求知欲，能自我控制和调节学习情绪，坚持“在做中学、在问中学、在用中学”（30%）					
		24. 自我实现（主体性）。学习有动力、有热情、有勇气、有韧性。自主意识被唤醒，学习动机被激活，禀赋潜能得到充分发挥（30%）					
		25. 创新冲动（实践性）。解决问题方式新颖独特，善于变通思维，能提出新问题、发表新见解，批判性、创新性等高阶思维能力得到有效发展（20%）					
		26. 自我解放（反思性）。善于对学习过程、学习结果、品质能力等发展情况进行自我评价，促进自我认知的提高与自我超越（20%）					
教学效果（30%）	互动状态（25%）	27. 生生互动。相互尊重、信任，对话交流充分，不同意见能充分表达（50%）					
		28. 师生互动。师生交流的气氛民主、宽松、和谐，学生能大胆发言，能提出问题和不同观点，对话交流面广，教师组织与点拨水平高（50%）					
	生成状态（25%）	29. 资源生成。学生在学习过程中，资源生成从形式到内容丰富多样，具有新颖性（50%）					
		30. 新资源利用。教师准确把握教育时机，有效利用新资源，形成深入学习新方案（50%）					

续表

一级指标（维度）	二级指标（项目）	主要内涵（指标）	评分				
			很好 A（5分）	好 B（4分）	一般 C（3分）	不好 D（2分）	很不好 E（1分）
教学效果（30%）	深度学习（25%）	31. 学习目标。知识、能力、素养等预期目标达成度高（40%）					
		32. 问题解决。运用知识解决情境发生变化后的问题，以及结构不良问题（30%）					
		33. 学会学习。掌握学习知识的科学方法（30%）					
	素养发展（25%）	34. 核心素养。学生的落实到课程中的核心素养得到发展（50%）					
		35. 学习力。学生学习的动力、能力和毅力得到提升（50%）					
描述与分析		这节课最突出的特点（优、缺点均可）是什么？说明行为表现与评价的理论依据					

注：按各级指标权重累计逐级积分。一级指标得分在（4.25，5］区间的为很有活力；在（3.50，4.25］区间的为有活力；在（2.75，3.50］区间的为活力一般；在（2，2.75］区间的为活力较差；在（1，2］区间的为活力很差。

开课教师：_______ 专业/学科：_______ 课程：_______ 课题：_______

听 课 者：_______ 说明：____________________________________

年　　月　　日

表 2　中等职业学校活力课堂教学活动情况统计表

教学内容：__________学校：__________班级：__________教者：__________

时间：______________记录人：__________

项目	统计指标	统计结果	占比
参与程度	1. 学生自主学习时间	分钟：	
	2. 小组合作学习时间	分钟：	
	3. 参与学习的人次	人次：	
	4. 参与讨论的人次	人次：	
	5. 参与交流展示的人次	人次：	
互动状态	6. 生生互动时间	分钟：	
	7. 师生互动时间	分钟：	
	8. 生生互动的人次	人次：	
	9. 师生互动的人次	人次：	
生成状态	10. 学生生成资源的人次	人次：	合计占比：
	11. 教师生成资源的次数	次数：	
学习深度	12. 学生练习正确的人次（练习 1，练习 2，……）	人次：（练习 1，练习 2，……）	
	13. 学生探究得出问题结论的人次	人次：	
	14. 学生提供问题的多种答案的人次	人次：	
	15. 学生回答有新意的人次	人次：	
	16. 学生主动提问的人次	人次：	
	17. 学生结构化总结（如绘制思维导图）的人次	人次：	
信息技术应用	18. 使用时间	分钟：	

第七章

基于活力课堂的中等职业学校课堂教学诊断与改进

“课堂教学诊改”与“课堂教学评价”两者语义相近，语境和指向相同，在客观的外显行为上具有较大的重合性，是一对紧密相连的概念，但两者的侧重点不同。评价是对课堂教学是否有效的价值判断活动；诊改含有对课堂教学进行观察、判断课堂教学中的“病因”并提出解决方案两层含义。课堂教学的价值性是评价的前提，而课堂教学的问题性是诊改的前提。教学评价的关注点在课堂教学的价值上，教学诊改则围绕教学中的问题而展开。全面的评价是精准诊改的信息基础，有效的诊改则可以充分体现评价的增值作用。因此，教学诊改和教学评价互为补充，共同构成课堂教学质量保障体系的关键要素。活力课堂视域下的中职课堂教学诊断与改进，是认识课堂教学现状与活力课堂目标之间的差距，并致力于缩短此差距的理论和方法的总和。厘清活力课堂视域下中职课堂教学诊断与改进机制，对于保障中职活力课堂的有效实施具有十分重要的意义。

第一节　活力课堂视域下课堂教学诊断与改进的结构

一、课堂教学诊断的主体

基于活力课堂的课堂教学诊断与改进的主体，是针对活力课堂的内在要求，对课堂教学情况实施诊断的人员。

1. 授课者

任课教师不仅是课堂教学的实施者，而且是课堂教学的反思者与改进者。只有当教师自己学会对当堂课进行教学诊断，即不断提高课堂教学自我诊断能力，而不是依赖同行、领导及专家等外部诊断，才能善于发现问题、分析原因、改进教学。因此，课堂教学诊断是授课者自身必须担任的一项工作。基于中职活力课堂的课堂教学诊断与改进不同于以往的听课、评课、集体备课等教研活动，它是一项有目的的研究活动，是中职教师教育教学实践反思的镜子，是中职教师了解自我、改进自我、提升自我、完善自我的学习过程。

2. 同行教师

同行教师对授课者开展课堂教学诊断，是彼此在互动中获取教学经验、共同提高的过程，是教师在日常教学活动中不可缺少的教研活动。作为授课者同行，他们可以站在旁观者的角度，更加客观地诊断课堂教学中存在的问题，有利于促进彼此的教学观念更新、教学方法创新、教学水平提高。

3. 教学管理者

教学管理者通常是学校教学工作的领导者、研究者，他们参加课堂教学诊断是强化教学管理、实施学校内部质量监控、提升教师教学能力、提高教学质量的重要手段。由于教学管理者对活力课堂的教学要求十分明晰，因此，他们参加课堂教学诊断可以获得教师课堂教学是否有活力的第一手资料，同时，教学管理者特有的管控力还可以促使授课教师更认真、更谨慎、更积极地实施活力课堂教学。

4. 专家团队

专家团队具有系统的教学理论知识与高超的教学实践能力，因此，他们参加课堂教学诊断可以充分发挥理论与实际相结合的优势，对授课者起到引领、示范、指导、带动作用。中职教师可以借助专家的诊改指导逐步纠正自己在教育教学过程中的不良习惯，提升自己的教育教学综合能力，并提高自我诊断与改进的能力。与此同时，专家团队的学术沉积与远见卓识能使教师“亲其师而信其道”，从而使课堂教学诊断与改进工作产生显著成效。专家团队可以是来自校内的专家型教师，也可以是来自校外的专家，如来自行业企业的专业人员、研究院所的专业人员等。

5. 学生

学生是课堂学习的主体，在学习过程中，要想得知他们喜欢什么样的

教学活动和学习方式，有何情感体验，智慧有没有得到升华，就需要有学生陈情表述的环节，也就是说，要让学生参加课堂教学诊断。事实上，学生也最有权诊断课堂教学中自己的学习状况。中职活力课堂倡导以学生的学习为中心，教学必须为学生的学习服务，为学生的学习创造便利条件。因此，我们不能仅仅从授课者的角度去研究课堂，忽视学生的主观感受和体验，而要让学生也参与课堂教学诊断，教师要从学生的感受中反思课堂的成败，从而改进课堂教学。

二、课堂教学诊断的核心视角选择

中职活力课堂教学实践具有复杂性和生成性，多维度、多层次的诊断有利于精准把握教学中的问题。根据中职活力课堂教学范式的内涵与特征，可以选择以下五个视角进行观察诊断：一是教学目标的“科学”与“可测”视角；二是教学环境的“民主”与“开放”视角；三是教学组织的“效率”与“逻辑”视角；四是教学策略的“集成”与“优化”视角；五是教学效果的“深度”与“活力”视角。

1. 教学目标：科学与可测

教学目标是课堂教学的方向，如果没有方向，那么教学设计便无据可依，课堂教学活动的实施与教学效果也就难以保证。中职活力课堂教学目标的诊断应包括科学与可测两个方面。科学是指中职活力课堂中的教学目标设计是否服务于课程大目标的实现，是否围绕学生的最近发展区将学生确立为行为主体，有无包含知识、技能、态度、能力等素养的相应维度，有无根据人才培养方案、课程标准和学生学习现状分不同层次设定目标。由于教学内容是实现教学目标的基本素材，因此，在诊断教学目标时应当诊断教学内容是否与教学目标相悖，是否存在过时、不合理的现象，是否整合了社会实际和学生生活实际，是否有利于促进学生自觉开展学习活动，是否难易程度恰当。可测是指教学目标中行为动词与教学内容组合搭配是否明晰、准确，由此描述的学习行为等相关目标维度是否可考察、可测量。

2. 教学环境：民主与开放

学习环境是课堂教学的根基。美国当代著名教育家乔纳森认为，学习环境是学习共同体一起学习或相互支持的空间。课堂学习环境与课堂风气、规则、心理、价值观念、思维方式、行为方式等组织文化相伴相生，制约和引导着课堂教学的发展方向，影响着学生的学习与发展。总体来

说，对课堂教学环境的诊断应包括民主与开放两个方面。民主是指课堂是否具有民主平等的课堂氛围，这样的氛围以师生人格平等、心理相容、精神自由为主要特征，每个学生在课堂活动中都能受到尊重，能自觉地参与学习活动、表达自己的观点，能感到愉快与满足。开放是指课堂是否突破了传统课堂教学组织的封闭性和教学活动的限制性。在新型课堂教学组织中，每个学生都有自己的学习共同体，所有学生都要承担一定的责任，运用自身经验参与学习活动，促进教学资源的动态生成和自身核心素养的不断提升；在新型教学活动中，学生能采用多种学习方法，开展线上线下相结合的混合式学习，能在师生、生生之间进行多向交互，促进多元生成。

3. 教学组织：效率与逻辑

教学组织影响课堂教学结构。教学组织是指教师和学生根据一定的教学目标从事教与学活动的形式和结构。对课堂教学组织的诊断应包括效率和逻辑两个方面。效率是指教学实施过程中有没有激发学生的求知欲，引导学生探究、理解、运用知识和技能，体验到知识和技能的价值，发展个性与素养，从而有效地实现教学目标。逻辑是指各教学环节是否清晰，环节之间的过渡是否自然、灵活，教学环节之间是否体现出顺承、递进等逻辑关系。对于中职活力课堂来说，对教学组织中效率的诊断不仅要关注学生知识和技能的习得、个性素养的发展，还要关注学生的活力程度，包括在学习过程中表现出来的自由自觉、自我实现、创新冲动、自我解放的状态；对教学组织中逻辑的诊断要关注课堂教学的“三段六步”环节的完成情况，有没有实现自然过渡，学生学习活动安排是否体现了“在做中学、在问中学、在用中学”的顺承和递进关系。

4. 教学策略：集成与优化

教学策略决定了课堂教学的活力。教学策略是指为完成教学目标和适应学生认知需要而制订的教学程序计划和采取的教学实施措施。对课堂教学策略的诊断应包括集成与优化两个方面。集成是指教学实施过程中是否将教学思想、方法模式、技术手段进行综合应用；优化是指教学实施过程中是否采用了最优化的教学方法。对于中职活力课堂教学范式来说，“三少”和“三变”是教学思想，“三多”和“三学”是方法模式，将它们与信息技术集成起来，便构成活力课堂有效实施的方法论体系，成为活力课堂的总体教学策略。“三少”，即减少教师活动时间、减少教学预设容量、减少无效教学环节；“三变”，即改变教学活动主体、改变教学活动样态、改变学习活动效度。“三多”，一是采取多种方法并突出其逻辑与结构，逻辑是指所采用的教学方法是否与教学内容、学生学习基础及其认知规律相适应，结构是指课堂教学是否依据教学目的，针对不同的教学内容灵活采用最适合的教学方法，并把它们恰当地结合起来，形成该节课的教学方法体系。二是促进多向交互并突出质量与机会，质量是指师生、生生之间互动交流的水平层次，机会是指学生参加互动交流的可能性。对多向交互中质量的诊断，主要是关注学生在互动中是否主动积极、反应迅速，回答问题是否经过思考、结论是否各异、是否富有逻辑；对多向交互中机会的诊断，主要是关注互动环节是多还是少、学生参与率是高还是低、互动方式是单一化还是多样化等。三是实现多元生成并突出知识与情智。知识是指学生在学习生成中的新发现，情智是指学生在学习生成中升华情感与智慧。对多元生成中知识的诊断，主要是关注在教学过程中，学生有没有生成值得讨论的有价值的问题，学生新生成的课堂资源总量是多还是少；对多元生成中情智的诊断，主要是关注在学生学习过程中，学生有没有升华自己的情绪、情感、意志、耐挫力，有没有发展自己的分析、判断、创造的能力。“三学”，即学生在做中学、在问中学、在用中学。这里的“在做中学”是指在对学习内容形成确定性认知之前所采取的实践性探索；“在问中学”是指在探索实践中面对不能处理的疑虑时学生提出问题及解决问题的方法；“在用中学”是指对学习内容形成确定性认知后，进行可迁移经验的若干应用性实践。“三学”之间相互联系、相互影响、螺旋上升，共同构成中职活力课堂的基本教学原则。“在做中学”是基于问题情境的实践探索，“在问中学”是驱使学生探究活动的问题导学，“在用中学”是促进学生深度理解的迁移学习。学生在“做”中体验感悟，在“问”中揭示本质，在“用”中深度理解，以获得知识、技能、态度与能力的积淀与升华。

5. *教学效果：深度与活力*

教学效果反映了课堂教学的成效。教学效果是指在特定的学习环境下，使用科学的教学策略，师生共同活动，形成能够被普遍认可的结果。现代教育关注人的潜能调动，关注人性、尊重生命。中职活力课堂不只是实现教学任务、达到教学目标的过程，更应该是师生生命共同成长的过程。因此，对中职活力课堂教学效果的诊断主要包括深度学习与师生活力。深度学习是指学生能否用自己的语言清晰、准确地表达知识，能否灵活应用知识解决不同情境中的问题，能否产生批判性思维与创新思维等。师生活力，一是指学生的主体作用得到充分发挥，学生的学习呈现自由自

觉、自我实现、创新冲动、自我解放；二是指教师充分发挥主导作用，志向坚定、智慧丰富、行为高效、情绪积极。

第二节 活力课堂视域下课堂教学诊断与改进的功能

一、促进教师专业素质的提升

1. 促进教师正确认识自我

在中职课堂教学诊断与改进工作中，教师作为教诊改工作的主体，在参与课堂教学诊断工作的过程中，能客观地发现自身的优点与存在的问题，能了解自己的教学理念、知识储备和教学能力，能认识自己的职业情怀、教学风格。

2. 促进教师转变教学态度

教师作为课堂教学诊断的主体，摆脱了以往教学评价中因查摆问题、评议考核而消极应付的思维习惯，专注于课堂教学的改进和提升，有利于他们的专业成长。在中职活力课堂教学诊断与改进过程中，教师将外部评价压力转化为主体性诊断与改进的内生动力，将以往习惯性的外部归因转化为指向自身的教学反思，这样的变化可以促进教师主动探求教学问题中的自身原因、乐于接受其他诊断主体的诊断结论，厘清教学的各个要素及其相互关系，抓住教学中的主要问题并做有效改进，为其实现持续性的专业化发展提供动力源泉。

3. 促进教师提升教学能力

课堂教学诊断实际上也是一种教学研究方法，每一次课堂教学诊断与改进的过程也是一次行动研究的过程。教师在发现问题、诊断问题、改进教学的过程中，不断更新自己的教学理念、知识结构和实践能力，在后继的课堂教学实施中，调整与优化教学策略、教学内容及教学方法，将课堂教学研究与实践改进进行完美结合，不断提高课堂教学效果，提升教学能力。通过开展课堂教学诊断与改进工作，教师会分析教学目标的确立是否符合学生的最近发展区，会关注学生的学习态度、学习状态和学习效果，会注重教学环境的设计、学生学习活动的组织、学习效果的评价。

二、促进学生学习效能的提高

1. 有利于提高学生的学习兴趣

兴趣是最好的老师，对于中职学生来说，培养他们的学习兴趣尤为重要。课堂教学诊断与改进克服了以往教师只顾自己讲课而不管学生学习状态的弊端。随着教师对教学目标、教学策略、教学活动、教学效果等方面的诊断与改进，课堂教学的目标会更加适切学生，教学策略更加行之有效，教学活动更加贴近学生的已有知识经验，教学效果变得更加明显。学生因参与教学活动学有所获、学有所成而感到兴趣盎然和积极自信，这样的正面情绪与学习主体性会相伴相生、相得益彰，形成良性循环。

2. 有利于突出学生的主体地位

马克思说过，人的主体性是人的最本质的属性。传统中职课堂教学枯燥乏味的根本原因在于学生是消极被动地接受知识，他们学习的主体性作用并未得到正常发挥。在基于活力课堂的课堂教学诊断与改进中，教师会围绕学生学习这个中心，结合学生的学习态度、学习参与情况、学习效果等对自己的教学理念、教学策略进行诊断与改进，在之后的教学活动中，教师会遵循学生的认知规律，尊重学生的主体性、能动性和创造性，使学生意识到自己才是学习的主人，提高学生独立学习、自主发展的能力。

3. 有利于提升学生的学习效能

达尔文说过："一切知识中最有价值的是关于学习方法的知识。"信息化时代需要能够高效学习的技术技能型人才，不会学习的人将难以适应新时代经济社会发展的要求。掌握高效的学习方法，不仅会使学生的学习成绩和学习效率得到提升，而且会使其终身受益。在基于活力课堂的课堂教学诊断与改进中，教师通过对学生的学习方法、交流互动、教学生成，以及批判质疑、创新意识等高阶思维的诊断与改进，在之后的教学活动中，使学生掌握适合自己的高效学习方法，如在做中学、在问中学、在用中学等。

第三节　活力课堂视域下课堂教学诊断与改进的规则与程序

课堂教学诊断与改进要素之间的关系实际上反映了我们应遵守的规则与程序。同时，为使基于活力课堂的课堂教学诊断更有依据和富有成效，从诊断课堂之前的准备到诊断课堂之后的行为跟进，都应当建立一套相对稳定的规则与程序。唯有如此，课堂教学诊断才能做到有据可依。

一、课堂教学诊断与改进的规则

1. 客观性

课堂教学诊断要客观、科学，授课教师说课、座谈环节必不可少。诊断者要全面准确地了解授课教师教学方案设计的意图，其想要渗透的教学理念、课前所做的准备工作、课后将采取的巩固措施。只有在全面了解后，诊断者才能做出全面、科学、恰如其分的课堂诊断与评价，授课教师才能诚恳接受改进意见与建议。

2. 尊重性

参与中职活力课堂教学诊断的管理者、专家及同行不能只追求外在的"标准"，而不顾及师生的生命感受，把教学诊断当成一种冰冷的、不动声色的评判。诊断者应带着一颗真诚的心，尽其所能地观察课堂教学中师生一点一滴的心灵波动、美妙生成，让授课教师有"生命同在"的感觉。只有得到了充分尊重，授课教师才能有信心激发学生的活力。

3. 激励性

中职课堂现状不容乐观，只靠一次诊改就要求教师彻底改变自己的教学习惯，构建出活力课堂，显然是不切实际的。因此，诊断不应过多地批评与否定，而应更多地给予期待和激励。要灵活使用评价指标，尽可能挖掘授课教师的优点、闪光点。对于被诊课堂存在的问题，最好以商榷的口吻，或以讨论、启发的方式引导授课教师自己发现问题，并与之共同分析问题发生的原因，一起寻找解决的办法。只有这样，授课教师才能感受到自身存在的价值，才会乐于参加课堂教学诊断与改进的过程。

4. 自主性

教学诊断的最终目标是通过专家指导、理论引领，促使授课教师形成自主诊断的意识和能力，把教学诊改变成教育教学中的习惯。事实上，自我监控、自我诊断、自我改进的教育教学能力也是优秀教师最典型的能力。中职活力课堂是一种新的教学范式，授课教师应当有自主诊改课堂教学的意识，主动接纳不同人、不同角度的建议和意见，诚恳接受他人的提醒，从而将他人有益的建议和意见变为自我改进的行动，并在自己今后的教育情境中创造更合适的教育行为，从而使得课堂上教师充满激情、学生主体参与、师生和谐愉悦、资源动态生成、学习深度发生。

二、课堂教学诊断与改进的程序

基于中职活力课堂的课堂教学诊断与改进工作，不是针对某一位教师的某一节课开展的，而是针对一段时间内的中职课堂进行持续诊断与改进，真正促进中职教师的专业成长，全面提升中职教育教学质量，这就需要制定有效的程序，使诊改工作制度化、常态化、规范化。

1. 设计中职活力课堂视域下课堂教学诊断量表

课堂教学诊断的目的是发现和解决教学问题，诊断教学问题时需要一个合理而科学的参照体系，这样有利于迅速找到教学的偏差或异常。因此，需要对中职活力课堂教学诊断参照物即诊断视角进行剖析，并在剖析的过程中确定诊断的各级指标和标准，以设计客观全面的课堂教学诊断量表。课堂教学的五个核心视角（教学目标、教学环境、教学组织、教学策略、教学效果）形成了有机的诊断系统，其中教学目标关注课堂教学实践的方向，教学环境关注课堂教学生态，教学组织关注课堂展开的结构性，教学策略关注教学实践中师生的活动质量，教学效果关注教学实践的结果状态。中等职业学校在开展活力课堂视域下课堂教学诊断前，可根据学校实际情况设计课堂教学诊断量表（见表3）。

表3 中职活力课堂视域下课堂教学诊断量表

一级指标	二级指标	三级指标
教学目标	科学	（1）教学目标设计未服务于课程目标、教学内容；（2）未围绕学生的最近发展区，未根据学生学习现状分不同层次设定教学内容；（3）未根据人才培养方案、课程标准设定包含知识、技能、态度、能力等核心素养在内的相应维度
	可测	（1）教学目标中，行为动词与教学内容组合搭配不明晰、不准确；（2）由此描述的学习行为等相关目标不可考察、不可测量
教学环境	民主	（1）课堂未营造以师生人格平等、心理相容、精神自由为主要特征的民主平等的文化氛围；（2）每个学生在课堂活动中未能受到尊重，未能自由自觉地参与学习活动、表达自己的观点、感到愉快与满足
	开放	（1）课堂未突破传统课堂教学组织的封闭性和教学活动的限制性；（2）未建立学生学习共同体；（3）信息化设施及教学资源不足，学生难以开展线上线下相结合的混合式学习；（4）学生未能采用适合自己的多种学习方法在师生、生生之间进行多向交互，多元生成

续表

一级指标	二级指标	三级指标
教学组织	效率	(1) 教学实施过程中未能激发学生的求知欲；(2) 教学环节之间时间分配不合理，某些环节时间过长；(3) 未引导学生探究、理解、运用知识和技能，学生不能体验到知识和技能的价值，个性与素养发展不明显；(4) 学生未能表现出自由自觉、自我实现、创新冲动、自我解放的状态
	逻辑	(1) 课堂教学未呈现“三段六步”教学结构与程序，各教学环节不清晰；(2) 各环节之间的过渡不自然、方法不灵活；(3) 学生学习活动安排未体现出“在做中学、在问中学、在用中学”的顺承和递进关系
教学策略	集成	课堂教学未实现“三少”“三变”：(1) 未减少教师活动时间，师生活动时间比超过 1∶1；(2) 未减少教学预设容量，未贴近学生的最近发展区；(3) 未减少无效教学环节，如无效问答、无效活动、无效评价等；(4) 未改变教学活动主体，学生被动接受知识；(5) 未改变教学活动样态，学生无学习兴趣；(6) 未改变学习活动效度，教学效率低
教学策略	优化	课堂教学未体现出“三多”“三学”。(1) 未采用多种方法，教学方法单一、不适合；(2) 未体现多向交互，互动环节少、互动不积极、学生参与率低、互动方式单一、回答问题结论雷同；(3) 未实现多元生成，生成资源少，生成问题价值低，情智未升华；(4) 未体现“在做中学”，未基于问题情境开展实践探索；(5) 未体现“在问中学”，未基于问题驱动开展探究活动；(6) 未体现“在用中学”，未基于跨情境问题的解决开展迁移学习
教学效果	深度	(1) 学生不能用自己的语言清晰、准确地表达知识；(2) 学生不能灵活应用知识解决不同情境中的问题；(3) 学生未形成批判性思维与创新性思维等
	活力	(1) 学生主体作用未得到充分发挥；(2) 学生在学习过程中未体现出自由自觉、自我实现、自我解放、创新冲动的状态；(3) 教师未体现出志向坚定、智慧丰富、行为高效、情绪积极的特征

2. 选择教学诊断主体

第一，授课教师是课堂教学诊断的当然主体。教师自我诊断是促进教师进行教学反思和研究的手段，反思是教师对自己教育理念、教学策略与方式、教学行为、教学过程、自我意识等方面进行审视、沉思与修正的过程。反思本质上是教学理解与教学实践的对话，是教学现实与教学理想之间的沟通，是教师专业知识提升、专业能力发展、教学改进的根本机制。

第二，教学同伴是课堂教学诊断的共同体。教学同伴对教师成长有重要作用，是教师成长过程中重要的教学研究共同体。教学同伴的选择应首先考虑原则性强、教学能力强和表达能力强的教师，以便与授课教师共同查找问题、分析成因、寻求改进对策。第三，教学专家是课堂教学诊断的主导性主体。叶澜教授曾提出三层次课堂教学价值观：第一层次是各学科共通层次价值观；第二层次是具体学科教学价值观，挖掘学科对学生独特的价值；第三层次是具体教学内容对人的价值的差异。就职业教育而言，专业课程有对接职业岗位的要求，选择对共通层次进行诊断的教育类和课程类专家，可以全面把握教学的教育性、教学策略的有效性、学生活力的激发性；选择能把握课程特点的学科专家，可以从课程标准—课程教学目标—单元教学目标—课时教学目标链条审视教师是否贯彻课程教学的要求、是否把握教学内容的精准性和活力课堂的育人价值；选择能把握职业岗位要求的行业专家，可以把握课程内容与岗位工作内容的对接，将职业技能等级标准有关内容及要求有机融入专业课程。作为主导性教学诊断主体，教学专家对整个诊断起到引领和指导作用，不仅要提出问题，还要对教师重塑教学理念、实施教学改进提出具体建议。第四，学生是课堂教学诊断的参与主体。“鞋子合不合脚，只有穿的人才知道。”学生是课堂学习的主人，他们在知识、技能、态度、能力等素养方面发展得怎么样，只有他们自己最清楚，因此也最有权参与课堂教学诊断。学生的选择应考虑全面性、代表性、差异性，为帮助教师和专家发现问题、分析问题和解决问题提供第一手资料。此外，还可以根据课堂教学诊断的实际需要和专家指导意见，选择学校领导、教育管理人员、家长代表、社区代表等参加课堂教学诊断，以帮助诊断课程教学是否满足学生的发展需求、家庭的期望与社会需求等。

3. 实施教学诊断与改进

首先，现场观测，发现问题。依据学校制定的课堂教学诊断量表对课堂教学现场观测设置 5 个一级指标、10 个二级指标、36 个三级指标，每个三级指标设置三个等级。具体标准为符合（不存在问题，2 分）、基本符合（问题存在，1 分）和不符合（问题严重，0 分），教学诊断量表满分为 72 分。其中，0~24 分，说明对照活力课堂要求，课堂教学有严重问题，需要进行较大改变；25~48 分，说明课堂教学有部分问题，需要深入分析并改进；49~72 分，说明课堂教学有少量问题，可以通过诊断加以改进。其次，分析问题，诊断病因。对照活力课堂要求，抓住问题的主线，分析这些问题的产生原因，为教学改进提供依据。最后，研制措施，实践改进。为解决课堂存在的突出问题，根据对问题的成因诊断，在相关专家的专业指导下，在教学同伴等人员的协助下，授课教师研究制定改进措施，在征求多方意见并经完善后，进行反复、持续的教学改进实践。（见图 14）

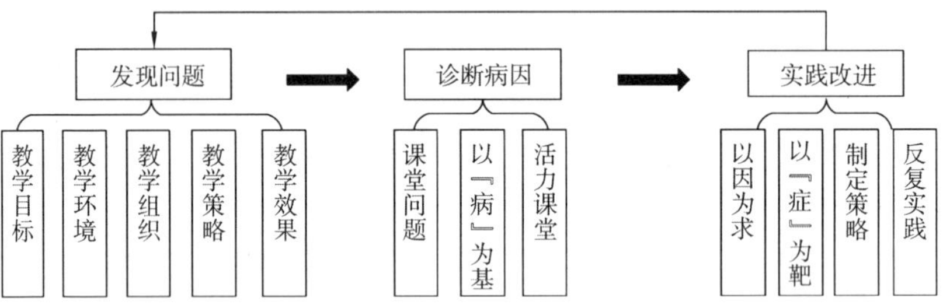

图 14　中职活力课堂视域下课堂教学诊断与改进流程

第八章

中等职业教育活力课堂的实践路径与价值分析

课堂教学消极、低效、乏味，是一些职业学校存在的一大顽症，影响了人才培养质量和学校形象。为解决这一问题，中等职业教育活力课堂应运而生。中职活力课堂如何从理论走向实践、开展活力课堂实践对中等职业学校发展有什么价值，对这些问题的认识事关中职活力课堂能否落地生根并开花结果。本章结合扬州市中等职业教育活力课堂教学实践，分析如下。

第一节　中等职业教育活力课堂的实践路径

一、理论研究与实践探索相结合

理论研究与实践探索相结合，就是坚持以课堂教学存在的实际问题为导向开展理论研究，加强实践验证，促进理论完善。这既是坚持马克思主义认识论的基本要求，也是习近平新时代中国特色社会主义思想的鲜明特征。“坚持问题导向”落实在中职课堂教学改革中，就必须回答为何而改、改什么、怎么改、改得如何等一系列问题。为了解中职学校课堂教学现状，剖析课堂低效的根源，以开展全市职业学校活力课堂教学改革研究，扬州市职教教研机构利用问卷网对扬州市 14 所中职学校相关教师以及所有年级学生代表进行了网上问卷调查，还对职业学校部分师生进行了现场访谈。参与教师问卷调查和现场访谈的教师人数达到 300 多人，参与学生问卷调查与现场访谈的学生人数近 9000 人。调查结果按课堂教学核心要素进行归纳，主要存在以下问题：一是教师方面。教学目标设计不准确、依据不完备、可测性不强；教学方法单一，以讲为主依然包打天下；信息技术应用能力不足，不善于组织学生开展自主学习、合作学习、探究学习，不注意训练学生的低阶思维与高阶思维能力；教学评价方法单一。二是学生方面。学生主体性缺失，学习目标不明确、学习兴趣不浓厚，课堂学习盲目、消极、被动；能动性不强，中职学生学习能力较弱，难以体验到学习成功的喜悦，自由自觉学习的主动性不足。三是课程资源方面。教师不善于多方面整合教学资源，缺少专业内对跨学科及生活化资源的开发应用。四是教学环境方面。缺乏民主平等的课堂氛围，缺少学习共同体，不能针对生源多样化特点开展差异化教学，存在学校信息化条件不足的现象。以上这些问题导致中职课堂教学气氛沉闷，缺乏生机与活力，影响了学生学习效果和人才培养质量。针对中职课堂教学存在的这些问题，必须改变教师中心和学科中心的传统教学理念，确立学生中心和行动导向的现代教学理念，以激发中职学生学习的目的性、主体性、实践性和反思性为目标，营造信息化、现场化、民主化、协作化、差异化、问题化等教学环境，重构源于生活、回归生活的课堂教学内容，有机运用多种教学方法，以一定的学习活动为载体，使课堂按多向交互、多元生成的逻辑方式展开，实现学生的深度学习，使师生本性得以充分表现，以此形成中职活力课堂的教学范式。建立“四性合一”理念，通过“三段六步”教学结构程序、“三少三多、三变三学、自我认知、深度学习”教学策略建构中职活力课堂；运用活力课堂教学评价体系开展教学评价。

为检验活力课堂理论研究成果，必须选择有代表性的课程进行实践探索，其目的是检查新的教学范式、结构程序、教学策略和评价体系能否正常运行，以及正常运行的条件和该条件允许的范围。从课堂教学基本要素来看，供选择的实践探索课程应满足以下要求：一是教师教学理念与教学方法滞后具有代表性；二是学生学习兴趣不浓与学习习惯不佳具有代表性；三是课程抽象与教材陈旧具有代表性；四是教学环境不良具有代表性。例如：数学课程、工科制图课程是中职教学中的大难题，具有显著的代表性，在这两类课程中试行活力课堂教学改革，对于示范辐射、提振信心具有非常重要的意义。扬州市职教教研机构发挥市职业教育相关课程教研中心组的作用，在各学校组织骨干教师先试先行，通过专家引领、集体研究、上课演练、总结提升、不断改进，使中职课堂得到了极大改善，课堂活力明显提升，活力课堂受到了师生的普遍欢迎。在此基础上，对于实践探索中发现的活力课堂理论存在的问题，应进行修正和完善。

二、行政推动与教研引领相结合

随着中职活力课堂理论的不断完善和在相关课程的成功实践，扬州市中职学校推行活力课堂教学改革的条件日趋成熟。为顺利推进活力课堂教学改革工作，扬州市教育行政部门进行了活力课堂教学改革顶层设计并在全市中职学校进行推进，扬州市职教教研机构开展了活力课堂教学改革研究并给予一线教师以理念、方法、策略等方面的指导。2016 年至 2018 年，扬州市职教教研机构、扬州市教育局先后印发在全市职业学校开展活力课堂教学改革的相关通知文件，明确活力课堂的内涵、特征、结构程序，以及推进活力课堂教学改革的任务书、时间表、路径图，号召全市职业学校掀起一场以推进活力课堂教学改革为目标的“课堂革命”。2020 年，扬州市教育局印发了《关于加强扬州市中职学校新时代教学质量提升工作的实施意见》，再次强调大力推进活力课堂教学改革，推广活力课堂的典型经验和研究成果，发挥专业指导与典型引领作用，持续推进教学方式和教学模式创新，要求 3 年内开发 100 节“活力课堂”示范课。自 2020 年起，扬州市教育局将职业学校开展活力课堂教学改革情况纳入学校年度绩效考核项目。在扬州市教育行政部门的推动下，各职业学校紧紧围绕以下几个方面开展工作：一是促进教师认同，学校组织教师围绕“为什么要推进活力课堂”“职业学校活力课堂的愿景、内涵、特征、结构是什么”“活力课堂实施策略与评价标准是什么”等开展学习和讨论，促进教师理解、认同活力课堂教学改革的必要性，把握方法论。二是制定教学规范，学校对照“三段六步”教学结构程序细化活力课堂教案、导学案格式，对照活力课堂教学评价标准研究制定活力课堂实施性教学评价方案，明确了活力课堂教学实施规范。三是形成推动机制，学校成立了活力课堂教学改革工作领导小组，由教务处牵头组织实施、系部常态检查、督导部门动态抽查，按照“分步实施、重点突破、逐渐推进、全面提升”的工作思路，先公共基础课程、后专业技能课程，先骨干教师、后全体教师，形成了“课程辐射、小步快走”和“示范引路、同伴互助”的以点促面的活力课堂教学改革推动机制，确保活力课堂教学改革能够“分好段”“走稳步”。四是建立激励机制，学校按照活力课堂的相关要求修订教学质量考核办法、优秀教研组及备课组评先办法等，每学年组织校内活力课堂优秀课评选，充分激发了教师开展活力课堂教学改革的积极性，并取得了良好的教学改革

成效。

为引领教师顺利开展活力课堂教学改革，扬州市职教教研机构以14个市职教教研中心组为纽带，构建了市、组、校三级活力课堂教学改革研究网络，以专业或学科为依托，分别在市职教教研中心组和学校等不同层面开展公开课、论文评比、经验交流、专题讲座等活力课堂专题教研活动。几年来，全市各中心组已累计组织了200多次教研活动，开设活力课堂公开课400多节，参加活动教师逾3000人次，各学校开展的校内活力课堂公开课累计2000多节，有力促进了学校之间、课程任课教师之间的研讨交流，对推动全市活力课堂教学改革起到了极大的促进作用。2019年以来，市职教教研机构每年都要面向全市职业学校教师征集活力课堂优秀教学设计案例，供全市职业学校教师学习和借鉴。为促进研讨交流、加强示范引领，2017年至2019年，扬州市职教教研机构每年都要举办一次面向全市职业学校教师的活力课堂教学改革研讨会暨活力课堂教学展示观摩活动。2020年年底，扬州市面向全省职业学校教师举办了活力课堂教学改革研讨会暨集中教学展示活动，受到了参加活动的专家与教师的一致好评。

三、大赛应用与改革实践相结合

近年来，各级教学能力比赛引起了职业学校教师的广泛关注，吸引了许多中青年教师来参加。扬州市紧紧抓住这一契机，在推进活力课堂教学改革的进程中，准确把握教师专业发展的客观要求和教师追求成功的心理需求，坚持以改促赛、以赛促改，推进“赛教融合”。一是，相关学校教师在备赛时积极运用活力课堂模式开展教学设计和实施，在这样的过程中深刻领会活力课堂的内涵，形成了对活力课堂的价值认同。二是，扬州市职教教研机构每年都要组织全国、省级教学能力大赛优秀获奖教师开展巡讲活动。三是，各中心组和各学校组织大赛获奖教师开设专题讲座，谈获奖感言、讲设计之道，安排获奖教师开设活力课堂教学示范课，组织教师观摩和研讨，发挥了教学大赛的示范辐射作用，充分激发了教师投入活力课堂教学改革的积极性。

第二节　中等职业教育活力课堂的价值分析

一、实施活力课堂可以有力推动“三教”改革的实施

《国家职业教育改革实施方案》提出，职业教育要深化教师、教材、教法“三教”改革，不断提升人才培养质量。活力课堂坚持以学生为中心，尊重学生的主体地位，注重学生自主、自由、自觉地学习，这正是对传统教学理念、教学材料、教学方法、教学模式、教学评价的革命性变革。其中，教师基于活力课堂教学改革新思想的重塑、教材基于教学资源生活化的重组、教法基于教学策略多样化的重构，都是活力课堂教学改革的关键。因此，活力课堂教学改革成为贯彻落实《国家职业教育改革实施方案》的有力行动。

二、实施活力课堂可以释放学生的主体性和能动性

佐藤学说：“今后的教学，显然应当从大一统的传授型方式中蜕变出来，以学生的个性化学习为轴心，向着活动的、合作的、反思的学习方式转变。”活力课堂遵循建构主义、人本主义学习理论，打破传统的灌输式教学方式，关注个体的个性化学习，通过创设信息化、现场化、民主化、协作化、差异化、问题化等教学环境，促进学生自主学习、合作学习、深度学习。在这样的学习环境中，每个学生都能得到尊重，每个学生都能敞开自己的心扉，每个学生的差异都能得到关注，每个学生都能与学习共同体成员互学互助，每个学生都能在自己已有经验的境脉上进行新知识的意义建构。在这样的学习环境中，学生的学习状态呈现出主动性、自发性、超越性、自由性，学生真正成为课堂学习的主人，其久而未见的主体性和能动性得到了充分的释放。

三、实施活力课堂可以激发教师的自主性和创造性

柏格森在谈到关于创新的问题时曾指出：“对新的对象必须创出全新的概念。”活力课堂不同于以往教师讲授让学生集中听讲、一起思考问题，教师牢牢掌控课堂活动方向的方式，而是强调以学生的学习为中心，教师面对新的教学对象，必须先研究学情，确定教学目标，再整合教学资源，

设计有针对性的教学活动。在教学过程中，教师应注意诱发学生学习兴趣，引导并参与师生之间、生生之间的多向互动，让学习活动更丰富，让学生的体验更深刻，让学生的表达更充分，让教学生成更多元。在这样的课堂教学设计与实施中，教师的自主性和创造性得到了充分激发，教师的成就感油然而生，教师的生命价值得到了极大体现。

四、实施活力课堂可以催生课堂的生动性和有效性

理查德·萨奇曼认为，当一个人面对令人疑惑的事件时，个体会产生本能的探究动机。教师可以利用人的这种内在的探究渴望教授学生科学探究的方法。活力课堂通过情境导入激发学生探究欲望，学生通过活动载体开展探究性学习。在学生参与活动的过程中，教师根据学生的最近发展区搭建“脚手架”，适时提出一系列问题，引导学生相互讨论、倾听同学发言，有助于学生在相互启发和自我反思中逐步完善对问题的回答。在这一过程中，学生获得了对新知的深刻理解。这样的课堂，在学生对新知的意义建构过程中，始终伴随着学生行动、情绪和智慧的发生，因此是生动而有效的。

五、实施活力课堂可以改变学校的课堂教学质量观与评价观

课堂教学质量观是教师从事教学的价值取向和指导思想，决定着课堂教学目标，影响着课堂教学样态，指导着教师的课堂教学行为。首先，活力课堂关注学生在课堂上学习的主体性和能动性，主要包括：积极性，学生的学习态度是积极主动而不是消极被动；参与广度，是多数学生参与而不是少数学生参与；参与深度，包括学生的行为参与、认知参与、情感参与。其次，活力课堂关注课堂的生动性和有效性，主要包括：有效果，是否解决了提出的问题，达成了教学目标；有效率，是否以较少的投入取得了较大的收获；有效能，是否促进了学生发展，激发了其继续学习的欲望。这样的课堂追求的质量是学生学习的参与度、课堂活动的生动度、教学目标的达成度，最终看的是全体学生素质的提高度及在原有基础上的发展度。基于活力课堂的教学评价观主要为“以学论教”，即以学生的学来评价教师的教。评价以学生在课堂学习中呈现的行为状态、情绪状态、交往状态、生成状态、思维状态、目标达成状态为考量要点。

第二部分

中等职业教育活力课堂实践篇

第九章

中等职业学校教师活力课堂教学案例选编

案例一：主题式教学 “六案”中学法

江苏省高邮中等专业学校　徐鸿洲

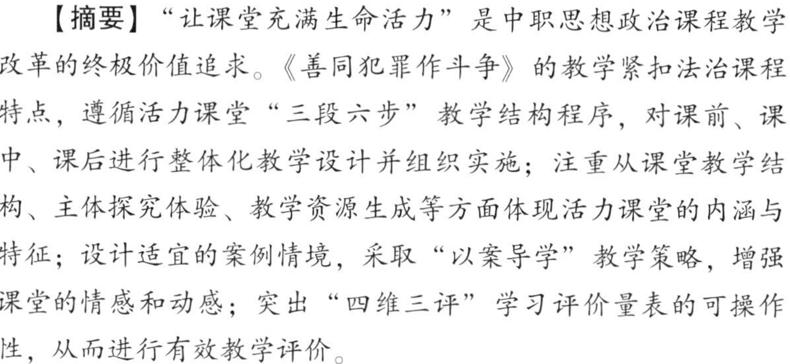

【摘要】“让课堂充满生命活力”是中职思想政治课程教学改革的终极价值追求。《善同犯罪作斗争》的教学紧扣法治课程特点，遵循活力课堂“三段六步”教学结构程序，对课前、课中、课后进行整体化教学设计并组织实施；注重从课堂教学结构、主体探究体验、教学资源生成等方面体现活力课堂的内涵与特征；设计适宜的案例情境，采取“以案导学”教学策略，增强课堂的情感和动感；突出“四维三评”学习评价量表的可操作性，从而进行有效教学评价。

【关键词】活力课堂；教学设计；案例启示

在思政课程活力课堂教学改革中，始终坚持以课程标准为准绳，坚持“思想政治课程是落实立德树人根本任务的关键课程”和“将培育学生的学科核心素养贯穿于教学活动全过程”等理念，遵循“守正和创新相统一”的思政课程改革要求，继承传统德育“三贴近”原则，突出职业教育类型特点，积极实施“三段六步”教学结构程序，推动思政课程教学改革向纵深发展。

《善同犯罪作斗争》节选自人民教育出版社出版的中等职业教育课程改革国家规划新教材《职业道德与法律》。经过初中阶段的学习，中职一年级学生虽然已有一定的法律知识基础和法律认知能力，对违法犯罪行为也有一定的基本判断，但对生活中正当防卫的条件、见义勇为的界定等缺乏全面系统的深度认知，更不善于运用法治思维去观察、解析现实生活中发生的各类违法犯罪行为，缺乏运用所学法律知识解决问题的实践能力。另外，中职学生正处于青春期，情绪不稳定，做事易冲动，接受相关法治教育对于引导他们积极向善具有正向作用。

《善同犯罪作斗争》一课的教学设计在活力课堂教学理念的指引下，突出展现"三段六步"课堂教学整体结构，教师综合运用案例分析、情境教学、合作探究、小组讨论等教学方法，注重激发学生学习活力，着力提高思政课程教学的课堂吸引力；引导学生学会运用法律思维判断事物，能从当事人视角分析法律争议的焦点，寻找法律依据，巧妙突出重点、化解难点；引导学生学会同违法犯罪行为作斗争，从而有效培育中职学生法治意识等学科核心素养，为中职学生健康成长和职业生涯发展奠定法治基础。

一、案例描述

本课题设计紧扣法治课程目标，遵循活力课堂"三段六步"教学结构程序，采用中职活力课堂教学模式中的"三少三多、三变三学"教学策略，对课前、课中、课后教学进行整体设计并组织实施。

（一）准备阶段：预习导航、情境导入

1. 集案定学，预习导航

课前，学生登录泛雅教学平台，根据本课预习清单，自主查阅教材及其他文本资料，浏览教师事先制作的《善同犯罪作斗争》课件，观看《正当防卫》微课视频，主动围绕主题搜集未成年人犯罪相关案例资料，完成自测题并上传至学习平台。教师制作便于学生预习的相关学习资料，推送至学生平板电脑端；教师查看平台生成的数据，针对学生课前预习问题的完成情况，拟定师生上课伊始需交流研讨的共性问题，适时调整课堂教学内容，为学生顺利探究新知导引航向。

（设计意图：通过制作图文并茂的学材，增强教学内容的美感。）

2. 引案激趣，情境导入

学生带着问题观看《青少年犯罪警示录》教学视频，自主感知、小组

讨论可能引发未成年人犯罪的诸多原因，并运用词频分析技术提取高频热词生成词云，共探如何防范犯罪；同时，以饱满的热情和积极的态度投身探究新知的活动。

（设计意图：利用微课中的正当防卫故事情节，触发学生学法、知法、护法的意识，营造课堂学习情感氛围；通过平台信息发送、小组讨论等学习行动，使课堂交流呈现动感，使学生在民主开放的环境中建立安全与信任，树立正确的学习价值观。）

（二）探究阶段：探索新知、巩固应用

1. 析案明理，探索新知

在具体教学实践设计时，本课以案例学习为教学主线开展新知探索，引导学生在案例中思考、探究、明理。例如，通过《今日说法》栏目关于校园欺凌视频案例中“七个女孩的自述”，引导学生关注未成年人犯罪现象，合作探讨并归纳导致未成年人犯罪的原因；通过教材案例探究活动，引导学生了解国家为挽救走上犯罪道路的未成年人而采取的法律措施；通过观看《蜘蛛侠》视频及参与平台投票活动，引导学生要通过正确途径维护自己的合法权益；通过观看、讨论“痛打小偷”案例，引导学生了解正当防卫的条件及限度，树立善于同违法犯罪行为作斗争的意识。

2. 判案验学，巩固应用

学生通过“学习通”平台完成教师精心设计的案例选择题，即练即评，能较好地巩固课堂学习内容，实现深度学习。

（设计意图：融合生活故事的案例分析，贴近学生既有经验，为说法、明法的学习过程铺垫了厚实的学习氛围。）

（三）总结阶段：总结评价、拓展提升

1. 会案评学，总结评价

为了促进学生对新知做结构化梳理及完善知识体系，教师要引导学生运用思维导图进行知识总结。同时，要改革评价方式，坚持以学科核心素养发展水平为评价标准，依托具体教学评价平台，从学生的学习态度、知识掌握、能力形成、素养发展四个维度设计拟定课堂学习情况评价表；实行多元主体互动评价，通过自评、互评、师评（权重为 3∶3∶4），在课前、课中、课后全程对学生个体及学习小组的学习行为予以评价，充分发挥学习共同体的作用。

2. 知案导行，拓展提升

教师通过让学生对法律咨询信箱李某的来信进行疑惑解答拟定一份法律建议书，引导学生置身于特定情境中感知法律，强化学生对正当防卫的构成条件和特殊防卫的理解，使其运用所学知识去分析、解决问题；教师通过拓展、丰富法治教育点，培养学生的法治意识，促进知识的活学活用，将理论内化为实践，达到知行合一的良好效果。

（设计意图：通过多元化评价，结合学生个体性学习增值评价，促发学生在学习过程中投入情感、深入探究、自我认知、激发灵感。）

二、案例分析

美国学习目标研究专家马杰认为，教学设计主要着眼于解决三个基本问题：一是“我要去哪里”，即教学目标的制定；二是“我如何去那里”，包括学习者起始状态的分析、教学内容的分析和组织、教学方法与教学媒介的选择；三是“我怎么判断我已经到达了那里”，即教学评价与教学监控。也就是说，一个较为完整的教学设计是由教学目标设计、教学内容方法设计、教学评价监控设计三部分构成的。本课依据思政课程标准和教学要求，重点在课堂教学结构、主体探究体验、教学资源生成等方面进行巧妙设计，以体现出活力课堂的内涵与特征。

（一）析构思设计之活

本课在教学实践设计时，为突出培育学生法治意识、社会参与等思政学科核心素养，遵循学生认知发展规律与思政学科教育规律，以真实或虚拟具有法治教育价值的典型案例串联起课前、课中、课后，积极推行活力课堂“三段六步”教学结构程序，即以“集案定学，预习导航”“引案激趣，情境导入”“析案明理，探索新知”“判案验学，巩固应用”“会案评学，总结评价”“知案导行，拓展提升”这六个教学环节来整体设计、有效组织课堂学习活动，引导学生在案例中思考、在思考中探究、在探究中明理、在明理中践行，实现知行合一。

以达成“学会正当防卫”这一教学目标为例。第一步，要求学生课前预习《正当防卫》微课视频，搜集相关案例发至学习平台，完成“集案定学，预习导航”。第二步，要求学生观看《青少年犯罪警示录》视频，了解青少年犯罪的诸多原因，实现“引案激趣，情境导入”。第三步，以前两步为基础，通过观看《蜘蛛侠》影片，让学生理解见义勇为的意义（正当防卫的意义）；通过讨论“方伟痛打小偷该不该”，让学生明晰正当防卫的构成条件；通过“方伟还会不会见义勇为”角色扮演，借助平台资源，以“见义智为”（如何正当防卫）为题展开活动，让学生在活动中体验角色的真实情感，形成基于角色体验的不同感悟，实现“析案明理，探索新知”。第四步，在“判案验学，巩固应用”部分，教师利用三个选择题检验学生所学。第五步，在“会案评学，总结评价”部分，教师引导学生完成新知的结构化梳理，开展多元主体互动评价。第六步，在“知案导行，拓展提升”部分，学生通过对法律咨询信箱李某的来信“斗殴是不是正当防卫”进行疑惑解答，完成法律建议书。在学生感悟和交流过程中，升华其情感，达成法律认同，增强他们的法治意识。

（二）析探究体验之活

学生是教学的主体，学生在教学中有真实的收获是教学的终极目标。而课堂教学是实现教学目标的重要途径，课堂是师生生命历练和成长的重要场所。教师“教”的过程与学生“学”的过程是师生生命活力共建、共融、共享的过程，也是经历、参与、探究、感悟和体验的过程。中职课堂往往缺乏生命活力，只注重知识的习得，而不注重师生主动探究和亲身体验。

本课基于思政学科核心素养的基本目标要求，精心设计并拟定了多个学生参与的探究体验性活动，有效促进了学生学习方式的转变，充分展现了体验式课堂的活力。首先，通过《今日说法》栏目关于校园欺凌视频案例中“七个女孩的自述”，展现直观生动而又富于启迪性的问题情境，引导学生深度思考导致未成年人走上犯罪道路的可能原因，激发学生浓厚的学习兴趣，展示具有时代价值判断的基本观点，突出教学重点。其次，各小组群策群力、集思广益、合作探究，进行多维度探析、多资源运用、共享研讨成果，整个活动过程贯穿着“学生是课堂真正的主人”这一以生为本的教学理念，充分发挥了学生的主体作用。最后，教师引导学生在议题设计活动中感悟内化，在自主合作探讨中学习、体验，帮助学生正确认识未成年人的犯罪问题，提高了教学的针对性。这种富有实效性的探究活动，既能充分调动学生学习的潜能，让学生保持主动参与、多元互动的学习状态，又能让师生真实体验生命活力的涌动、感受身心的愉悦，从而使学生个性得到发展。

（三）析资源生成之活

叶澜教授曾说，课堂教学是一个动态生成的过程，再好的预设，也无法预知课堂教学中的全部细节。教学时，教师要善于开发、激活教学生成资源，着力引导学生关注学习目标、学习内容、学习方法等方面的动态资源生成，做到问题由学生提、思路由学生讲、资源由学生用、方法由学生悟、错误由学生析。新思想的生成、新情感的体验皆为预设之外的惊喜，这就需要适度激活师生生命智慧、多方激发师生思维活力、巧妙调动师生生命敏感度。

在课前预习中生成。预习不仅仅是学生学习的重要环节，更是生成的起点，同时也是教师获得第一手学情并及时调整教学设计的重要手段。本节课中，教师在检查、筛选学生课前预习清单时，发现一位学生提出了这样的疑问：在实施正当防卫的过程中，有没有特殊防卫权？而这一问题在教材文本中并没有被提及，无疑成为需要进一步探讨的生成性问题。在实施具体教学前，教师通过查阅相关法律条文及时引导学生学习《中华人民共和国刑法》第二十条第三款关于特殊防卫权的规定。教师从预习开始引导学生动态生成，有效运用生成资源，灵活调整教学活动方案，巧妙化解了本节课的教学难点，实现了课前预习生成教学资源、激发学生思维活力的目的。

在比较辨析中生成。一切理解和思维的基础是比较辨析。教师在教学过程中及时呈现比较辨析问题情境，为学生提供了比较、感悟的生成平台，这不仅可以开阔学生视野、活跃学生思维，而且能使学生有效吸纳、内化所学知识体系。例如，本节课通过设计“方伟痛打小偷该不该”这一讨论环节，使学生能比较深刻、清晰地掌握正当防卫的构成条件。

三、案例启示

（一）更新教育教学理念是实施活力课堂的前提

长期以来，中职思政课堂教学存在着低质态、缺活力的现状，以教师为中心、教学内容陈旧、“满堂灌”、“一讲到底”现象较为严重，教师教学手段单一，教学评价缺乏多元化，师生皆缺乏生机活力等问题普遍存在。这种课堂培养出来的学生，不容易适应社会的变化，也不太能适应社会新岗位、新工作，从事新技术、新工艺等，不具备今后职业岗位变更所需的迁移能力和自我变更能力，以及适应未来社会的创新能力、创业能力和可持续发展能力。因此，要变革沉闷的中职思政课堂，须着力探索构建适合师生生命发展的活力课堂。然而，要使中职思政课堂焕发出旺盛的生命活力，则须进行深度变革。深度变革的重要前提是彻底转变中职思政教师的教育教学理念，即要确立适合活力课堂的学生成才观、教学质量观等，不断改进和创新中职思政课教学方式方法，不断提高中职思政课教学水平和教育质量，从而让中职思政课成为以高度震撼人、以宽度吸引人、以温度感染人的富有情感、充满美感的课，成为学生愿上爱上、受益终身和充满生命活力的金课。

（二）贯彻中职思政课程标准是实施活力课堂的基础

活力课堂要以中职思政课程标准为根本依据，以培育中职学生的思政学科核心素养为主线，围绕中职思政学科教学目标要求，结合具体教学内容和特定教学任务，研究相应学科核心素养在活力课堂中的孕育点、生长点，探寻中职思政学科活力课堂教学标准的关键构成要素及其内在逻辑关系，思索其表现方式与融入载体，以求全面体现中职思政活力课堂的内涵与特征，尽量体现出科学性和规范性相统一，还应具有可量化、可操作、可评价的特性。

（三）坚持“以学习者学习为中心”是实施中职活力课堂的根本策略

1. 注重课堂的主体性

坚持学生至上理念，教师要尊重学生、理解学生，做到心中有学生、眼中有学生，以学定教、先学后教；要激发出学生自主学习的意识，使其充分认识到自己就是课堂学习的主人，从而表现出旺盛的求知欲、主动参与的表现欲，长期保持主动学习的精神状态和行为质态；要充分挖掘学生的学习潜能，提高学生的思维质量。

2. 注重课堂的开放性

从课堂组织形式上看，要坚持以生为本的教育理念，教学要面向全体学生，教师要采取自主学习、合作探究、小组讨论、主题辩论、角色扮演、知识竞赛、志愿服务、旁听庭审、模拟法庭、公益实践等方式，引导学生走出课堂、校园，走向社区、企业，亲近大自然、大社会，实现由“读有字之书”向“读无字之书”的跨越，唤醒学生生活经验和生命体验，实现各类思政教育资源的有效融合，实现各种生成资源共建共享，让课堂拥有真正的生活趣味，让学生在校内校外、课上课下、线上线下各种活动体验中逐步增强自身的法治意识与社会参与等核心素养。

3. 注重课堂的生态性

中职思政活力课堂由课堂内外多重要素构成，这些要素是相互均衡、融通和良序运行的生态化学习命运共同体。教师要营造和谐、舒畅、良性的教学环境和人文氛围，用平等对话、沟通协商等方式代替话语霸权，用笑声、掌声、歌声、辩论声代替“一言堂”，用欣赏与宽容代替训斥与责备，用情感体验活动代替“僵硬休克”的课堂状态，用润物涵养、滋养学生的心灵世界。教师要精准把握中职思政活力课堂的本质属性，构建良性互动的师生关系；要把评价作为推进中职思政活力课堂深化改革的契机和起点，构建活力课堂教学评价指标体系；要强化信息技术与思政课程的深度融合，让中职思政课堂回归生机与活力，回归学生本位。

参考文献：

[1] 赵文平，陈金国，徐鸿洲，等．课堂活力从哪儿来［J］．江苏教育，2018（20）：6-15.

[2] 司开林．信息化时代高校思政教育“生态课堂”的境遇与重塑［J］．文教资料，2020（18）：181-183.

[3] 吴良高．案例教学法在中职《职业道德与法律》教学中的应用［J］．考试周刊，2016（32）：180-181.

案例二：基于真实性场景　培养“五匠”劳动者

江苏省仪征工业学校　葛振娣

【摘要】 企业的竞争不仅是产品、技术的竞争，而且是劳动者素质的竞争，企业中劳动者的素质直接影响企业的经济效益。教会学生准确把握“企业中的劳动者”的内涵及作用，使其在实践中充分尊重劳动者，并立志成为高素质劳动者，成为本主题教学的中心问题。本教学设计案例应用“三段六步”活力课堂教学结构程序，以成为一名高素质劳动者为导向，以学生活动为主线，融合多种教学资源，采用多种教学方法，运用多种教学策略，用以激发学生学习的内生动力，积极打造思政活力课堂。

【关键词】 思政课程；劳动者；活力课堂

思政课程是中等职业学校所有专业学生的必修课程，它对于青少年特别是未成年人形成正确的政治观念、理想信仰、思想理念、道德情操和行为习惯具有重要作用。加强青少年思想道德建设，既是培养高素质劳动者和高技能人才的首要任务，也是贯彻落实新时代发展的根本要求。

中等职业学校以培养“高素质劳动者和高技能人才”为目标，立足学生关键能力的培养。我国社会经济的发展离不开现代企业的发展，而现代企业的发展离不开高素质劳动者，因为劳动者素质与企业的经济效益密切相关。在科技发展瞬息万变的互联网知识经济时代，成功将属于那些能够快速思考、不断学习、能解决问题的高素质劳动者。

《企业中的劳动者》选自中职思政课程教材《经济政治与社会》中的第二单元第 2 课，本课程分政治、经济、社会三个部分，“企业中的劳动者”是经济常识中的核心内容。作为新时代的社会主义劳动者，学生需要了解国家的经济改革方针，把握时代的脉搏，以便更好地为社会主义现代化建设服务，为自己创造更广阔的发展空间。

一、案例描述

（一）准备阶段：预习导航、情境导入

1. 预习导航

首先，智能分组。课前，教师按照同组异质、异组同质的原则，运用云班课智能分组方案，将本班（汽车专业）学生分成6个学习小组，以小组为单位将本课知识点以思维导图的形式上传至云班课，督促学生熟练使用思维导图法进行预习。

其次，任务分工。第1组同学负责到学院就业部门调研本专业毕业生就业现状和用人单位反馈意见；第2组同学负责搜集一些优秀劳动者事迹，并分析成为高素质劳动者的努力方向；第3~6组同学结合自身所学专业分别负责上海大众4S店的四个领域的工作：前台接待、车辆销售、维修保养、售后服务。以小组为单位，各负其责，并将本组任务完成情况及时上传至云班课。

再其次，确立地点。为了方便完成本课任务，开展理实一体化教学，教师将上课地点安排在校内的汽车营销实习车间。

最后，检查反馈。教师通过云班课教学平台查看学生课前预习和参与活动的数据，及时了解学生个人学习和小组任务完成情况，做好充分的课前准备。

2. 情境导入

首先，视频赏析。通过大家熟知的视频《浙江义乌中国小商品城走向世界》引发各组学生思考——企业中的“人”发挥着什么样的作用？学生将思考的结果发布在云班课讨论区，教师查看讨论区学生的交流情况，必要时适当引导，帮助学生拓宽知识面。教师归纳，得出结论：人是企业发展中最重要的要素。

其次，小组汇报。由第1组同学进行分享汇报：用人单位对毕业生工作情况反馈意见和学校毕业生就业形势分析。教师组织学生思考：用人单位对毕业生的要求主要体现在哪些方面？结合第1小组的汇报，教师分析如下：我校有的毕业生已成为企业骨干，有的毕业生因不能胜任原工作而不停地选择就业岗位；这说明，企业中最受欢迎的劳动者是德才兼备

之人。

最后，提出问题。怎样才能成为最受企业欢迎的劳动者呢？

（设计意图：通过云班课的视频分享，调动学生对主题学习内容的认知情感；融合生活案例，激发学生学习新知的热情。）

（二）探究阶段：探索新知、巩固应用

1. 探索新知

首先，梳理新知。教师通过指导各组完成课前的思维导图练习，教会学生使用思维导图预习新知、梳理新知。

其次，引出新知。结合《浙江义乌中国小商品城走向世界》的案例和第1组同学的分享汇报，引出新知——企业中的劳动者。

最后，探究新知。教师将新知的探究过程分为三个部分：是什么？有何用？怎么干？

（1）是什么？——何为“企业中的劳动者”？

教师仍以视频《浙江义乌中国小商品城走向世界》为例，让学生了解企业中的劳动者是物质财富和精神财富的创造者。他们包括经营管理者、一线工作者、销售者、售后服务者等。

（2）有何用？——“企业中的劳动者”有何用？（本课难点）

从视频《浙江义乌中国小商品城走向世界》中，学生看到了企业中的劳动者为社会创造了物质财富和精神财富，为中国走向世界添砖加瓦，从而得知，人是企业发展中最重要的因素。通过第1组同学的汇报，学生们知晓了企业的兴衰与劳动者素质的高低密切相关。

教师归纳企业中劳动者的作用，如图1所示。

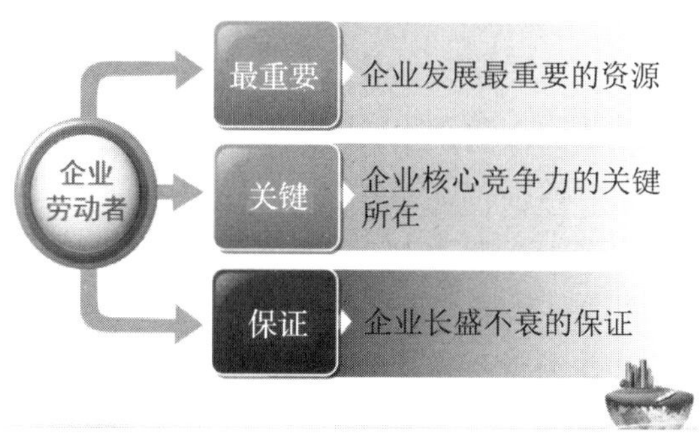

图1　企业中劳动者的作用

（3）怎么干？——如何成为一名高素质劳动者，从而向“大国工匠”方向努力？（本课重点）

由第2组同学给大家带来《大国工匠·江苏名匠——邓建军》短视频，视频重点介绍了邓建军从一位中专生逐渐成长为大国工匠、江苏名匠的历程。从邓建军的身上，学生可以找到今后努力的方向，即立“匠”志、修“匠”德、学“匠”技、提“匠”能、强“匠”体。

教师归纳出成为高素质劳动者应努力的方向，如图2所示。

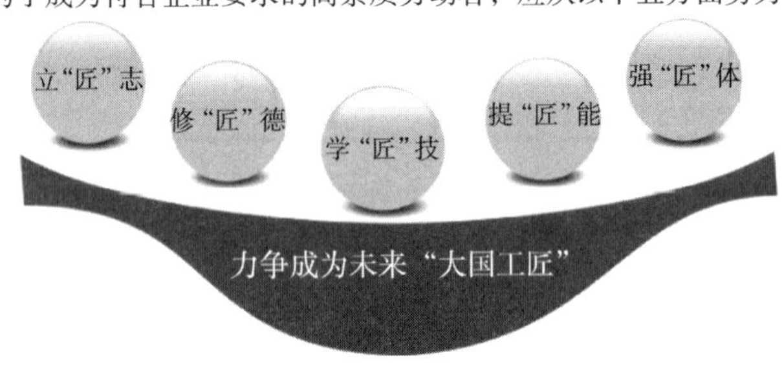
为了成为符合企业要求的高素质劳动者，应从以下五方面努力：
立“匠”志
修“匠”德
学“匠”技
提“匠”能
强“匠”体
力争成为未来“大国工匠”

图2　成为高素质劳动者应努力的方向

2. 巩固应用

首先，创设情境。某上海大众4S店迎来了一批顾客，有的是首次到店准备购买新车的，有的是直奔某款车型二次进店的，有的是来给车辆做保养的，还有的是来进行车辆售后投诉的。

其次，模拟体验。第1组中的一半同学扮演首次到店准备购买新车的新顾客，另一半同学扮演直奔某款车型二次进店的顾客；第2组中的一半同学扮演进行车辆保养的老顾客，另一半同学扮演到店进行车辆售后投诉的老顾客。他们来到上海大众4S店，试图解决各自的问题。第3~6组同学分别模拟上海大众4S店四个工作区域的工作人员，即进行前台接待、车辆销售、维修保养、售后服务。要求各组同学模拟上海大众4S店员工工作的场景，各司其职，为新老顾客解决不同的问题。

最后，课堂评价。教师将学生现场模拟情况进行全程录像，课后传至学校合作企业——当地上海大众4S店，请企业参与课堂评价。

（设计意图：通过问题串设置问题化教学情境，激发学生质疑思辨，引领学生进入模拟工作场景，接受参与式体验，形成认知共鸣。）

（三）总结阶段：总结评价、拓展提升

1. 总结评价

首先，梳理知识框架，并强调重点难点。（见图3）

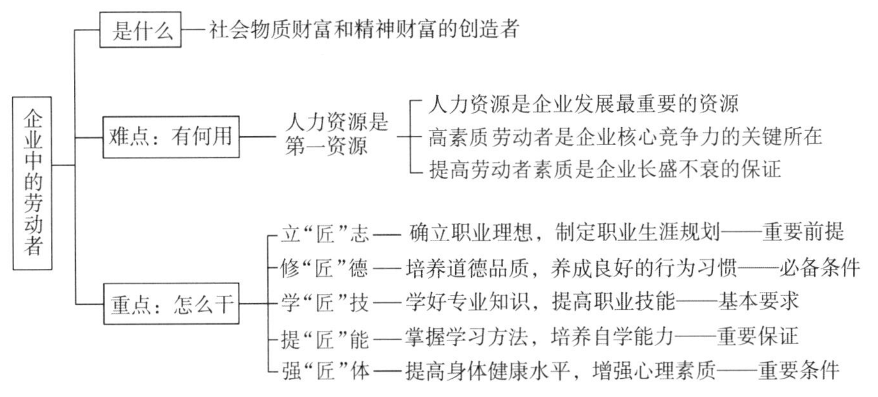

图3　知识框架梳理

其次，实施多元评价，检测学生学习效果。

根据本课程教学大纲和学习目标要求，本课主要采取过程性评价与结果性评价相结合、线上评价与线下评价相结合、自我评价与他人评价相结合的课程评价设计思想，采用学生自评、小组互评、教师评价及企业评价相结合的评价方式，从学习态度、知识掌握、能力提升与素养发展等维度对学生学习情况实施多元评价，促进学生政治素养与综合能力的全面提升。评价结果=学生自评（20%）+小组互评（20%）+教师评价（30%）+企业评价（30%）。本课通过云班课教学平台的动态数据统计，对学生的学习效果进行全过程实时评价。

利用云班课教学平台，教师既能实时监控全班学生的课堂参与度做到教学全过程监测，又能得知每个学生的知识掌握情况。课后作业涵盖了知识的掌握、运用及拓展等方面，有助于教师对学生学习情况进行全面了解。最终，主要以云教学平台中学生获取的经验值及提交的学习报告对学生学习效果进行综合评价。

最后，课堂自我小结。教师在云班课中设置“头脑风暴”活动：今天学到了什么？懂得了什么？会做什么？学生通过平板电脑将小结上传至云班课。

2. 拓展提升

教师布置两个课后任务。任务一：每人体验一次企业中的劳动者的工作，并将体验过程的图片和心得体会发至云班课中；任务二：结合自己的

专业或爱好，做一份职业生涯规划书。

（设计意图：通过多元化教学评价，激发学生增量提质的学习动力；引导学生以企业劳动者的身份做一份职业生涯规划书，实现对学习内容的迁移应用。）

二、案例分析

《企业中的劳动者》整个教学过程始终以学生为中心，以教师为主导，以将学生培养成一名高素质劳动者为导向，以学生活动为主线，借助典型的教学资源，通过线上线下混合式教学方式，激发学生的学习活力，达到预期的教学效果。

活动一：课前分工，各司其职。

全班共分 6 组，第 1 组同学负责到学院就业部门调研本专业毕业生就业现状和用人单位反馈意见；第 2 组同学负责搜集一些优秀劳动者事迹，并分析成为高素质劳动者的努力方向；第 3~6 组同学，结合自身所学专业，分别负责上海大众 4S 店的四个领域的工作：前台接待、车辆销售、维修保养、售后服务。每组同学按照分工，需要在课前完成相应的任务，并在课上进行成果展示。

活动二：小组合作，问题探究。

通过大家熟知的视频《浙江义乌中国小商品城走向世界》引发各组学生思考——企业中的“人”发挥着什么样的作用？再由第 1 组同学就“用人单位对毕业生工作情况反馈意见和学校毕业生就业形势分析”进行汇报，组织学生探究“用人单位对毕业生的要求主要体现在哪些方面”“怎样才能成为企业中最受欢迎的劳动者”。

活动三：讲述工匠，引发共鸣。

由第 2 组同学给大家带来《大国工匠 · 江苏名匠——邓建军》短视频，让学生从由一位中专生成长为大国工匠、江苏名匠的邓建军身上找到今后努力的方向。邓建军与上课的学生有很多相似之处，他是江苏人，是职业学校毕业的学生，是学校聘请的专业技能顾问，他的今天可能就是同学们的明天。

活动四：模拟体验，角色互换。

在“巩固应用”环节，结合学生所学的汽车专业，让学生分组模拟工作于上海大众汽车4S店的部分岗位，使其亲身体验企业中劳动者的辛勤劳动，这种模拟企业真实工作场景的教学形式，大大提高了学生学习的兴趣和专业知识的应用能力。在整个教学过程中，学生的参与度达100%，取得了很好的学习效果。

活动五：多元评价，理实一体。

在评价环节，主要采取过程性评价与结果性评价相结合、线上评价与线下评价相结合、自我评价与他人评价相结合的课程评价设计思想，采用学生自评、小组互评、教师评价及企业评价相结合的评价方式，从学习态度、知识掌握、能力提升与素养发展等维度对学生学习情况实施多元评价，促进学生政治素养与综合能力的全面提升。评价结果=学生自评（20%）+小组互评（20%）+教师评价（30%）+企业评价（30%）。本课通过云班课教学平台的动态数据统计，对学生的学习效果进行全过程实时评价。

活动六：自我反思，践行生活。

教师在云班课中设置“头脑风暴”活动：今天学到了什么？懂得了什么？会做什么？学生通过平板电脑将小结上传至云班课，当堂反馈，即时反思。另外，在“拓展提升”环节，教师布置了两个课后任务。任务一：每人体验一次企业中的劳动者的工作，并将体验过程的图片和心得体会发至云班课中；任务二：结合自己的专业或爱好，做一份职业生涯规划书。让学生将所学、所思、所闻、所见真正地践行于生活，融入其职业生涯中。

三、案例启示

2019年，习近平总书记在学校思想政治理论课教师座谈会上强调，思想政治理论课是落实立德树人根本任务的关键课程，思政课建设要向改革创新要活力。《中等职业学校德育大纲》指出，思政课程应遵循“三贴近”原则，即贴近实际、贴近生活、贴近学生。《企业中的劳动者》教学案例运用活力课堂“三段六步”教学结构程序，从贴近学生专业、学生实际及学习生活出发，营造了思政活力课堂情境。

（一）课前准备“三贴近”

课前，教师可以在任务分工、情境创设、资源选取、场地布置等方

面，力求做到“三贴近”原则。本案例中，教师在分析学生学情（包括学生已有基础、学习力等）时，结合学生的所学专业和生活体验，将教学场所选在汽车营销实习车间，使学生身临其境，能在问题引导和任务驱动下达成学习目标，运用所学知识解决实际问题。

（二）课中探究“三贴近”

课中，教师可以在问题设置、案例选择、模拟体验等方面，力求做到“三贴近”原则。问题设置应从易到难，层层递进；案例中的大国工匠邓建军中专毕业，他的成长经历与职校学生颇为相似；在模拟体验环节，按照学生未来就业的环境和岗位要求进行角色扮演，让课中探究更具有针对性和真实性。

（三）课后拓展“三贴近”

课后，教师可以在归纳总结、教学评价、任务布置等方面，力求做到“三贴近”原则。如教会学生使用思维导图进行知识的梳理和归纳，提升学生学习效能，开拓学生思维，培养学生创新能力；在教学评价中，让学生和企业成为评价的主体，实施多元评价，达到校企共同育人的目的；在课后作业部分，让学生在劳动实践的基础上做好自己的职业生涯规划，使其认识到要为实现人生价值而努力奋斗。

习近平总书记指出，“要用好课堂教学这个主渠道，思想政治理论课要坚持在改进中加强，提升思想政治教育亲和力和针对性，满足学生成长发展需求和期待”。教师应充分发挥思政课的学科优势，并将其植入专业课程中，实现思政课和专业课的有效融合，真正把学生的“成才”与“成人”紧密结合，将立德树人根本任务融入课堂教学全过程，以满足学生了解最需要解决的社会热点问题的需求，帮助学生树立正确的“三观”，把握正确的发展方向，引导学生走向美好的未来。

参考文献

[1] 吴荣平，施加祥. 积极打造办学特色，谱写职业教育序章 [N]. 中国教育报，2021-01-07（8）.

[2] 杨守金，夏家春. “课程思政”建设的几个关键问题 [J]. 思想政治教育研究，2019，35（5）：98-101.

案例三：蝉，“三活四读五问”课堂顿生活力

江苏省江都中等专业学校　吴继斌

【摘要】活力课堂是有趣味、有广度、有深度、有效果的“四有”课堂，是引导学生走向深度学习的课堂，是驱使学生头抬起来、口动起来、心悬起来、脑活起来的课堂。活力课堂的意象在于“活”，因此离不开“活师”“活材”“活动”等活力要素。

【关键词】核心素养；深度学习；活力课堂

“核心素养”与“深度学习”是职业教育教学改革的内驱，一节充满活力的课堂一定是引导学生走向深度学习的课堂、提升学生核心素养的课堂。中职语文的活力课堂又该如何创建呢？是靠一场游戏，还是靠一场话剧，抑或是靠热火朝天的分组合作？显然，这些单独的课堂意象是不能表达活力课堂的。本案例通过《蝉》的教学，给出活力课堂的一种实践样本。

一、案例描述

（一）准备阶段：预习导航、情境导入

1. 预习导航

课前，教师在“智学堂”平台布置疏通字词、了解作者、阅读全文的作业，根据学生完成情况，有针对性地强调字词、介绍作者。

2. 情境导入

大自然无比神奇，大部分昆虫从幼虫到成虫都会发生蜕变，有的蜕变后还“似曾相识”，有的则已经“面目全非”。（展示昆

虫图片，激发兴趣）

提出问题：酷爱昆虫研究的法布尔又是怎么介绍蝉的一生的呢？

（二）探究阶段：探索新知、巩固应用

1. 在读中探

【第一阶段：感知阅读】

（1）一读：整体感知全文。

一问：本单元主题“天道与人为”是什么意思？

明确天道、人为的意思。

天道：自然的规律。人为：人类的所作所为。

二问：本课两个部分各写了什么内容？

明确两个方面——蝉的地穴、蝉的卵。

蝉的地穴：蝉的洞穴，蝉的蜕皮。

蝉的卵：蝉产卵的特点，蝉的敌害，蝉卵的孵化及幼虫的活动。

（2）二读：把握事物特征。

一问：洞口有何特点？

明确洞口位置、形状大小、四周情况。

洞口位置：在阳光曝晒、人来人往的小路上，泥土坚硬（观察细致、真实）。形状大小：手指头粗的圆孔——作比较；约 2.5 厘米口径——列数字（准确、严谨）。四周情况：没有杂物，没有泥土。（金蜣——作比较）

二问：隧道有何特点？

明确隧道深度、形状、四壁、位置、顶端情况。

深度：40 厘米左右。形状：圆柱形，略有弯曲，但总体接近于垂直，上下畅通，底端却是完全封闭的，形成了略为宽敞的地穴。四壁：用一层泥浆粉刷过。位置：含有汁液的植物根须旁。顶端：天花板。

三问：蝉蜕皮后还要做什么活动？

表演一种奇怪的体操。

四问：蝉产卵的特点？

明确蝉产卵的地点、数量。

地点：普通的蝉喜欢在干的细枝上产卵。它选择最小的枝，像枯草或铅笔那样粗细，而且往往是向上翘起，差不多已经枯死的小枝。数量：因为蝉只会产卵而不知道保护这些卵，所以必须产大量的卵，这样在遭到破坏时才可能有幸存者。

（3）三读：把握说明顺序。

一问：洞口—洞内是什么顺序？

明确空间顺序（由外到内）。

二问：蝉出洞后的活动顺序？

寻找—蜕皮—表演—沐浴—飞去。

三问：蝉蜕皮的顺序？

背—头—吸管和前腿—后腿和翅膀—尾部。

四问：幼虫—成虫是什么顺序？

明确事物发展顺序（观察时间）。

五问：孵化出来的幼虫是如何活动的？

脱出外套—沐浴阳光—落地寻找适合的地点—挖土穴—钻入地下。

【第二阶段：深度阅读】

（4）四读：品味语言的科学性，科学准确。

（5）五读：赏析语言的文学性，生动形象。

2. 在看中探——突破重难点

（1）看视频：感受语言的生动性。

大家来配音——欣赏蝉表演的优美的体操，一边看，一边让学生试着用准确生动的语言描述蝉蜕皮的过程，感受本文语言的特点。

（2）看动画：感受语言的科学性。

大家来找茬——找出视频中与课文描述不一致的地方，分析有违科学性的地方。在对比中感受作者严谨的态度、科学的精神。

3. 在做中探——“做”出核心素养

画一画蝉的洞穴图，比一比谁画的洞穴图最符合文意。在实践中感知事物的特征。

（三）总结阶段：总结评价、拓展提升

1. 在归纳中，自主建构

（1）科学的精神：观察认真、细致、周到、有耐心。

（2）说明的顺序：空间顺序、事物发展顺序。

（3）说明的方法：列数字、打比方、作比较。

（4）准确生动的语言：科学准确（科学性）、生动形象（文学性）。

2. 在训练中，巩固提升

（1）填空训练，感悟语言。

（2）真题训练，提高技能。

3. 在拓展中，提升素养

观看视频《知了的一生：给了你童年　你却吃了我整个夏天》后展开辩论：我们应该怎么对待蝉？思考人类应如何与自然和谐相处。回归到单元主题“天道与人为”，自然万物存在即合理，我们不要违背自然规律，要爱护自然，与大自然和谐相处。

4. 在迁移中，学以致用

写作任务：以第一人称蝉的身份介绍自己的洞穴及建造情况，要求与课文重复率不能超过5%。

（设计意图：通过建立课堂的情感氛围，在动感过程中，触发学生高阶思维的灵感与心灵契合的美感；体会人类与自然共生共享的天道柔情，生发热爱大自然的情感。）

二、案例分析

（一）在研读文本中，培养语文素养

叶圣陶先生说“语文教材无非是例子”，但是能够入选中职语文教材的课文无一不是千挑万选出来的，无一不是文质兼美的典范之作。学习语文如果脱离文本，无疑是缘木求鱼。本课是说明文中的一个典范，研读文本设计为两个层次。第一个层次是感知全文，带着问题整体阅读，避免了对课文的肢解，这是浅层次的阅读，主要是完成对说明对象特征、说明顺序的了解。第二个层次是深度阅读，浅层次阅读一般不会引发学生深度思考，翻翻书就能找到答案，而深度阅读则需要学生开动脑筋，深入思考。通过深度阅读，学生明确了本文语言兼具科学性与文学性的特点。通过研读，学生能够提升阅读能力和语文素养。

（二）在言语实践中，提升核心素养

言语实践活动是提升语文核心素养的主要渠道，本课中言语实践贯彻始终，以问题为经，将学习不断引向深处，逐一完成教学任务。除问答外，还开展了缺词填空、视频配音、小组辩论等形式的言语实践活动，能够训练学生的思维能力和口语表达能力，引导学生感悟语言的生动与准

确，树立正确的价值观念。

一个人的价值观具有隐性的特点，如果学生课堂上一言不发，那么教师是无法知晓他的价值取向的，只有当学生发声、做事时，教师才能通过他的言行知晓他的价值观。在观看视频《知了的一生：给了你童年　你却吃了我整个夏天》后展开辩论，就是要让学生在辩论中察言观色，知晓其他学生的态度和价值取向。

（三）在观看视频中，突破学习重点

在课堂上插入视频，不是为了热闹，不是为了取悦学生，而是为了突破课文重难点。

第一个视频截取的是蝉蜕皮后表演“奇怪的体操”的过程。书上对这一段的描写无比精彩，怎么让学生感受作者语言的准确生动呢？教师采用让学生自己配音的方式引导学生亲自体验，当学生体验到个人语言的苍白与生硬后，才能更真切地感悟作者的语言之美。

第二个动画视频展现了蝉打洞、出洞、感知外面的世界的过程。动画很有趣，但是与课文的描写有很多不符，比如洞穴的形状、洞口的位置等。学生在“找茬”过程中，对课文语言的科学性有了更清晰的认识，也更加认识到无论从事什么职业都要有实事求是的科学精神。

第三个视频是一个以蝉的视角拍摄的动画。视频控诉了人类捕蝉、油炸幼蝉的行为。蝉的叫声究竟是乐声还是噪声，蝉究竟是害虫还是益虫，我们应该怎么对待蝉？在讨论中，教师顺势引导，人类的行为要顺应自然规律，不能随意破坏生态环境。

在三个视频中，前两个巧妙地突破了“体会说明文语言特点”这一重难点，第三个则紧扣单元主题，引导学生思考“天道与人为”的关系。学生看得有趣，感悟也深。

（四）在引导归纳中，完成自主建构

在归纳总结阶段，我们经常看到很多教师或问学生这节课有何收获，如天女散花，易放难收；或直接总结，如珠宝展览，一览无余。显然，这样的总结方式要么没有方向，要么缺少学生的参与。教师视知识为珍宝，但若一股脑地塞给学生，学生必定会缺少自己的感悟。在本课的课程教学中，教师首先列出了提纲：科学的精神、说明的顺序、说明的方法、准确生动的语言。然后以提纲引导学生尝试回忆本节课学过的内容，目标明

确，既避免了学生像无头苍蝇一样乱飞，又让学生多了一个探索感悟的过程。在这样的学习过程中，学生完成了知识的自主建构，收获良多。

（五）在学做合一中，提升能力素养

陶行知先生说，“教而不做，不能算是教；学而不做，不能算是学。教与学都以做为中心”。如果在教学中一直只讲不做，就好比一直站在岸上学游泳，学生永远只会纸上谈兵。本课一共设计了三个做的环节。

一是画蝉的地穴。让学生课前画一画蝉的地穴，既能培养学生精读课文的能力，又能以此为目标让学生讨论展示的作品是否符合文意。在讨论中，学生既明白了洞穴的特点，又感悟到了本文语言的科学准确。

二是做真题。做真题既能培养学生的阅读理解能力，又能提高学生的答题技巧。本课共设计了五道题目：第一道是关于选文的内容分析，考查学生的概括能力；第二道考查选文的说明顺序；第三道考查选文的表达方式，本文除说明外，还有大量生动的描写；第四道是对语言科学性、文学性特点的考查；第五道考查文学常识。教师在设计真题时不仅注重学生课堂学习思考活力的激发，还兼顾了语文教学的有效性。

三是写作说明文。陶行知先生一直反对学非所用和用非所学，提倡学以致用。本课设计了一个写作任务：以第一人称蝉的身份介绍自己的洞穴及建造情况，要求与课文重复率不能超过5%。这样的设计用意有三：第一，倒逼学生再读课文，在细读、精读中加深印象；第二，学会模仿，写作都是从模仿开始的，但不是抄袭，复制比不能超过5%，这就要求学生用自己的语言去说明与描写，无形中会丰富学生的语言；第三，学会创新，以第一人称写作，这就要求学生变换角度与口吻，进行二次创作，犹如给学生一个动画片创作脚本，既能激发学生的兴趣，又能培养学生的创新精神。

三、案例启示

（一）活力课堂要警惕“三于”——活力课堂的认识误区

1. 流于形式

经常看到教师在布置小组讨论任务后就当起了“甩手掌柜”。课堂内

沸反盈天，热热闹闹，小组合作好像成了课堂的规定程序，至于达到什么效果，教师不管，实现了什么目标，教师不问，学生究竟在讨论什么、合作完成了什么，教师也不在意，活力课堂变成了闹剧。

2. 近于嬉戏

许多教师喜欢用一段音乐或一段视频进行开场导入，至于为什么这样导入，只有一个原因：为了导入。为了导入课题，牵强播放一段音视频，不仅违背了“诱发兴趣、贴近经验”的宗旨，也激发不了学生探索新知的欲望。曾经听过一个教师的活力课堂公开课《雷雨》，课堂上大部分时间用来表演话剧，研读文本的时间不超过 5 分钟。语文课成为话剧表演课，活力课堂成了剧场。

3. 止于浅表

有的课堂中，虽然教师设计的问题一个接一个，但结果要么是教师自问自答，要么是学生齐答。这些提问看似热闹，实则肤浅；看似互动，实则虚假。这样的“伪互动”训练不了学生思维。例如《长江三峡》教学课，有的教师设计了这样几个问题：课文文眼是哪句？作者写了哪三峡？三峡各自的特点是什么？然后学生针对问题展开讨论。事实上，这些问题仅停留在浅表层面，学生翻翻书就能找到答案，问题虽多，却是有量无质，触及不到思维、审美层次。要想促进学生深入学习，教师可做如下设计。例如，如果学生找到了文眼：“这一天，我像在一支雄伟而瑰丽的交响乐中飞翔。”教师可以追问：“作者是怎么写三峡‘雄伟而瑰丽’的？”从而带领学生去审美与鉴赏；还可以追问：“为什么用‘交响乐’一词，可以不可以换成‘乐曲’？”从而带领学生去品味文字魅力。

（二）活力课堂要有“四有”——活力课堂的特质

1. 课堂有趣味

一个有活力的课堂，首先必须有趣，死气沉沉、毫无趣味的课堂一定不是活力课堂。中职语文泰斗于黔勋老先生指出，语文活动不能“止于浅表而至肤浅；取悦学生而近嬉戏；流于形式而成随意”。课堂激趣一定不能脱离文本，偏离目标，为激趣而激趣。激趣方法很多，这里列举一二：一是问题激趣，基于文本设计一个个问题把全文串联起来，把学生的思维激活起来，通过问题链将学习引向深入；二是基于目标，用图片、视频激趣，突破重难点；三是活动激趣，通过活动让学生身体动起来、思维活起来；四是竞赛激趣，如早读开展背诵比赛，完成背诵任务的学生将自己的名字写在黑板上，比一比谁背得快，比一比哪个小组最先全部完成。利用竞赛激发学生的荣誉心与斗志，效果奇佳。

2. 课堂有广度

一个有活力的课堂，一定不是仅有几个优秀学生参与的课堂。活力课堂要让所有人把头抬起来、心悬起来、思维活起来。发展学生核心素养，教师要做到心中有“生”，既要有“优生”，也要有“差生”，要尊重每一个生命，让每一朵生命之花在课堂上绽放。这就要做到了解学情，设计有梯度的问题，简单问题让学生自主探究，深度问题让学生合作探究，课堂上让学生群情激昂、人人参与，这就是活力课堂。

3. 课堂有深度

布卢姆认为，认知水平停留在“知道”或“领会”的层次则为浅层学习；认知水平较高的深层理解、应用、分析、综合和评价则涉及理性思辨、创造性思维、问题解决等相对复杂的高阶思维活动，属于深层学习。活力课堂一定是“层进式学习”和“沉浸式学习”的有深度的课堂。“层进”是指对知识内在结构的逐层深化的学习，“沉浸”是指在学习过程中的深度参与和全情投入。我们经常看到有的教师的课堂十分热闹，学生参与度也很高，但细细嚼之却食之无味。这是因为教师设计的问题太简单，学生翻翻书就能找到答案。不仅激发不了学生深度思考，而且对学生思维能力的提升也很有限。要想提升学生的思维品质，活力课堂就要在教师引导下走向“深度学习”。唯有这样，才能实现课堂有深度，学习有效果。

4. 课堂有效果

学习效果永远都是检验课堂质量的重要指标，如果一节课收效甚微，那么也算不上活力课堂。什么才算有效，那就要看这节课的目标达成度。要看是否实现了培养学生核心素养的目标，就要结合学情，综合考虑语言理解与运用、思维发展与提升、审美发现与鉴赏、文化传承与参与四个维度目标的完成情况。

（三）活力课堂要有“四活”——活力课堂的实施策略

1. 课堂有活师

教师是课堂的主导者、教学的组织者，活力课堂必须有一个充满活力的教师，这是活力课堂的前提与保证。首先，“活师”应是个善思善学的教师。一要勤于思考，勇于反思，能不断反思自己的课堂教学，找出不足，努力改进；二要善于学习，勤于钻研，不断学习活力课堂的理论，用新的理论武装自己，并内化为自己的行动理念。理念落后的教师很难成为活力课堂的引导者。其次，“活师”应是个工于设计、精于引导的教师，要能够精心设计教学过程，以问题为经、素养为线，启发学生思考，将学生从浅层次学习引向深层次学习，引导学生从“学什么”走向“学会什么”，从以“知识”为本走向以“素养”为本，这样才能激活学生的思维。最后，“活师”应是个思想灵活、善于生成的教师。课堂上学生的表现千奇百怪，问题也层出不穷，有的教师照本宣科，有的教师直奔预设的答案，遇到学生的回答偏离“航向”的，要么忽视，要么叱责，这样的课堂怎么可能拥有活力。因此，“活师”要思想灵活，要注重课堂的生成，要尊重学生的生命。

2. 课堂有活生

学生是课堂的主体，缺少学生的配合，课堂很可能是一潭死水。但有的教师会质疑：学生素质差，就是不配合怎么办。这就要看教师的课堂组织能力了，首先要让学生把头抬起来、嘴巴动起来、心要悬起来、思维活起来，做到这四点，活力课堂就有了保证。怎么让学生做到呢？方法很多，这里列举一二：第一，用“知”的力量。在考核排名上，教师们都会争先恐后，因为每一个生命都有成长的渴望，所以，要让一个人有“行”的愿望，要从“知”入手。第二，利用“篮球架效应”。教师提出的学习目标要与学生心理发展水平处于同一层次，使学生通过努力就可以达到，让学生“跳一跳，够得着”。上海特级教师钱梦龙有一次带了一个“双差班”，他第一次给学生布置作文《我的一家》就提了两个要求：一是标题必须写在第一行的正中；二是文章要分段，家里有几个人就分几段，每段起始必须空两格。要求很简单，学生得分都很高，一个个都很开心。以后他每次布置作文都提一两个要求，从易到难，一学期后这个班学生的作文水平提高很多。

3. 课堂有活材

活力课堂知识必须有“活水源头”，这个活水源头在哪里？第一，在教师那里。以前经常说，给学生“一碗水”，教师就要有“一桶水”“一条小溪”。后来又出现了“梯子”“支架”等新概念，对教师提出了新的要求。作为“传道、授业、解惑”的教师，一定要做一名终身学习的长流常新的“溪流”，一本教案用十年，年年唱着过去的歌谣，这样的教师能组织成什么样的课堂是不难想象的。课堂上除了用好教材这个“例子”外，教师还要有其他鲜活的素材，教师要不断学习，更新自己的知识储

备，使自己成为课堂的“活水源头”。第二，在生活里。社会即学校，生活即教材，“世事洞明皆学问”。《墨辩》中提出获得知识的路径有三：亲知、闻知、说知。对学生来说，“闻知”是从教师那里习得的，“说知”是自己推想出来的，“亲知”是躬行得来的，生活中的亲知应该是知识之源，教师可以在课堂上创设生活情境，让学生在情境中亲知，也可以引导学生去生活中“躬行亲知”。

4. 课堂有活动

活力课堂离不开言语与实践活动，教师“一言堂”肯定不行，学生的素养在“做事”中体现，在“做事”中提升。苏霍姆林斯基说：“不要给学生背不动的书包，而要给学生带得走的能力。”带得走的能力需要在活动中练就，教师要设计具有代表性、典型性的语文实践活动，这样的课堂才有活力。

参考文献

[1] 董宝良．陶行知教育论著选［M］．北京：人民教育出版社，2011.

[2] 陈金国．中职数学活力课堂评价体系研究［J］．江苏教育研究，2019（18）：14-18.

案例四：线面夹角　六中联动

江苏省扬州文化艺术学校　姚　敏

【摘要】本案例以中职数学中“直线与平面所成的角”的概念教学为例，运用中职活力课堂教学范式，介绍了活力课堂核心要素和“三段六步”教学结构程序，以及融合化的教学内容，分析了“六中联动”探究模式之于构建中职数学活力课堂的逻辑结构，阐述了作为“六中联动”核心要素的“在做中学、在问中学、在用中学”教学策略的价值与启示。

【关键词】活力课堂；三段六步；六中联动；核心素养

根据弗赖登塔尔的“数学化”教学思想，真正意义上的数学教学应当引导学生重新“发现”知识，以此发展其数学眼光、数学思维和数学语言。然而在中职数学课堂教学中，许多教师无视学生数学基础薄弱、学习兴趣不高的现象，仍采用传统的灌输式教学方式，缺乏用生动的教学情境引导学生进行知识经验的处理与转换，难以调动学生学习的主动性，导致课堂缺乏生机活力、教学效果甚微。中职活力课堂是坚持学生中心和行动导向的教学理念，以激发中职学生的主动性、实践性、生命性和创造性为目标，力图营造科学、民主、创新的课堂环境，重构源于生活、回归生活的课堂教学内容，有机运用多种教学方法，以一定的学习活动为载体，使课堂按多向交互、多元生成的逻辑展开，实现学生的深度学习，使师生本性得以充分表现的一种课堂教学范式。其基本教学结构程序为“三段六步”。基于中职活力课堂教学范式，运用弗赖登塔尔的“数学化”教学思想，采用“六中联动”新知探究模式，能使学生在与教学内容紧密结合的活动中获得知识、提升能力与品格，最终感悟自己生命的意义与价值。“六中联动”探究模式对于中职数学概念教学和命题教学具有很强的适切性。下面以“直线与平面所成的角”为例进行分析。

一、案例描述

“直线与平面所成的角”是中职数学第二册第 9 章的内容，本课学习者是中职建筑设计专业一年级的学生，依据《中职建筑设计专业人才培养方案》《中职数学教学标准》和学情分析，确立本课教学目标为理解斜线与平面所成角的概念、计算直线与平面所成的角、发展直观想象与数学抽象等数学核心素养。根据中职活力课堂科学、民主、创新的课堂环境要求，教师创设了以学生为中心的学习环境，依照异组同质、同组异质的原则将学生分成五个学习共同体，以便学生进行合作探究；采用信息化教学手段，使教学平台的使用贯穿教学全过程；实施差别化教学，设计不同梯度的题目供学生选择练习；营造民主化教学氛围，教师充分尊重学生的主体性，始终保持师生、生生之间的多向交互。本课按照中职活力课堂“三段六步”教学结构程序，整体化设计课前、课中、课后学生的学习。教学实施过程如下。

（一）准备阶段：预习导航、情境导入

课前，教师通过教学平台布置与本课知识相关的基础性练习，让学生搜集中国现代建筑资料，并检查学生任务完成情况。新课伊始，各小组汇报交流搜集到的资料。教师创设情境，播放世界闻名的中国斜拉索桥视频，展示生活中从静态到动态的线面角问题，引导学生感知生活中的线面夹角、领会刻画线面角度大小的重要性，揭示课题。情境创设挖掘了课程思政元素，激发了学生的民族自豪感。

（设计意图：通过动态呈现中国伟大工程，增强学生对数学概念的直观认知，激发其参与课堂学习的真挚情感。）

（二）探究阶段：探索新知、巩固应用

活动一：探究斜线的概念。教师首先组织学生观察斜拉索桥模型，并提问：斜拉索和桥面的位置关系如何？能否给这类位置的直线起个名字？在学生用自己的语言描述出斜线的概念后，教师进行点评，给出“斜线”的严格定义。

活动二：做中感知直线与平面所成角大小的刻画方法。学生通过演示

操作斜拉索桥模型，感受不同位置拉索与桥面间的倾斜度不同，教师引导学生认识到可以用两直线的夹角来刻画这种倾斜度，其中，夹角的一条边是斜线，另一条边应当在平面内。

活动三：以问题为支架引导学生探究直线与平面所成角的大小的刻画方法。首先，教师展示斜拉索桥模型图，依次提问：不同位置的拉索与桥面的倾斜程度关系如何？该用怎样的量来刻画倾斜程度？用以刻画的角的两条边在哪里？其中在平面内的那条边应该经过什么点？启发学生用线线角来刻画线面角，并帮助学生明确问题的关键是通过找点来确定平面内的角的另一条边。接着，教师布置学生找点，确定另一条边。学生小组合作操作模型进行实验及查看软件资源，讨论后得出，过斜线上一点向平面做垂线，垂足即要找的点，经过垂足和斜足的直线即待定的边。教师组织学生汇报交流，揭示射影的概念。随后，教师通过提问“若平面内的边不是射影，能否反映线面角的大小?”引导学生探究能反映线面角大小的角的合理性，并布置学生动手实验、测量斜线与平面内非射影直线之间的角度，并操作软件验证。学生经讨论后得出结论：平面内的线与斜线的所有夹角中，射影与斜线的夹角最小。最后，教师组织小组汇报交流、阐释缘由，并引导学生体会线面角的度量所蕴含的化归思想。

活动四：探究斜线与平面所成角的定义的表述。教师首先布置学生小组讨论并写出斜线与平面所成的角的定义，上传学习平台讨论区。随后，教师组织学生自查并互查定义表述的不准确之处，在此基础上完善定义表述。最后，教师点评并揭示概念。在这样的教学过程中，学生完成了斜线与平面所成角的意义建构。

活动五：探究直线与平面所成角的取值范围。教师提问：平面的斜线与平面所成的角的范围有多大？直线和平面所成的角的范围是多大？学生通过摆弄书本和笔做实验得出结论。

活动六：运用知识解决问题。教师展示斜拉索桥模型图和斜拉索几何画板图形，组织学生运用线面角知识解决情境中的问题，形成教学闭环。随后，教师在教学平台上推送不同情境、不同梯度的题目，在学生完成后进行点评。

（设计意图：通过开展六个连续发生、逐渐深入的学习活动，按序提出问题，引导学生从低阶思维向高阶思维迈进，促进学生在思辨与质疑中产生认知感悟，迸发创新灵感。）

（三）总结阶段：总结评价、拓展提升

教师带领学生运用思维导图梳理知识，总结数学思想方法，使其形成知识的结构化和方法的系统化。教师布置课后基础作业与拓展作业。教师通过平台推送学习评价表，师生根据学生课前、课中、课后的学习活动情况进行在线多元评价，对自评、互评、师评设定相应权重，按照评价生成每个学生的终评得分。

（设计意图：通过总结梳理帮助学生查漏补缺，使学生养成整体性思维习惯，形成结构化知识体系，促进学生进阶学习。）

二、案例分析

本案例的教学设计依据活力课堂范式要求，遵循建构主义理论和美国著名课程专家埃里克森的“以概念为本”的教学理念，所有活动实施均借助具体事实来促成学生对概念的深层次理解，使学生能够把新的知识整合到自身原有的知识信息储备中，从而建立更完整的概念性结构，真正理解知识。通过做中体验、问中导学、答中明理、悟中概括、展中完善、用中升华等步骤，使课堂形成活动相互联系、逐步推动高阶思维的“六中联动”新知探究模式，促进学生发生概念、形成概括、升华原理，从而达成深度学习，学生的核心素养得到发展、生命活力得到激发。

（一）做中体验，感受新知，激发主体活力

皮亚杰指出，活动是认识的基础，智慧从动作开始。因此，“做”是学生获得知识经验和解决问题能力的绝佳途径。“做中体验”具体表现在科学、合理地设计贴近学生经验和数学问题本质的体验性活动，让学生在“做”中亲身体验，在感悟知识发生的过程中自主建构知识、实现能力发展。本案例中，学生在学习“直线与平面所成的角”时，教师在硬纸板上制作了固定斜线与其上可自由调节细绳的学具和几何画板软件，设计了开放式的学习活动，学生通过做实验、操作软件，亲身经历概念的生成过程，不仅探寻到斜线与平面所成角大小的刻画方法，也验证了这个角的合理性。在生生之间的多向交互中，学生由“消极被动”转向“自由自觉”地探究线面角本质的学习境界。学生在线面角概念的“再发现”过程中，增强了学习主动性，建构了知识，发展了素养，激发了活力。

（二）问中导学，研究新知，促进究理学习

问题是教学动力的来源。古希腊哲人普罗塔戈说："头脑不是一个要被填满的容器，而是一束需要被点燃的火把。"数学问题就是点燃学生思维的火种。"问中导学"具体表现在教师紧扣教学目标、学情和教学内容要点，遵从维果茨基最近发展区理论，在学生愤悱之时设计意义联结的提问内容，激发学生探究的欲望，引领学生朝着知识的本质进行探究性学习，实现"问中究理"。本案例中，在学生摆弄斜拉索桥模型时，教师通过"该用怎样的量来刻画倾斜程度?""用以刻画的角的两条边在哪里?"等一连串问题为学生指明探究方向。与此同时，教师密切关注学生的反应，当学生找到斜线的射影时，再追问"若平面内的边不是射影，能否反映线面角的大小?"引导学生进一步验证结论的正确性。这些具有启发性、思考性的问题，有效改变了课堂教学样态，促进了师生间的多向交互，不仅使学生思维得到了解放，唤醒了学生学习的自觉性和主动性，而且实现了师生间情感的交流和视域的融合，有效强化了学生的批判意识、运思能力。

（三）答中明理，明晰新知，促进深层理解

《管子·宙合》中言，"不审不聪则缪"，"不察不明则过"。也就是说，学习时只有真正明白其道理，才能将问题彻底解决。"答中明理"具体表现在教师提出问题后，学生在候答过程中将问题与已有的知识经验相联系，积极思考并逐渐明晰问题的本质。本案例中，在学生摆弄斜拉索桥模型后，教师提出了一系列问题，引导学生思维由具体情境迁移到数学知识，进一步深入探究角的合理性，最终使学生理解线面角知识的本质。有问必有答，答随问跟进。教师提出的一系列问题前后联结、逐步递进，使学生通过候答建立思维的阶梯，并在回答问题的过程中对生成的多种教学资源进行批判反思，最终建构自己独特的知识结构与思维体系，实现了深度学习。

（四）悟中概括，定论新知，实现概念发生

概括是产生学习迁移的关键，只有学习者对自身知识经验进行了概括，生成一般性原理，才能真正从一个学习情境迁移至另一个学习情境。

正如鲁宾斯坦所说："思维是在概括中完成的。""悟中概括"具体表现在以问题为导向的教学过程中，学生在回答教师一系列问题的过程中逐渐领悟数学知识的本质，经过小组间协作对话，学生用自己的语言概括数学概念或定理，实现"悟中互学"。本案例中，教师布置学生小组合作写出斜线与平面所成角的定义并上传学习平台的任务，学生在理解了线面角大小的刻画方法后，用自己的语言将其概括出来，这一活动设计打破了传统的灌输式教学方法，改变了教学活动的主体，变"教师中心"为"学生中心"，不仅培养了学生数学抽象的能力，而且使学生沉浸于深度学习的愉悦之中，为他们创造出独特的生命发展之路，绽放了生命。

（五）展中完善，强化新知，促进思维严密

佐藤学教授在《静悄悄的革命》中指出，应当追求的不是发言热闹的教室，而是用心地相互倾听的教室。因此，倾听是交流的基础。"展中完善"具体表现在当学生概括出概念后，教师应组织各小组进行组间展示、研讨和交流，学生通过思维的碰撞对概念进行补充和修正，实现"评中集成"。本案例中，在各小组上传了斜线与平面所成角的概念的表述后，学生可查看其他组的概念表述并进行对比。在投票得出最佳表述小组后，教师再组织学生查找各组概念表述的不准确之处并提出修改建议，在这个过程中，学生通过倾听他人优化了自身的知识与能力结构，强化了思维的逻辑性与严密性，最终完成概念的意义建构。

（六）用中升华，拓展新知，促进深度学习

杜威指出，唯有经过思维、探究和运用，个体才能获得深度理解和领会，获得的知识才具有使用价值，才能够被学习者迁移、有效运用。因此，发展学生素养的教学核心是实现知识的实践性，即学习者能基于所学知识开展具有情境性的知识迁移与运用实践。"用中升华"具体表现在学生能够解决本课的数学问题及相关生活实际中的问题，学生在用知识的过程中巩固所学，提升解决问题的能力。本案例中，教师组织学生通过教学平台自由选择、自主答题，在线面角概念教学完成后再次展示斜拉索桥模型实物图与几何画板图，让学生运用线面角知识解决斜拉索桥模型图现实问题的再设计，以及其他情境中的数学问题，如测量光线入射角度等，不仅让学生体会到数学的实用性，而且激发了学生思维的活跃性，提高了学生创造与实践能力，使课堂由低效乏味走向活力四射。

三、案例启示

“六中联动”新知探究模式包含建构主义理论中情境、协作、会话和意义建构四大要素，所有活动开展均从事实出发，通过环环相扣、层层递进的各结构间的联动，直抵数学知识的本质，最终实现学生的深度学习。这种探究模式唤起了学生思维的激荡和无限的猜想，让课堂流淌师生的思想，散发出生命活力。“六中联动”模式始于做中体验，持于问中导学，深于用中升华，因此，“在做中学、在问中学、在用中学”是“六中联动”探究模式的最核心内容。

（一）基于学生经验的“在做中学”，可以激发学习兴趣、促进学习自觉

基于学生经验的“在做中学”，是根据陶行知先生“教学做合一”理论，使学生在做中学、在学中做，在教师的指导下，实现做学融合的体验性学习。由于在学生的经验中，总会有一些问题能够激发其好奇心，从而促使其通过实际行动去探索。因此，面对中职学生学习兴趣不高、学习基础不牢的现实情况，教师应基于学生的经验，科学、巧妙地设计“在做中学”活动，以使学生乐于亲自体验、开展思考并采取积极行动，从而改变教学活动样态，促使学生由“消极被动”转为“自由自觉”地学习。学生通过一系列体验性的操作，在兴趣盎然中自由自觉地投入学习活动，在“做”活动的过程中经历透过表象探寻知识本质的思维过程，从而不断与自己的已有经验进行交流沟通，直至建构新的知识经验图层，并通过反思不断归纳总结经验，最终实现数学知识、技能与方法的深度建构。

（二）基于问题导向的“在问中学”，可以直抵知识本质、促进素养提升

基于问题导向的“在问中学”，是根据杜威的问题导向教学法、兼顾中职学生的学习基础改良的探究性学习方法。第一，课堂中要有一个能激发学生学习兴趣的真实情境；第二，在这个情境中能够凸显一个真实的问题，作为促进学生探究活动的刺激；第三，学生要拥有必要的信息以便进行观察与思考，以应对此问题；第四，教师通过一系列准确有效的问题引

导学生逐步对知识本质进行探求；第五，学生要有机会进行表达、矫正和验证。“六中联动”探究模式中的“问中导学、答中明理、悟中概括、展中完善”正体现了这样的学习方法，它突破了传统课堂教学的单向灌输，学生在探究并回答一系列问题的过程中多元生成教学资源，实现了对数学知识的“再发现”。在“问中导学”中，好问题配以好时机能使学生的思辨情感跌宕起伏、思维活跃发散，始终保持积极探索状态，促进学生批判性思维的形成。“答中明理”是深度学习顺利开展的条件之一。学生不断提出问题、加深思考的过程就是进行高阶思维活动的过程，也是深度学习的过程，学生在候答过程中自主思考、主动建构，最终实现“答中生智”。“悟中概括”则改变了以往概念由教师直接灌输的模式，注重培养学生的抽象、表达和反思能力，发展了学生用数学语言表达现实世界的能力。“展中完善”让学生学会倾听他人所形成的概括，并和同学对话质疑、讨论交流，真正通过发言、展示让各种思考和情感相互碰撞。“在问中学”不仅能成为学生遇到学习困难时的“脚手架”，而且能促进学生建立数学概念性视角，从而诱发学生发生概念、形成概括、升华原理，潜移默化地提升数学核心素养。

（三）基于知识应用的“在用中学”，可以实现融会贯通、促进深度学习

基于知识应用的“在用中学”，是学生通过应用知识解决现实问题，以获得知识、能力的积淀与素养升华的学习策略。教师通过科学设计与学生生活相关的实际问题情境，让学生在“用”数学的过程中构建知识的复杂联结，从而实现深度学习。长期以来，中职数学课堂低效乏味，这与学生感受不到数学知识的价值密切相关，如果学生能够应用知识解决不同情境中的问题，能感受数学知识的价值，说明其已掌握知识的本质，实现了知识的融会贯通，正在由“浅表学习”向“深度学习”蜕变。由于深度学习与活力课堂所要求的“学生自由自觉地学习”相辅相成、相互促进，因此深度学习是中职活力课堂的灵魂。“在用中学”可以让学生深刻理解数学知识与现实世界的联系，锻炼学生创造性思维能力、解决问题的能力，培养学生学习数学的信心和毅力，发展其核心素养，提升其实践能力。

综上所述，“在做中学、在问中学、在用中学”是“六中联动”的核心，使中职课堂突破了教师在课堂中的“垄断地位”，使学生由被动接受知识变为主动习得知识，这不仅为学生的学习迁移创造了契机，而且培养了学生融会贯通、学以致用的能力，使学生真正成为课堂的主人，学习兴趣与学习潜能得到极大激发。“六中联动”在以学生为中心的学习环境与教学资源优化配置等策略的协同作用下，使学生在自由自觉的学习中实现了深度学习，教师的教学能力与教学成就感也得到明显提升，师生本性得以充分表现、生命活力得到充分彰显。

参考文献

[1] 王耀慧，刘树仁．利用课堂提问促进深度学习的策略研究［J］．教学与管理，2018（11）：101-103.

[2] 李沁，张立昌．整体视阈下深度学习的生命价值意涵及其系统建构［J］．当代教育科学，2021（2）：30-36.

[3] 顾晓东．基于高阶思维的数学学习活动设计策略［J］．教学与管理，2019（14）：46-48.

案例五：椭圆方程　游戏激趣

江苏省高邮市菱塘民族中等专业学校　丁恩安

【摘要】为使中职生的数学学习过程不再枯燥乏味，活力课堂对中职数学的教学实施过程提出了创新设计的要求。活力课堂教学范式在教学中的应用，既可以使课堂教学按科学的结构程序展开，又可以实现游戏化教学，从而激发学生学习的目的性、主体性、实践性和反思性，提高中等职业学校数学课堂的教学效率，提升教学质量。

【关键词】中职数学；活力课堂；游戏教学；三段六步

当前，中职数学课堂教学的现状：老师在讲台上没完没了地讲解，学生在座位上静静地边听边记，学生被动接受着老师讲授的数学新知，课堂上的学习气氛极度沉闷和压抑，整个课堂教学很难激发学生的学习兴趣，严重地制约了学生课堂学习的主动性和创造性。

中职数学课程标准指出，中等职业学校数学课程应进一步为学生形成积极、多样的学习方式创造有利条件，以激发中职生数学学习的兴趣，鼓励中职生形成独立思考、积极探索的良好的学习习惯。这就要求对中等职业学校数学课堂教学实施全面改革，在改革中实现教学质量的不断提升。笔者认为，中职数学课堂教学要实现跨越式发展，关键在于课堂教学的开放性。

课堂教学的开放性，是指教师在活跃的课堂教学氛围中，采取积极有效的教学方式和手段，给学生更多的思考时间和更广阔的学习空间，鼓励学生积极参与课堂学习活动，体验课堂学习的动态过程，使学生在掌握知识的同时，其能力和情感得到同步发展、个性不断丰富，教师充分发挥师生、生生之间的积极作用，打破自身墨守成规的传统数学课堂教学方式，消除学生课堂学习的沉闷和压抑，促进自己和学生的可持续发展。

本案例以“椭圆的定义及其简单几何性质”教学设计为例，打破了中职数学课堂中严格按章节顺序进行教学的常规，教师积极应用游戏辅助教学，进行了有益的尝试。

一、案例描述

本课题选自中等职业学校文化课教材《数学》第五册第十九章“圆锥曲线方程——椭圆”（第1课时）。教学目标：了解椭圆的定义、长轴和短轴的概念，以及椭圆标准方程的推导方法；根据图形来描述椭圆的对称性、范围、顶点和焦点等椭圆的基本性质；培养学生对运动变化的认识，培养学生手脑并用的探索能力；通过游戏教学激发中职学生学习数学的兴趣，培养学生的团结合作精神和互助友爱精神。教学重点：椭圆的定义及其简单几何性质。教学难点：由圆到椭圆的演化过程，根据图形探寻椭圆的简单几何性质。上课地点：学校操场。课前准备：剪刀、足够长的可切割绳、用于绘制跑道线的工具。在操场上画两条垂直线，如图1所示，全班同学围站在两条线的周围。教学实施过程如下：

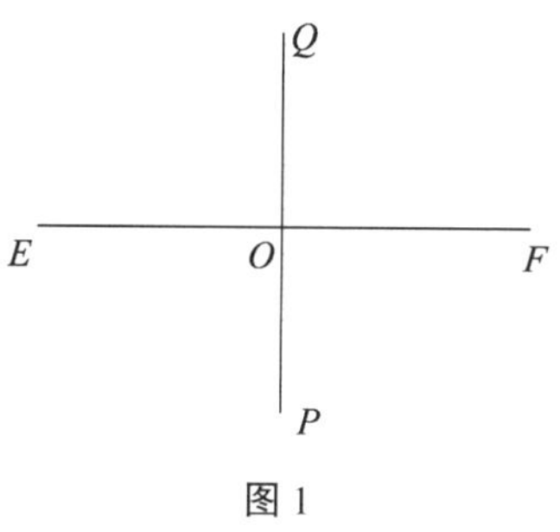

图1

（一）准备阶段：预习导航、情境导入

模拟播报“北斗三号”卫星试验成功的新闻，由“北斗三号”卫星在太空中的运行轨道介绍课题“椭圆的定义及其简单几何性质”，激发学生学习椭圆的欲望和爱国情怀。

（二）探究阶段：探索新知、巩固应用

探究一：椭圆的定义

游戏一：演示轨迹促回忆

学生可以很容易由“椭圆”联想到熟悉的“圆”。组织学生做一个小游戏，用一段绳子演示圆的形成过程。从主动要求参与游戏的同学中选出两位同学，用剪刀剪下一段绳子，两名同学中的一人拉着绳子的一端站在O点处，另一人在绳子的另一端拉直绳子，并绕着O点走一圈。为了让所

有学生都能参与游戏教学，可安排剩下的同学站在上述第二名同学走过的圆周上，让大家亲身体会一个更直观、更具体的圆。完成后，请同学们回到自己的位置，并对参与游戏和积极探索的同学给予表扬，为全班同学能主动参与游戏二奠定基础。

游戏二：齐心协力唱大戏

从名称上看，“椭圆”与“圆”肯定有联系，组织学生玩一个游戏来演示用绳子画出椭圆的过程。

教师接着引导：确定圆的关键是什么？（学生：一个定点即圆心，一个定长即半径。）从这个角度来看，只有一个固定的点能不能形成椭圆呢？那我们需取几个定点呢？（引导学生说出：取两个定点。）到哪里去找两个定点呢？能否把圆中的一个定点看成两个重合的点再将它们移开分成两个呢？你能将移开分成的两个点看作两个不动点吗？当学生尝试着把 O 点看作两个重合点时，则会主动邀请几个同学将看成重合的 O 点分成 F_1 和 F_2 两个定点，并分开一定的距离一起来玩这个游戏。学生将演示椭圆的形成过程，如圆的形成过程一样。学生也会要求全班同学参加这个游戏。（在学生尝试的过程中，教师适时适度地进行点拨，直至游戏结束。然后再进行一次完整的演示，直至画出类似椭圆的轨迹。同样，其余学生依次站在移动学生走过的轨迹上，形成一个较大而扁滑的椭圆，见图 2。）

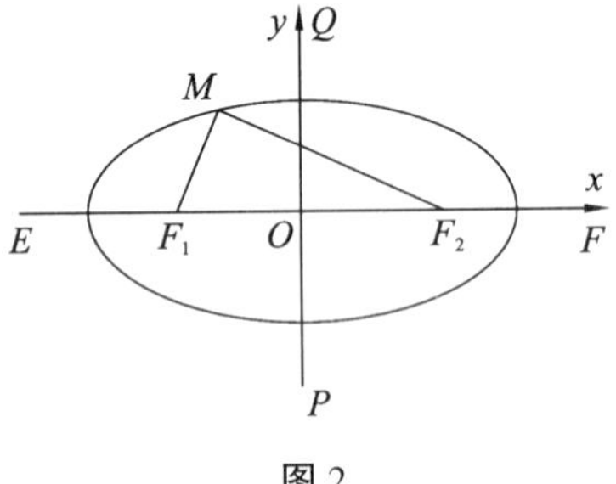

图 2

教师接着提问：谁能结合大家现在的站位给椭圆下个定义呢？当学生在教师适当的引导下得出“平面内到两个定点 F_1 和 F_2 的距离之和等于定长（记作 $2a$）的动点轨迹叫作椭圆”，教师接着追问：是不是只要“上述距离的和等于定长 $2a$”，该动点轨迹就一定是个椭圆？接着组织学生通过改变绳子的长度继续演示游戏，探索出 $2a=|F_1F_2|$（轨迹是一个线段）和 $2a<|F_1F_2|$（绳子达不到两个定点，形成不了轨迹）时的轨迹的情况，指出只有当 $2a>|F_1F_2|$ 时，轨迹才能形成椭圆，最后由学生总结出椭圆的准确定义和焦点、焦距（记作 $2c$）的定义。

探究二：椭圆的标准方程

教师引导学生先建立恰当的平面直角坐标系，并提问：如何建立坐标系才会使得我们推导椭圆标准方程更加简便？学生仔细观察椭圆的图形并

通过师生、生生间的协作对话得出：可以以 PQ 为 x 轴，以 EF 为 y 轴；也可以以 EF 为 x 轴，以 PQ 为 y 轴。若以 EF 为 x 轴、以线段 F_1F_2 的中垂线 PQ 为 y 轴建立平面直角坐标系，则焦点坐标为 $F_1(-c,0)$ 和 $F_2(c,0)$。设动点 M 坐标为（x，y），如图 2 所示，由 $|MF_1|+|MF_2|=2a$，再根据两点间的距离公式并结合所设点的坐标，可推出椭圆的标准方程（焦点在 x 轴上）。

探究三：椭圆的简单几何性质

游戏三：心心相印找伙伴

教师提问：请同学们再次仔细观察椭圆的形状，看看椭圆具备哪些几何性质？（引导学生观察椭圆图形的对称性）然后组织学生进行寻找伙伴游戏，规则如下：每两个站在对称位置上的学生被视为伙伴。教师随机抽取号码。被抽到的学生请举手并找到自己的伙伴。在此过程中，如果其他学生觉得自己是该同学的伙伴，可他又没有选中你，请这个同学主动站出来。任何人如果找错了搭档，或没有找到，或找得不完全，而他的伙伴却又没有主动站出来，则要接受惩罚，表演一个小节目。通过游戏，学生深入理解了椭圆图形的轴对称性和中心对称性，最后教师简要总结椭圆的轴对称性和中心对称性要点，同时定义椭圆的对称轴和对称中心。

游戏四：画地为牢当统帅

数学中很多图形是无限的、无界的，比如直线、射线、反比例函数的双支和二次函数的图像。教师提问：椭圆是有界还是无界？如果认为它是有界的，你能看出它的边界吗？能找到它的界线并画出界线吗？若画出边界围定的范围（要求画出的范围是规则的几何图形），能把椭圆（站立的所有的学生）都包在里面，该同学就成为其他同学的总指挥，如果不能包含所有沿着轨迹站立的学生，则需给其他同学表演三种不同的面部表情。最后，由教师引导学生得出椭圆的界限（椭圆含在以 $x=\pm a$，$y=\pm b$ 或含在 $x=\pm b$，$y=\pm a$ 组成的矩形内）。

游戏五：智取要塞夺胜利

占有有利时机不如占有有利位置，占有有利的位置能带给我们更多的便利，夺取战略要塞会为战争胜利打下坚实的基础。教师组织学生进行智取要塞游戏，规则如下：如果你认为椭圆上某个点是最重要或特殊的，并且知道这个点为什么是最重要或特殊的，你就快速地去占据那个点，先占据的同学获得胜利。紧接着要求获胜的同学说出自己占据的点的坐标，正确的获得奖励，错误的要接受表演的惩罚。如果不能确定或不知道，可以邀请其他同学来帮助自己，也可以用绳子测量之后思考一下再回答。在教师的指导下，学生自己探索，比较容易发现，$\triangle F_1B_1F_2$ 为等腰三角形、$\triangle OB_1F_2$ 是直角三角形、四边形 $F_1B_1F_2B_2$ 是菱形等（见图 3），另外，要引导学生找到离椭圆焦点最近和最远的点。接着，由学生尝试说出椭圆顶点、长轴、长半轴、短轴和短半轴的概念，并结合“北斗三号”卫星运行的椭圆轨道，给出飞船、卫星等航天器的近地点和远地点的概念。最后以 PQ 为 x 轴、EF 为 y 轴建立平面直角坐标系，请学生陈述该椭圆的几何性质。

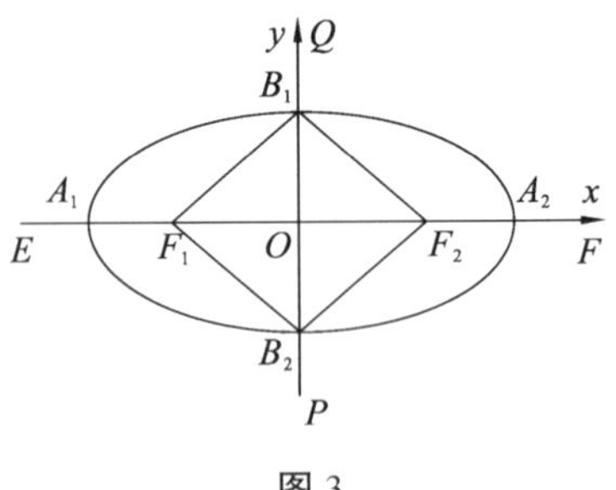

图 3

游戏六：你追我赶比智慧

如图 4 所示，取两条等长的绳子（绳长为 $2a$），在 A、F_1、B、F_2 处各站一人，F_1、F_2 处的人分别握住两绳的两端，A、B 处的两人拉直绳子（A、B 处的两人可在椭圆的圆周上移动），先让 A 沿着椭圆的界线去追 B，一段时间后再让 B 追 A，追上的给予奖励，追不上的要受一点点惩罚。游戏结束之后，请同学们思考：无论 A、B 走到哪儿，为什么绳子都刚好能拉直？四人同在长轴上构成三角形、凸四边形或凹四边形时，绳子是否仍处于绷直状态？布置学生尝试并根据此知识点编题。

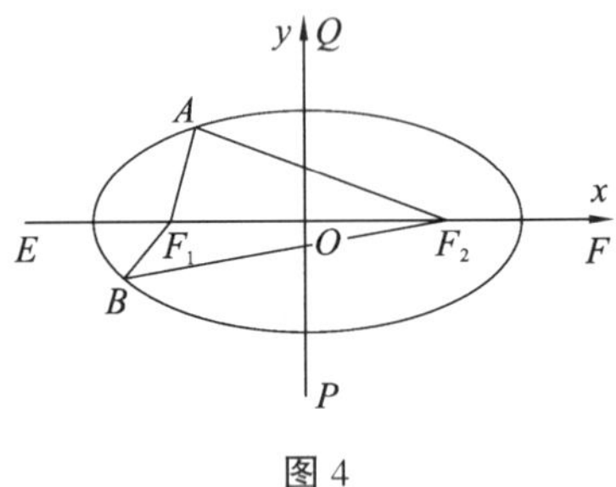

图 4

（三）总结阶段：总结评价、拓展提升

教师引导学生总结交流本课知识结构，开展学习情况评价。学生合作推导椭圆的标准方程，编出游戏六中的习题，也可以围绕本节知识点另编习题，并相互完善，对换解答。

（设计意图：通过系列化的数学游戏设计，激发学生学习兴趣，让学生在游戏合作中增进学习互助和情感交流，并在游戏中体会数学概念，形成意义建构，实现思维与行为的有机结合、从概念理解走向知识应用的深度学习。）

二、案例分析

通过积极探索活力课堂教学实践，笔者认为，利用游戏辅助教学在中职数学课堂教学中不但可行，而且是打造活力课堂的应然之举。本教学设计案例在课堂中运用游戏辅助教学不但凸显了学生学习的主体地位，而且极大地提高了学生的学习积极性，增强了中职数学课堂的教学活力。对于怎样在中职数学课堂中运用游戏教学，下面结合本教学设计案例从三个方面进行说明。

（一）创设游戏情境，培养多样能力

在教学活动中创设游戏情境，以游戏呈现活力课堂中的情感、激情、自主探究等要素，可使学生在各活力要素的交融中尽可能多地快乐学习，调动他们学习数学的动力，激发他们学习数学的兴趣，增强他们学习数学的信心。在创设游戏情境时，有两点需要注意：一是游戏情境应与学生的生活经历相类似或相一致，使学生经验能与游戏融为一体；二是游戏情境的创设必须以学生现有的知识结构和认知水平为基础，让参与的学生有话可讲、有事可为。在活力课堂的打造过程中，简单可行的教学游戏，不仅能培养学生的探究能力和反应能力，而且能培养学生的沟通能力和协作能力。

（二）增强游戏角色

创设特定的游戏情境，是为了让学生在真实场景中进行相关知识的学习。在游戏的创作中要注意角色的分配，尽可能发挥每一位学生的特长，让学生敢想、敢说、敢做、敢写，发挥学生主体优势，学生通过相互之间的协作，动手、动脑完成新知学习。通过课堂教学中安排的辅助教学小游戏，学生不仅学会了课程标准所要求的知识和技能，还促进了彼此之间的情感交流，增进同学之间的友谊。

（三）游戏规则简明易懂，程序规范

制定简明易懂的游戏规则，是为了保证游戏在教学过程中能够正常有序地进行，达到辅助教师教学和学生快乐学习的效果。首先，游戏规则要

简洁明了、可操作性强，游戏的创设要建立在学生现有的认知水平上，否则容易导致学生对游戏规则产生误解，使游戏戛然而止或出现违反规则的行为致使游戏不能继续，这样不仅会使课堂教学无法达到预期效果，而且可能会使学生的学习劳而无获，增加学生的学习挫败感，使得课堂重返沉闷和压抑。其次，游戏规则要符合规范，否则就会使游戏参与失之偏颇，影响部分学生参与学习的热情，使这部分学生慢慢封锁自己，不愿与老师和同学交流，导致课堂失去活力，再次陷入一潭死水。

三、案例启示

由案例可知，在数学课堂中应用游戏化教学方法，有利于发挥学生学习的主体性，使他们在积极的情感中相互协作，促进自我实现、自我超越。然而，游戏化教学方法有其独特的要求，中职数学课堂教学采用游戏辅助教学时必须遵循以下原则。

（一）游戏必须有针对性

无论想要达到怎样的课堂教学效果，教师在创设游戏情境时，都需按照课程标准的要求科学地把握课程的重点、难点和疑点，努力使学生学会课程知识和操作技能，同时还需锻炼学生的思维能力和综合实践能力。由此可见，并非所有的游戏都能不做任何处理地应用到中职数学课堂教学中。中职数学教师必须从中职数学课程标准和中职学生认知水平两个实际出发，准确把握教学活动中创设的辅助教学游戏，对一些不合适的地方进行修改，对一些不完善之处进行改进，使游戏在课堂教学中发挥它应有的活力价值。本案例中，教师采用的“游戏”是依据椭圆的定义，结合圆的形成，在学生掌握了圆的形成的基础上探索椭圆的形成，从而使学生通过做游戏得出椭圆的定义。这既符合中职生的认知水平，也切合中职数学课程标准。

（二）游戏必须有参与性

在教学过程中，教师必须给每一个学生必要的考虑，不能仅仅对那些积极性高、参与性强的学生给予过多的鼓励和引导，而忽视那些慢热型的学生。应让每一位学生都能在游戏中找准自己的位置，体验学习的快乐和参与游戏的情感升华，让他们知道每个人都是学习的主人，是游戏教学舞台的表演者。本案例中，教师根据学生的个性给每位学生安排了符合其性格特征的角色，哪怕是简简单单的站位、拉绳，这些都能激发学生的学习主动性和积极性，让他们慢慢喜欢上学习。

（三）游戏必须有承载性

在游戏的创设中，教师要根据课程的实际情况恰当进行游戏的选择和使用。在中职数学课堂教学中，应该保留能够激发学生学习兴趣和提升其思维能力的那部分游戏，这部分游戏承载了课程教学内容，学生可通过游戏体验形成理解性学习。游戏结束后，教师应当及时引导学生进行交流、总结和反思，形成学辅以玩、在玩中学的习惯，提高中职学生数学学习的自主性和有效性。本案例使陶行知先生的“在做中学”理念得以充分体现，探究式科学教育成为本案例最大的亮点，极大地提升了课堂活力。

参考文献

［1］郭亚峰．游戏教学法在小学数学中的应用［J］．读写算（教育教学研究），2011（9）：211.

［2］陈筱娟．数学课堂中的魔术师：数学游戏教学法浅析［J］．小学时代（教师），2011（7）：12.

案例六：函数特性　问题导学

扬州市弘扬中等专业学校　张红梅

【摘要】自扬州市推进中职活力课堂教学范式以来，教师们对课堂教学改革热情高涨，但对活力课堂的本质与实施策略还存在理解上的差异，导致一些课堂教学依然缺乏活力。我们该如何构建活力课堂，让课堂主体焕发出生命活力？本案例试图清晰地诠释活力课堂的本质及实施策略。

【关键词】活力课堂；问题解决；学习共同体；函数单调性

活力课堂是多元化的课堂。学生通过课前预习、观看微视频、试做导学案等方式进行自主学习，对教学内容产生初步认知。这样的学习不受时间、空间的限制，学生可以自由自觉地预习，有利于激发学习动机。同时，每组学生带着预习中的问题走进课堂，在教师的引导下，学生间进行充分的互动交流、开展深度学习，充分彰显了学生的主体地位。

一、案例描述

（一）准备阶段：预习导航、情境导入

教师课前收集并检查学生的预习作业，详细标记有特色的作答，对书写格式规范的作业批改留痕、适当褒奖，并在课上进行展示；分析预习作业中存在的问题，分类总结学情，课上围绕学情有针对性地纠错和答疑。

以动画故事开始：你相信数学和爱情的邂逅吗？通过数学家笛卡儿的浪漫爱情故事，激发学生学习数学的兴趣。

用数学家华罗庚的名言引入课题——函数的单调性，体现数

形结合的数学思想方法。

真实情境的导入，可以激发学生的课堂思维活力，开启活力课堂之旅。

（二）探究阶段：探索新知、巩固应用

1. 观察图像

通过观察实际图像，让学生直观体会函数图像的上升和下降。本节课是函数性质教学的第一课时，视频的播放能够直观地展现函数图像的上升和下降过程，可以发展学生的直观想象能力。

2. 提出问题

（1）函数 $y=-2x$ 与 $y=3x$ 的图像有什么不同？

（2）函数$y=x^2$与 $y=1/x$（$x\neq0$）的图像变化有何异同？

（3）如何用数学语言描述这种上升和下降的趋势？

通过由浅入深地提出问题，引导学生认知层层递进，逐步理解知识的本质，以此培养学生的数学抽象能力。问题解决式教学可以让每个学生自信大胆地表达想法，保证每个学生都有自我实现的机会。

3. 归纳概念

让学生用数学语言描述数学概念。学生组内讨论探究，教师适时参与讨论，鼓励和引导学生用数学语言（不等式）来表述函数的变化趋势，学生在自由自觉、民主和谐的课堂氛围中内化新知，体会数学化归思想，理解单调区间概念。

4. 展示交流

各小组派代表汇报本组对概念的描述，教师组织其他学生进行修正。随后，教师通过呈现课前预习中出现的各类问题，引导学生运用已学知识自主解决这些问题。

5. 巩固应用

教师布置学生应用函数单调性知识解决以下问题：

（1）用函数的单调性定义判断函数 $f(x)=2x/(x-1)$ 在区间（0，1）上的单调性。

（2）证明 $f(x)=-2/x+1$ 在（0，$+\infty$）上的单调性。

（3）判断函数 $y=1/x(x\neq0)$ 的单调性与单调区间，并加以证明。

（三）总结阶段：总结评价、拓展提升

经过启发引导、深入探讨，学生对学习内容已有全面理解。在此基础上，教师组织学生总结归纳函数的单调性，学生汇报交流、各抒己见，教师总结点评，引入拓展问题。

（1）引导学生总结归纳。

① 单调性是对定义域内某个区间而言的，离开了定义域和相应区间就谈不上单调性。

② 有的函数在整个定义域内有单调性（如一次函数），有的函数只在定义域内的某区间有单调性（如二次函数），有的函数则根本没有单调区间（如常函数）。

③ 函数在定义域内的两个区间 A 和 B 上都是增（或减）函数，但在 $A \cup B$ 上不一定是增（或减）函数（如反比例函数）。

④ 求单调区间的方法：图像法、定义法。

⑤ 用单调性的定义证明函数的单调性分为四个主要步骤：区间取值—作差计算—判定符号—得出结论。

（2）开展教学评价，布置课后拓展性问题。

（设计意图：创设情境激发学生学习兴趣，活跃学生思维；用问题引导学生进入探索者的角色，在质疑思辨中产生灵感；总结评价可促进学生产生自我认知、收获满足感。）

二、案例分析

（一）通过导学案，引导学生预习导航

预习阶段，学生通过层次清晰的导学案，初步了解函数单调性的概念，发现不同函数的单调性特点；与导学案对话，知晓自己的疑惑，待到课上，与组内成员对话，探讨解决问题的思路；与老师对话，明白疑惑与已知之间的关联。在这个过程中，编写问题巧妙、结构合理的导学案是保证学生预习质量的关键。导学案编写应当注意层层递进、环环相扣，可以设计问题串，引导学生逐步深入地学习。

（二）通过问题串，引导学生合作探究

新知探究中采用小组合作研讨的方式进行教学。学生就自学过程中梳理出的问题，在组内研讨后汇报交流，对于学生自主探究无法解决的问题，教师重新调整教学难点，设计问题串，搭建“脚手架”，引导学生通过合作探究逐层解决问题。在这样的过程中，教师作为参与者、帮助者，引导学生进行知识的自主建构。

（三）围绕多维度，引导学生开展评价

教师结合学生在自主学习、小组合作学习、问题探究学习等过程中的表现，围绕知识、技能、态度、能力等学习目标，运用活力课堂学生学习增值性评价，多维度细化课堂学习评价量规，并结合有家长参与的课外学习观察、同学对互助学习过程的感受、教师对指导过程的感知，进行多元化学习评价。

三、案例启示

本案例体现了多元化课堂教学。活力课堂多元化教学是重新调整课堂内外时间，将学习的决定权从教师转移给学生，综合运用翻转课堂、混合式学习、探究性学习等多种教学方式，让学生学习更加灵活、主动，让他们课前、课中、课后的参与度更高，并以一种循序渐进的方式慢慢深入学习主题，从而达到态度上认同新知、思想上接受新知、情感上内化新知的教学方式。

（一）解决问题是活力课堂教学实施的初心

没有问题的学习，只可能是一种单向导入的识记式学习，不会产生思想的碰撞、情感的交流、思维的升华。对于学习主体而言，压强式倒灌，不仅会产生接受过程的心理压力，还可能产生学习情绪的逆反现象。因此，学生自觉发现问题、自由交流问题、自主解决问题是活力课堂教学的中心，解决问题是活力课堂教学实施的初心，也是师生活动的轴心。

（二）合理分组是实现学生进阶学习的关键

学生的学习基础有差异，解决问题的能力各有不同，教学实施中，可通过学习的共性问题组合学习共同体，发挥组内同舟共济、组间优势互补的作用。活力课堂分组应注意优等生与后进生的搭配，保证组内组间课堂活跃度的稳定性，防止某一小组无人提问或某一小组过于活跃的出现，从而影响课堂效率。

（三）自我反思是实现自我超越的利器

自我反思，包括反思学习过程、学习方法、学习效果。内容上包括自我感悟所得的，还包括师生交流、生生碰撞创生出的新内容、新观点、新方法等。学生通过记录自己学习过程中的表现，实现由自我管理到自由自觉的过渡。教师通过记录课堂教学中的疏漏和失误，以及课堂教学中产生的知、情、意、行的增长点，使之成为以后活力课堂教学的经验。

活力课堂其实就是学生在教师的带领下去种一棵“树”，但是教师要让学生亲自参与种树的每个环节，师生共同见证它的开花结果，享受其枝繁叶茂的成长喜悦。

参考文献：

［1］谭少峰．高中数学翻转课堂的实践与反思［J］．数字化用户，2018，24（2）：179.

［2］周妙兰．在高中数学教学中运用多元智能理论的实践研究［D］．广州：华南师范大学，2010.

案例七：应用支架式教学构建英语活力课堂

扬州高等职业技术学校　佘剑波

【摘要】 中职学生英语基础薄弱、学习积极性不高，英语课堂普遍缺乏活力。为解决这一课堂弊病，依据活力课堂理论，采用支架式教学策略对中职《英语》Up-selling Skills 单元进行教学设计，力求帮助学生更加有效地学习增销技能，激发其英语学习兴趣，增强英语课堂活力。

【关键词】 活力课堂；三段六步；支架式教学；最近发展区

现代社会对人们英语能力的要求越来越高。然而，对于职业学校的学生来说，英语学习一直是老大难问题。学生英语基础薄弱，学习兴趣淡薄，课堂获得感、成就感低，学生不敢开口、不愿开口、不会开口，甚至对英语学习产生抵触。部分英语教师过于注重语言知识传授，忽视对学生语言应用能力的培养，课堂效率不高、气氛沉闷，缺乏生机和活力。尽管部分教师也用情景教学法、任务教学法等先进教学方法实施教学，但因多方面原因，短时间内学生的英语水平很难达到预期效果。

针对以上现象，笔者在日常教学中积极践行活力课堂教学理念和活力课堂“三段六步”教学结构程序，在使用先进教学方法的同时，特别注意从建构主义和最近发展区等理论出发，运用支架式教学对英语教学进行指导，从而优化教学。现以江苏教育出版社出版的中职《英语》第三册第三单元“Up-selling Skills”为例，探析支架式教学在职校英语教学中的应用，以提高课堂教学效率，增强英语课堂活力，激发学生英语学习的兴趣，为未来职业学校英语教学提供参考。

一、案例描述

（一）准备阶段：预习导航、情境导入

1. 预习导航：预设任务、调整完善

根据课前提供给学生的预习内容检查学生的预习情况，对预习中存在的问题加以解释说明。

（设计意图：通过对学生预习情况进行布置和检查，了解学生学习状况，为新课的教学做好准备。）

2. 情境导入：创设情境、引入支架

活动一：教师围绕挣钱、销售等与学生进行自由对话，并创设一个真实的“增销”任务情境：Suppose you are a sales girl in a supermarket. And please try to up-sell two more products to the customers.

活动二：呈现问题“What makes you buy a product most?”引导学生作答，导入学习初始支架，即商品价格、顾客需求和产品特征，并结合学生作答内容给予点评和激励。

（设计意图：建立轻松愉悦的课堂氛围，激发学生说英语的兴趣，并通过任务分解为学生建构交际支架打好基础。）

（二）探究阶段：探索新知、巩固应用

1. 探索新知一：自主探究、建构支架

活动一：学生阅读书本上的五幅英文海报，自主讨论并找出相关海报最准确的描述，教师引导学生关注海报中关于价格（如降价促销）的不同表达方式，并提供更多的类似海报，从而帮助学生掌握商品价格的英文表达。

活动二：学生观察顾客购物车，推荐顾客购买更多所需商品。教师引导学生关注顾客需求，提高增销成功率。

活动三：学生相互竞争，尝试描述燕麦、靴子、手机、牙膏四种商品，从而掌握关于口味、用途、款式等商品特征。

（设计意图：通过学生自主学习、合作探究，初步构建起完成本课任务所需的支架。）

2. 探索新知二：合作学习、完善支架

活动一：学生通读对话，讨论并回答问题“How many times did the waiter try to up-sell?”教师对难点进行解析，帮助学生扫除理解障碍。学生通过跟读、分角色朗读等活动强化语感，熟悉增销句型，为下一步的自编增销对话做好准备。

活动二：生生讨论并回答“Whether the waiter had done it appropriately?”教师带领学生回顾关于商品价格、特征的表述和对顾客需求的关注，了解增销过程，进而帮助学生掌握增销技能。

活动三：师生示范、共建对话，帮助学生进一步理解增销逻辑，完善知识支架的建构，增强学生自编对话的信心。

（设计意图：帮助学生进一步构建支架，学生在分组合作和竞争的动感学习过程中逐步摆脱教材，为之后的撤出支架做准备。）

3. 巩固应用：成果呈现、撤除支架

Dialogue Making & Role-play. 学生两两合作自编“增销”情境对话，并进行角色扮演，脱离支架。教师关注学生表现，点评激励。

（设计意图：鼓励学生利用本课所学积极参与小组活动，在合作、扮演中脱离支架，完成自我认知的构建，产生英语学习的美感。）

（三）总结阶段：总结评价、拓展提升

1. 总结评价：评价反思、回顾支架

学生自主总结、教师点评，学生利用教师提供的学习评价表进行自评和互评，回顾支架构建过程和掌握情况。师生共同选出最优个人和小组。

2. 拓展提升：布置作业、知识迁移

教师布置作业，学生通过完善“增销”情境对话的课后作业，巩固课程所学。

（设计意图：通过多元化的发展性评价，帮助学生客观、立体地反思自己的学习过程，从而促进学生学习能力的不断提升。）

二、案例分析

（一）寻找学生的最近发展区，设计恰当合理的教学支架是打破课堂沉默的关键

本案例中的学习者是普通职业学校二年级的学生，学生入学时的英语水平达不到九年制义务教育课程标准初二年级水平，英语学习缺乏动力，课外也很少接触英语。因此，笔者在进行教学设计时通过学习平台等途径布置课前任务，通过学生提交的作业反馈了解学生的最近发展区，并在教学设计的每个环节考虑学生的实际水平，确保教学设计的每个环节都能让绝大部分学生利用自己的已有知识自主构建新知。比如，本课教学的最终目的是学生能够利用英语进行“增销”对话，很明显这一任务对于绝大多数学生来说是有难度的。要想较好地完成这一任务，笔者在设计时就需要对任务进行分解，帮助学生构建完成这一对话任务的“血”和“骨”，即商品价格、顾客需求、了解询问等语言知识和对话的语篇结构、增销技巧等。在学生学习商品价格、顾客需求、了解询问等语言知识的同时，教师注意到这些知识仍不足以帮助学生最终充实会话内容并说服顾客购买商品，因此还补充设计了活动以让学生掌握一些关于商品特征的表述，从而让学生能更好地完成语言知识体系的构建。在学生自主学习会话结构时，光靠模仿书本上的范例对话是远远不够的，并且略有难度。此时，教师在设计教学活动时，让学生利用当堂学习的知识进行两三次师生、生生对话，帮助学生逐步克服编写复杂对话的障碍，降低了任务难度，从而增强了学生的自我效能感。

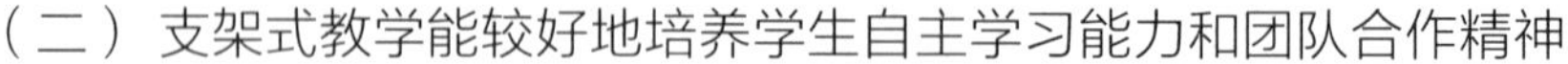

（二）支架式教学能较好地培养学生自主学习能力和团队合作精神

支架式教学中“自主探究、建构支架”“合作学习、完善支架”等多个环节能让学生自主探索语言结构，搜集信息、处理信息，从而获取新知，锻炼了学生分析问题和解决问题的能力。此外，通过小组合作的学习方式，加强了学生间的交流与分享，基础偏弱的学生可以从与能力强的学生的交流与合作中得到帮助和启发，从而实现学习过程的良性发展，也培养了他们团队合作的意识和能力。

（三）支架式教学中的“支架”是动态的，应逐步撤离

根据学生的实际水平，教师在教学设计时要设置不同层次的“支架”，从而为学生自主建构英语知识结构提供方向。在学生自主构建的过程中，学生通过同化和顺应，使自身认知水平沿着支架逐步提升。与此同时，随着学生英语能力的不断发展，教师应根据情况将“支架”逐渐撤离，最终使学生能够独立完成本课的最终学习任务，从而掌握相应的英语语言知识和语用技能。

课堂中，师生、生生之间需要针对某些问题共同探索，并在探索的过程中相互交流和质疑。这就要求教师在教学时把课堂真正还给学生，让学生通过小组合作与竞争、师生合作等形式自主探索学习。另外，在学习过程中，学生也应对自己的学习过程进行监控、评价。教师在进行本课教学设计时，设计了大量形式多样的小组合作活动以帮助学生进行自主探索构建，从而有效激发学生的英语学习兴趣。在总结评价环节，也让学生自主总结、自主评价，从而帮助学生掌握学习策略，提高表达能力，并让他们真正感受到自己是课堂的主人，提高了他们参与课堂的热情。

三、案例启示

（一）支架式教学有助于激发师生课堂活力，实现深度学习

要将支架式教学应用于活力课堂，则要求教学资源和教学内容设计更加贴近学生的生活实际、贴近学生的知识结构和能力基础，符合活力课堂“三少三多、三变三学”的要求，这样有利于调动学生参与课堂学习活动的兴趣。学生多向交互、动态生成，借助“脚手架”拾级而上，既降低了学习难度，又提升了在课堂中的获得感和成就感，实现了深度学习。

教师在运用支架式教学进行教学设计时，要更加注重对学生现有水平、认知特点和学习风格等方面的分析与研究，设计出更加合理有效的支架来帮助学生建构知识、突破其最近发展区，以帮助其跨越学习障碍。在学生的学习过程中，教师要时刻关注学生的学习状态，并根据学生的学习情况及时对活动形式和活动流程甚至是学习内容进行调整。对于缺乏自信或出现错误的学生，教师在课堂中要多加帮助、鼓励，及时表扬，帮助他

们树立自信心，保持英语学习的热情，提升自我效能感。在进行课堂评价时，教师要更加认真仔细地观察并及时、准确地记录学生的课堂表现，对学生给予公平合理的评价，让学生感受到课堂充满了情感，增强其学习自信心与内驱力。

（二）生活实践是激发学生生命活力、构建活力课堂的能源

本案例中的教学内容为生活技能模块，它是教材中出现的全新教学环节，是将课本知识和生活技能相结合的内容，最能体现当前教学改革的特色和灵魂，为破除单一学科教育方式之局限提供了可能。维果茨基的最近发展区理论也同样要求教师不能照搬教材内容进行授课，而要根据学生的现有水平和实际情况适当调整教学内容，并在学生学习过程中对学生学习状况进行动态评价。笔者在进行教学设计时，不拘泥于学科范畴，扩大了教学内容的广度，选择实际生活中的商品等为教学内容，从而让学生构建起课本知识和实际生活之间的联系，获得全面发展。学生通过完成一项具体的任务，既巩固了本单元涉及的语言知识、语言技能，又掌握了日常生活中会触及的生活常识和生活技能，真正体现了“在做中学”和“学以致用”的理念。

（三）学生的主体地位是成就活力课堂的必然要求

建构主义学习理论认为，学习不是学习者简单被动地接受信息，而是他们主动建构知识的过程。学习者根据自己已有的知识经验，对外部信息进行主动地、有选择性地加工和处理，从而生成自己对事物的理解。该理论认为，教学不是知识的传递，而是知识的处理和转换。一节课的好坏，应当首先关注学生学得如何。教师不能无视学生已有的知识经验，简单强硬地对学生实施知识的灌输，而应该把学生已有的知识经验作为新知识的生长点，引导学生从原有的知识经验中主动建构新的知识经验。

英语学习的过程就是运用英语交际互动的过程，学生在与人、事物和环境的互动过程中会加深自己对学习内容的理解。因此，教师必须转变教学观念，由课堂的主导者变为引导者，在教学过程中扮演好设计者、组织者、合作者和指导者的角色。教师要为学生的英语学习提供必要的帮助，让学生通过学习活动主动建构知识、生成能力，从而使学生有机会在不同交际情境中完成对英语语言知识和语用技能的迁移，逐步提高自身英语能力。

《江苏省中职、五年制高职语文、数学、英语课程标准及教学要求研究报告》提出，职业教育英语课程应改变学生被动学习、机械学习的状况，倡导自主、合作、探究的学习方式，激发学生学习英语的兴趣和潜能。这就要求广大职校教师积极探索课堂教学改革，在教学实施环节通过多种教学活动形式释放课堂活力，让学生“在做中学”“在学中悟”。教师在教学过程中，只有积极科学地为学生学习英语搭好“脚手架”，让学生自己去建构、去感悟，才能让先进的教学方式更好地为教学服务。

参考文献：

[1] 陈金国．中职数学活力课堂的基本特征与实施策略［J］．中国职业技术教育，2019（11）：10-14．

[2] 李方．教育知识与能力［M］．北京：高等教育出版社，2011．

[3] 江苏省教育科学研究院职业教育与社会教育课程教材研究中心，江苏省职业教育文化课程标准与教学要求课题组．江苏省中职、五年制高职语文、数学、英语课程标准及教学要求研究报告［M］．南京：江苏科学技术出版社，2010．

[4] 王爱芬．“扶”“放”有机结合　激活口语交际［J］．校园英语，2012（12）：55-56．

[5] 喻秀华．“支架教学模式”在常德师范学校中职英语口语教学中的实验研究［D］．武汉：华中师范大学，2011．

案例八：基于游戏化教学的“PPT 中触发器的应用”教学实践

江苏省扬州旅游商贸学校　李云霞

【摘要】本案例以计算机应用基础课程中“PPT 中触发器的应用”教学内容为例，从设计到实施以学为中心，注重学生的个性发展和能力提升；根据中职学生的认知特点设计教学任务与活动，并用图示来加强对学生计算思维的培养；通过引导自学、应用发现、任务创新，诠释活力课堂的内涵与特征。

【关键词】活力课堂；任务创新；计算思维

中职活力课堂是基于先进教学理论，以学为中心，有机运用多种教学方式，能够实现课堂的多向交互、多元生成，促进学生深度学习，并以此激发师生生命活力的一种教学范式。让课堂充满活力，需要教师不断更新教学理念，优化教学内容，创设教学环境，改进教学方法。在信息技术的课堂上，学生主要通过“做”来建构知识与经验体系，但在当下课堂中，笔者发现给了学生主动权后，学生往往不会做，不知道该怎么做。因此，在教学中教师不但要激发学生的兴趣、满足学生的需要，而且要调动学生探索新知的积极性，帮助学生学会学习与思考，只有这样，理解性学习和创新性学习才有可能发生。本案例是在学前教育班开设的一节名为“一触即发——PPT 中触发器的应用”的公开课，教学中教师进行了活力课堂的实践，取得了良好的效果。

一、案例描述

本课是计算机应用基础课程中 PPT 动画的拓展内容，原教材注重 Office 软件的实用性，通过项目任务组织教学。触发器是控制动画执行的一种方式，使用触发器可以让 PPT 演示具有更好的交互性，但有一定的使用难度且原教材涉及内容较少，而学前教育专业技术人员需具备一定的触发器的应用能力。因此，教师通过对本节内容进行梳理、发掘和补充，整合成本课教学内容。

学情分析：三年级学前教育专业的学生好学、思维活，但做事缺乏条理性，比较急躁，他们经过中职一年级计算机应用基础的学习，已有较好的 PPT 操作基础，但对于将要去幼儿园实习的他们而言，还需要学习 PPT 中更适应交互式教学的功能。

教学目标：让学生能理解 PPT 中触发器的功能，熟悉触发器的设置方法；能通过图示分析、设计并完成触发器交互式实例；培养学生的团队协作精神，发展学科核心素养。教学重点为触发器的作用和设置触发器动画的方法。教学难点为综合应用 PPT 的触发器与动画功能设计交互式实例。

（一）准备阶段：预习导航、情境导入

1. 课前体验触发器

课前做好学生分组、教学资源（微课、案例、素材、学习资料等）准备工作。学生通过微课自主学习，了解触发器的功能和设置方法，根据课前任务——用触发器做一个简单的“交互式选择题”（两个选项）的案例，自主设计题干和选项，如果选择正确的选项，在 PPT 中会出现一个笑脸的图片，否则出现一个哭脸的图片。通过这个简单的课前任务，让学生了解触发器的设置方法，体验触发器的作用。教师通过教学平台先解决学生的问题。

2. 情境导入

上课伊始，教师展示了学生优秀的课前作业，表扬其 PPT 界面做得美观，不仅插入了背景图片、文字用艺术字进行了美化，而且色彩协调、排版清晰，同时教育其他同学制作 PPT 要追求美观。随后教师展示了一段案例集锦视频，列举了精选的生活中常见的触发器应用案例，如抽题号、翻牌子，炫目的动态效果配上动感的音乐立刻吸引了学生的注意力。教师顺势引入主题，一句“通过今天的学习，你将会变成幼儿园里最会用 PPT 上课的老师”激励学生积极参与学习。

（二）探究阶段：探索新知、巩固应用

1. 抽丝剥茧，构建模型

教师利用学生的作业设计新知的探究性问题，引导学生发现触发器的

基本原理，并用模型图表示出来，启发学生运用已有的知识经验来理解原理，为今后的复杂应用奠定基础。

［教学实录］

教师一问：我们课前尝试用触发器做过一个交互式选择题，谁来讲讲，在这个任务中，触发器是什么？是笑脸还是哭脸？是题干还是选项？

学生立刻回答：两个选项分别是两个触发器。

教师二问：这两个触发器分别触发了什么呢？

学生答：正确选项触发笑脸出现，错误选项触发哭脸出现。

接着教师又展示了一份作业，这位同学的作业呈现与其他同学不同，他设置了 4 个选项，当选择错误选项时，哭脸出现，随后又消失了。

教师问这个同学：这样设置有什么用意吗？

学生回答：选错了，还可以再选，所以哭脸要消失。

教师接着说：对，选错了，我们还得再尝试一次，不能一犯错就不尝试了。下面请一位同学上来给大家演示图片消失是怎么设置的。

有了几个例子的铺垫，教师开始引导学生概括：一个触发器可以触发一个动画，也可以触发一连串动画，动画与触发器一一对应，不能为同一个动画设置多个触发器。为了帮助学生理解，教师画出模型图（见图 1）。

图 1

具体到课前作业，该“选择题”的功能实现用图示表示就是这样的，从图中学生可以知道触发器有两个，分别是选项 A 和选项 B，分别触发笑脸和哭脸两个图片出现动画（见图 2）。

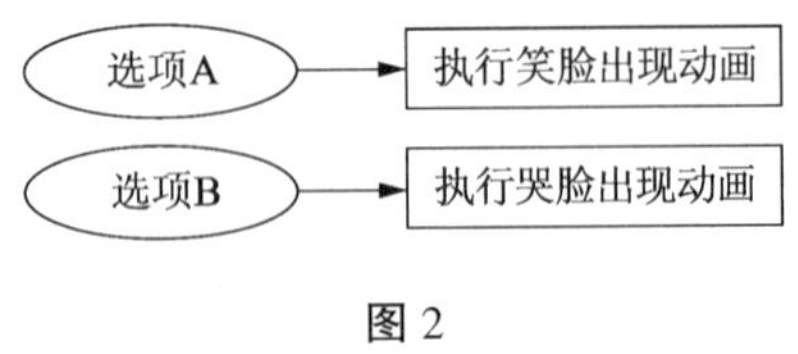

图 2

模型化后，当学生分析或者设计复杂的案例时，可以用图示的方法来厘清触发器和动画的关系。一个触发器触发多个动画又分为三种情况：如果触发的动画是同时播放的，可表示成图 3；如果触发的动画是依次播放的，可表示成图 4；如果兼而有之，可表示成图 5。学生通过常用的 Xmind 思维导图就能画出这些图。

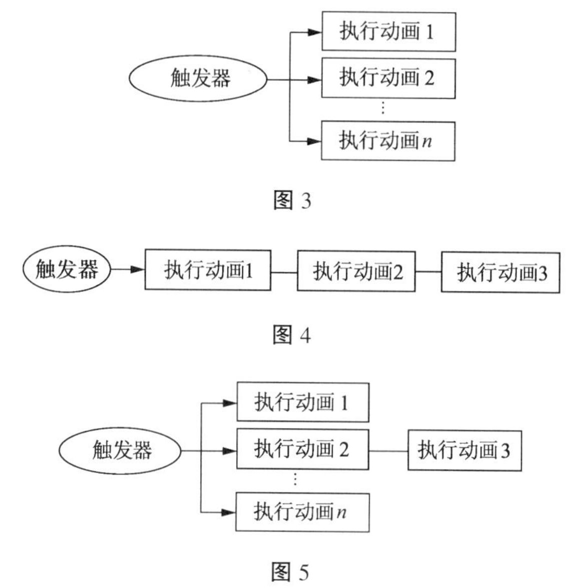

图 3

图 4

图 5

2. 利用模型，学用触发器

学生在了解了画图分析设计法之后，进入本课的学用触发器环节，该环节的学习任务是学会用画图法分析“砸金蛋”游戏的触发器与触发动画的关系，形成解决问题的思路。

［教学实录］

教师：我们在商场或策划一些联欢活动时，常见到这种砸金蛋赢礼品的活动，今天我们不用真金蛋，也不需要高深的编程，就用 PPT 中的触发器，也能达到一样的效果，我的金蛋里是有惊喜的哦，现在哪个组愿意上来试一试？

学生先体验了教师设计的砸金蛋游戏，并获得了相应的小奖品，活跃了课堂气氛。然后，教师展示了“砸金蛋”游戏的思维导图（见图 6），通过问题引导学生建立“砸金蛋”实例表象与实例模型图的关系，并演示其中一个金蛋的操作流程，帮助学生建立实例模型图和计算机操作程序之间的关系。

［教学实录］

教师：好了，金蛋砸完了，我们来分析这个实例吧。首先，需不需要触发器？

学生：需要，因为砸哪个金蛋是随机的！

教师：请看老师设计这个游戏的思路。谁能描述老师的思路？

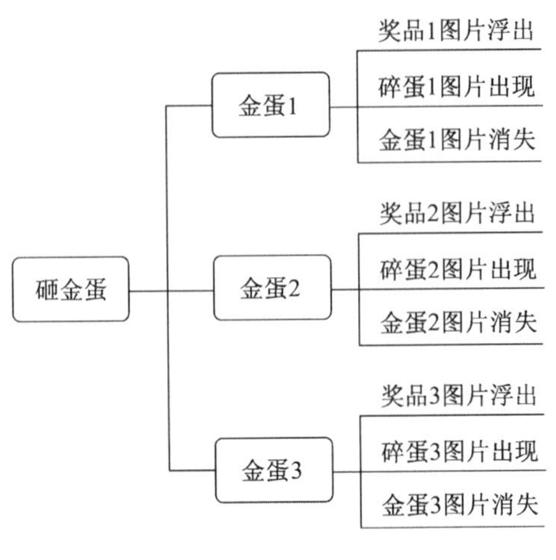

图 6

学生：独立思考，并在小组内讨论。

教师：在这个实例中，谁是触发器？有几个触发器？

学生：金蛋，3 个。

教师：如果我单击了金蛋 1，将会触发哪些对象的动画？

学生：（议论纷纷）礼物出现了，蛋碎了，播放声音。

教师：好，礼物出现、碎蛋出现、整蛋消失、播放声音，想一想，这几个动画是同时出现的还是有前后次序的？

学生：同时。

教师：明白了吗？那怎么操作呢？

通过这个例子，教师引出触发器设置的操作流程：先设置动画，再指定触发器。

3. 实例化模型，会用触发器

经过前两个教学环节，学生已经跃跃欲试，教师顺势而为，组织学生进入第三个学习环节：会用触发器。这个环节的任务是限时小组竞赛，每个小组从三个不同难度的任务中选择一个完成。

［教学实录］

教师：好了，既然大家都看明白了，那我们来个小组竞赛，小组竞赛的规则是每个小组在以下三个任务中选择一个。低难度任务：做一个和老师设计的一样的砸金蛋游戏，完成后小组将得 10 分。中难度任务：在老师砸金蛋的基础上添加动画，做得更丰富、更有创意，将得 15 分。高难度任务：自行设计一个类似砸金蛋的抽奖游戏，将得 20 分。大家可以使用平台上的图片素材，也可以上网搜索下载。另外，能提供设计思路图的小组加 5 分，限时 20 分钟内完成，不能完成的不得分。现在开始！

学生立刻投入小组讨论，选择哪个任务、有什么想法都成为学生热烈讨论的话题，教师巡视一圈适时答疑解惑后，学生都开始动手做起来。为节约时间，有的小组进行了分工，一人负责绘制思维导图，一人负责搜集素材，一人负责制作；也有的小组分配一个人做中低难度任务，确保能拿到保底的分数，另外两个配合做高难度任务。20 分钟后，学生们陆续完成了作品。

（三）总结阶段：总结评价、拓展提升

10 个小组中，有 7 个小组都提交了自己的作品，其中有 3 个小组选择了中低难度的任务，即“砸金蛋”和优化的“砸金蛋”，另外 4 个小组比较有创意，有设计成戳气球的，有设计成抽扑克牌的，其中有一组设计的是幸运大转盘，可惜的是他们没有使用触发器，仅仅使用了动画功能，但是他们的作品非常惊艳，同学们都不禁“哇喔”了出来。在互评环节，大家都认为他们的作品是最优秀的。

课堂时间虽然短暂，教师却在学生心里播下了一粒好学、乐学的种子。最后，教师布置了课后巩固拓展作业，在“五子棋”游戏和幼儿园经典游戏“猜猜我是谁”中选一项进行分析并完成设计。提交作业后，教师通过教学平台对各小组作品进行点评。

（设计意图：“砸金蛋”游戏有效结合学生生活经验，易于激发学生学习兴趣与热情；问题伴随游戏，引导学生“在做中学、在悟中思”，激发学生的创新灵感；在完成优化“砸金蛋”的任务中，学生收获了学习成就感，课堂产生了美感。）

二、案例分析

（一）“体验”环节重引导

课前体验触发器主要靠学习微课和模仿简单例子来实现，微课以学生喜爱的卡通形象和故事性的语言介绍了触发器的作用。如“PPT 中有很多普通的对象，比如文本、图片、音视频等，然而，有时候它们会接受一个

神秘的任务，任务代号‘触发动画’，它们的身份就变成了‘触发器’，只要接收到执行信号，比如‘鼠标’的单击，它们就会被‘触发’，它们的‘下线’——一个预先设定的动画就会被唤醒并执行，否则，这个‘下线’的动画就会一直‘潜伏’下去，永远不被执行……”，这样的语言更易于中职学生的理解。

学生理解了触发器的作用后，通过观看微课，可以尝试做一个只有两个选项的交互式案例，了解触发器的基本设置方法。为使学生能顺利完成本环节自学任务，教师需为学生精心筛选自学资料，以引导学生识别和理解要解决的问题。

有了课前的体验，学生进入课堂是有准备的，目的也是明确的。在上课之初，为了抓住学生的注意力，让学生产生强烈的学习欲望，需要创设学习情境，教师可精心制作案例视频，从学生熟悉的生活场景和现象导入，展现触发器的妙处。

课前作业是学生自学情况的重要度量，学生作业也是最好的生成资源，教师要善于通过课前作业分析学情，及时调整教学设计，并能借助学生作业提出问题，引导学生进入新知的探究性学习。教师发现，在上交的作业中，大多数学生只完成了动画效果，排版凌乱，因此，教师特意挑选了几份排版精美的作业，引导幼师班的同学要把“美”放在重要的位置。有的学生没有满足于做两个选项的选择题，而是做了四个选项，并在设置的时候看到了“快退”的选项，做出了选错还能再选的效果。教师通过这样的作业展示，引导学生进行深度思考，同时教导学生向榜样学习。

建构主义学习理论告诉我们，学习的生成过程是学生已有知识经验与从环境中主动选择和注意的信息的相互作用，是主动建构信息的意义过程。学习总要涉及学生原有的知识经验，并利用这些知识经验来理解和建构新的知识。在学习触发器之前，学生已学过 PPT 中的超链接，而且课前例子用超链接也能实现，因此在微课中专门对比了超链接和触发器的区别，让学生区分两者在控制对象和设置顺序上的不同，在顺应中获得新知。

（二）“学做”环节重发现

触发器应用案例众多，如果单纯地学习应用案例，学生的注意力就会放在案例的实现上，实质上还是被动地学习，学生的思维能力特别是计算思维的培养就被忽视。在以往的教学中，计算机教师往往把教学重点放在任务或项目的实施过程，缺乏对问题如何从现实表象转为抽象的观察与指导的思考。为了让学生发现触发器的原理、触发器和动画之间的关联，教师使用图示这种思维可视化工具帮助学生发现基本原理，即通过建立模型并在模型基础上将具体的应用实例化，从而形成清晰呈现各元素间逻辑关联和过程演绎的设计方案。

有了模型，可以用更少的例子学会知识，也可以用更少的知识来解决问题，能帮助学生解决从未遇到过的复杂问题。在“砸金蛋”的应用实例中，教师用思维导图展示砸金蛋的应用，从模型到具体实例，教师通过图示符号展现了主题元素之间的逻辑关联和过程演绎，将难以说清的“思路”清晰地展示出来。实践证明，运用图示指导学生建立触发器的应用模型，帮助学生掌握复杂的应用实例的解决方法，是更有效率的学法指导。

（三）“会用”环节重创新

“会用”环节的任务设置比较开放，给学生以选择权，当学生做的东西是他们自己想做的，其参与学习的积极性和主动性就容易被调动起来。教师除了引导学生掌握基本模型外，也提供了其他辅助性的资源，如动画的控制复习资料，这些在学生的探究学习中能起到很好的支架作用。为了让不同层次的学生都能体验到成功，教师在巩固应用环节分层设计了三个不同难度的任务，让每一位学生都能释放自己的思维活力，进而获得成功与成长。

（设计意图：教学以游戏的方式呈现，重视了“对话”“体验”“合作”“竞争”，体现了自由、开放、创生的活力课堂样态，实现了智慧的升华、对道德与美的体验和对生命的感悟。）

三、案例启示

（一）“双主教学”是构建中职活力课堂的基本策略

在尊重学生主体地位的前提下，教师的主导地位依然很重要，教师是教学走向的把控者。好的教师就是导演，能根据教学目标、教学内容、学生学情等特点，以及教学条件和学生核心素养的培养要求，运用不同的、个性化的教学方法，以先进教学理论为基础，精心编排和设计教学活动和教学资源，强调做学结合，让学生的思维在课堂上活起来。

（二）任务驱动法是构建中职活力课堂的有效策略

首先，通过任务设置，可以激发学生的学习热情，有效调动其学习积极性。其次，由于中职信息技术中复杂的案例难度较高，为缓解学生的厌学情绪，可将案例分解成若干任务，从而促进学生主动、积极投入任务的探究过程中，提升学习成效。最后，任务驱动教学可彰显学生主体性，变学生被动学为学生主动学，从而促进学生知识与经验的自主建构。

（三）创设民主和谐的教学环境是构建活力课堂的必备条件

创设民主和谐的教学环境是构建活动课堂的必备条件。教师要创设营造民主和谐的教学氛围，充分尊重、理解和信任学生，尤其对学困生要倾注更多的真情关怀，帮助他们克服学习上的畏难情绪。在学生进行应用案例设计的活动中，教师要主动参与其中，创设讨论交流的时空，对学生在设计过程中呈现的生成性教学资源给予及时处理和积极评价，以增强学生学习的自信心与成就感，从而使学生更加自由自觉地学习。

参考文献：

[1] 陈金国. 中职数学活力课堂的基本特征与实施策略 [J]. 中国职业技术教育，2019（11）：10-14.

[2] 陈伟方. 基于“做学教合一”理念构建中职数学活力课堂案例研究：以《椭圆的定义及其标准方程》课题为例 [J]. 江苏教育研究，2019（C3）：116-119.

[3] 陈金国. 游戏化教学在中职数学活力课堂中的应用研究 [J]. 江苏教育研究，2018（36）：17-20.

案例九：混凝土搅拌　悦学拉力赛

江苏省宝应中等专业学校　吴伶俐

【摘要】 立足构思充满趣味的活力课堂，以“混凝土的搅拌”为例，尝试采用“游戏引领”贯穿教学过程，旨在践行中职活力课堂“四性合一”教学理念，激发学生的生命活力。

【关键词】 中职建筑；活力课堂；三段六步；游戏引领

中职学生缺乏学习动力，中职课堂缺少生机活力，职业教育工作者怎么办？在职业教育向质量提升转型之际和“十四五”职业教育增值赋能之期，打造师德高尚、技艺精湛、专兼结合、充满活力的高素质“双师型”教师队伍，研磨内容丰富、形式多样、激发学生生命成长的活力课堂已成为中职学校的重要任务。到底什么样的课才算得上活力课堂，已经成了当下职业教育领域的热门话题。华东师范大学叶澜教授早就提出，一堂好课没有绝对的标准，但有“五实”的基本要求，即扎实、充实、丰实、平实和真实。同样，活力课堂教学范式没有特定的评价标准，其根本目的是促使学生学习的主动性与有效性得到充分激发，让课堂充满生命的活力。

一、案例描述

“混凝土搅拌”是“建筑施工技术”课程中“钢筋混凝土工程”章节的主要内容之一，一方面，其上承混凝土配料、下启混凝土运输；另一方面，根据《江苏省中等职业学校建筑工程类专业指导性人才培养方案》和本课程培养目标，正确掌握混凝土的搅拌知识是中职建筑工程类专业学生熟练开展混凝土施工现场作业的根本理论保障。因此，本节课的重要性不言而喻。本节课的设计从建筑工程施工专业人才培养方案出发，根据学生的认知特点，综合内容特点、课时计划安排，本着以学定教的原则，设定以下教学目标：（1）掌握混凝土材料的组成和各材料称量允许偏差，以及混凝土搅拌的方式和投料顺序；（2）让学生在探索、交流、合作、反思中乐学、会学并学会；（3）让学生养成主动、勤奋的学习态度，树立团结协作、安全文明作业的观念。确立教学重点为混凝土搅拌的方式及各自适用的对象；教学难点是一次投料与二次投料的顺序。本节课坚持中职活力课堂“四性合一”的教学理念，采用“游戏引导”的教学策略，巧妙创设“悦学拉力赛”教学活动，运用“预习导航、情境导入，探索新知、巩固应用，总结评价、拓展提升”的中职活力课堂“三段六步”教学模式组织教学，具体教学设计与实施过程如下。

（一）准备阶段：预习导航、情境导入

课前教师推送本节课的项目学习任务书至网络学习平台，旨在增强学生自主学习的意识，培养学生“先学”的学习习惯。将班级学生按照“组间同质、适当均衡，组内异质、互为补充”的原则分为四个小组，依据学情确定各组组长，由组长分配各组任务。新课伊始，播放一段截选的“马拉松”比赛视频，让学生的“大脑程序”快速切换到“上课频道”，其价值正如“情境之于知识，犹如汤之于盐”，接着用30秒的微视频亮出本节课的设计主线——“悦学拉力赛”，借助分析这条主线自然导入本节课的学习项目和具体探究任务。短短3分钟的情境导入，动态的马拉松视频、激情澎湃的配乐等，呈现了课堂美感，激发了学生的学习兴趣。

（设计意图：情境创设激发学生学习兴趣，强化他们的学习动机，增强其学习的目的性、主体性、实践性和反思性。）

（二）探究阶段：探索新知、巩固应用

1. 游戏一：连连看——检查预习、梳理知识、夯实基础

将课前学习任务书中的“混凝土材料的组成和各材料称量允许偏差是什么”这一基础知识点转化为直观的连线练习题，以“连连看”小游戏的形式展开。学生以“手势答题”的方式完成作业；教师以目测学生手势的方法检查学生自主预习情况，并安排学生做好小组得分记载；师生共同通过自我评价、学生互评、师生共评层层递进的评价体系完成对课前学习任务书中“混凝土材料的组成和各材料称量允许偏差”等基础知识的学

与教。

2. 游戏二：抢红包——小组探究、提炼知识、汇报交流

首先将本节课的教学重难点设计成学生熟悉的简答题题型，根据习题难度系数进行合理赋分，突出梯度，凸显分层教学，这样既有利于将枯燥的建筑专业知识趣味化，也便于学生由浅入深、循序渐进地掌握混凝土的搅拌方式与投料顺序。然后采用“抢红包”小游戏的形式，即由每组组长代表小组“抢习题红包”，再由组长带领组员围绕本组所抽取的习题的知识点进行讨论与探究。

探究 1：混凝土搅拌的方式有哪两种？

引出本节课的部分重点。

探究 2：人工搅拌采用什么方式？具体内容是什么？

无缝对接探究 1的知识点，引出本节课的另一部分重点。

探究 3：混凝土机械按照原理分为哪两类？适用对象是什么？按照出料量分类通常有哪几类？

突出本节课的所有重点，同时带领学生对本节课的重点和难点内容进行归纳总结。

探究 4：混凝土搅拌投料顺序常用哪两种？具体投料顺序是什么？

四个小组分别探究，既能培养组长领导力、组员协同力，又能增强学生团队合作意识。限时讨论结束之后，四个小组分别推荐代表上讲台汇报各自讨论结果。学生在展示过程中，不仅锻炼了语言表达能力，还突出了本节课的重点、突破了本节课的难点。

3. 游戏三：争上游——组织比赛、内化知识、深度理解

为了帮助学生消化并深度理解本节课的教学重难点，整合本节课所学知识点，教师组织“争上游”小游戏，全体学生限时完成竞赛习题，习题的设计依然坚持“以生为本”“分层教学”理念，题型常见、题量合理、难度适当。比赛结束后，组长带领组员依据参考答案进行组间互评，分别正确记载各小组的得分，做好统计后，归还各组各人的竞赛作业，组内成员再进行自查自纠并讨论交流，达到组内单体比、组间整体比的教学效果，从而自然攻克本节课的重难点。

（设计意图：在教学游戏中，教师与学生获得的是一种真切的体验，这种体验打开了人与“我”、“我”与世界的阻隔，师生全身心投入、全生命发展，从而体悟到人生的价值和意义，学生获得心满意足的美感。）

（三）总结阶段：总结评价、拓展提升

完成本节课的知识点探究和巩固训练之后，进行课堂总结评价、布置课后拓展提升。首先，由每个小组中负责统计得分的学生集中在一起为四个小组进行公平、公正、公开的得分统计，根据统计结果，推出本节课的优胜小组（口头嘉奖、掌声祝贺）；其次，组织学生对本节课的知识点进行总结，对课堂中的衍生知识进行归纳，对知识生成过程中产生的原生问题进行解惑；最后，由教师进行整体总结评价。日本教育家佐藤学曾经提出，学习是一种在交往和对话中进行的活动。为了与本节课开头的一段视频形成呼应，更为了鼓舞学生学习建筑专业的热情与活力，教师精心准备了一段“与学长对话”，学长的寄语不仅使师生情感快速升温，还加深了学生之间的情感交流，师生共同在温馨寄语中结束了本节课学习任务的探究。教师在布置本节课课后拓展练习的同时，还要提前设计好下一项目的学习任务书，课后及时推送到学习平台。

二、案例分析

21 世纪初，叶澜教授首先洞见了活力课堂，指出要让课堂焕发出生命活力。2020 年 10 月 25 日，石中英教授在湖南第一师范学院的讲座中指出，教育活力问题应该与教育公平问题、教育质量问题一样，成为国家和地方优先考虑的教育政策问题。陈金国在《中职数学活力课堂的基本特征与实施策略》一文中指出，课堂的活力应是师生的活力，这一观点笔者尤为赞赏。也正如石中英教授提出的，活力是指生物体的生命力，保持活力最重要的原则是要尊重他们的本性，为他们的本性的充分实现创造适宜的外部条件。在本节课中，笔者为了激发学生的生命活力，以“游戏引领”作为本节课课堂活力保持与提高的锦囊妙方，为“学习主体”创造了轻松快乐的学习条件。

根据本节课知识特点、学情现状，笔者选择“连连看、抢红包、争上游”这三款游戏分别用于“混凝土的搅拌”这一任务的预习导航、探索新知、总结评价三个主要环节。如果静态地看待所选的这三款游戏，它们符合学生的认知水平和心理乐趣，学生既熟悉这些游戏的规则又乐于在游戏形式中学习枯燥的建筑专业理论知识；如果动态地看待这三款游戏，用

"游戏引导"贯穿课堂始终的设计思想，适合"小组合作、深度探究"学习形式的内需和"多元多维"评价机制的外求。

总之，坚持"以生为本"的教育理念、采用"游戏引导"的教学策略，可以营造课堂师生和谐、积极活跃的气氛，激发生师"乐学活教"的激情。

（一）"连连看"游戏提高了学生自主学习的能力，让学生"乐学"

蔡元培早就用通俗易懂的例子解释了自主学习的内涵："我们教书，是要引起学生的读书兴趣，做教员的不可一句一句或一字一字地都讲给学生听，最好使学生自己去研究，教员不讲也可以，等到学生实在不能用自己的力量去了解功课时，才去帮助他。"华东师范大学庞维国教授认为，自主学习是指学生自己主宰自己的学习，是与他主学习相对立的一种学习方式。尽管教育界学者专家一直密切关注中职学生的自主学习能力，但中职学生的自主学习能力一直令人担忧。结合当前职业教育培优提质的要求，确实存在中职学生的自主学习能力提档升级的客观需要。在本节课探索新知的开始阶段，教师结合课前学习任务书中的知识特点，设计了"连连看"小游戏，既可以简短又全面地检测学生的课前预习情况，又可以将知识趣味化，让学生的"乐学"真正发生在自主学习和游戏式学习中。

（二）"抢红包"游戏增强了学生相互协作的意识，让学生"会学"

随着课堂教学改革的推进，小组合作已经成为一种常态化的组织方式，对于活力课堂氛围营造的作用是有目共睹、显而易见的。本节课，笔者在处理本课重难点时，受启于生活中"微信红包"的互动方式，设计了"抢红包"小游戏，模仿红包金额的大小分别对四个红包里的习题进行不同赋分，由组长代表小组"抢习题红包"，采用小组合作的形式让学生对重难点知识进行讨论与探究，这不仅拉近了师生之间的距离、增进了学生之间的友谊，而且活跃了课堂的学习氛围、增强了团队合作意识，实现了让学生"活用""会学"的目的。

（三）"争上游"游戏鼓舞了学生力争上游的斗志，让学生"学会"

知识源于生活，同样，活力课堂也源于生活，"跑得快"是人们生活中又一种娱乐形式。笔者在备课时挖掘生活与知识竞赛的交汇点，将小组得分的冲刺练习命名为"争上游"，让学生在熟悉的游戏规则下，懂得争分夺秒，力争跑得快，为小组争光。这样的设计一方面将建筑专业枯燥的知识在生活游戏中被潜移默化地消化与吸收，另一方面突出了本节课的重点、突破了难点。你争我抢、文明礼让的“争上游”游戏，形象地诠释了陶行知先生主张的生活教育，最终让学生真正“学会”了“混凝土的搅拌知识”。

三、案例启示

“职业教育向质量提升转型”这一命题的提出，让课堂成了第一考场。课堂的内容和形式决定着“十四五”职业教育课堂提质增优的效果，中职活力课堂的构建与推广当为首选。一堂真正的活力课堂虽然没有统一的标准，但离不开“活跃”二字。

（一）“活跃”在主导者教师身上

活力课堂是师生活力齐迸发的课堂，但它首先应是作为教学主导者的教师们活力四射的发力地。

1. “活跃”在开头创设的情境上

常言道：“好的开端是成功的一半。”课堂的导入方法很多，如悬念导入法、实例导入法、直接提问式导入法等。本课案例采用了扣人心弦的音像导入法，一段“马拉松”比赛的场景和一段激人奋进的动感音乐，令学生精神一振，上课兴趣倍增，在激发学生活力的同时，教师也依据预设的教学目标自然地引出了本节课的教学设计路线和教学项目的主题。

2. “活跃”在教学主线的设计上

一条清晰的教学主线贯穿于教学始终，犹如一根指挥棒之于一场交响乐一样重要，更像描述散文的“形散而神不散”中的“神不散”。一条蕴含多元素文化内涵的教学主线更加能够激发学生的求知活力。本课案例分别以学生熟悉的游戏名称去命名探究阶段的不同环节，激发了学生对项目知识挑战的活力。整条主线冠名为“悦学拉力赛”，也激发了学生以赛促学、乐学悦学的思想活力。

3. “活跃”在教学策略的实施上

教学策略的选择是教学设计中最核心的环节，教学策略主要解决教师“怎么教”、学生“如何学”的问题，巧妙选用适合的教学策略是学生

"乐学、会学、学会"的重要保障。本案例坚持"以生为本"的教学理念和以"游戏引领"的教学策略，层层深入、环环相扣，大大激发了学生主动探究、积极参与、团队合作的活力。

（二）"活跃"在主体者学生身上

活力课堂是师生活力齐迸发的课堂，更是作为学习主体的学生活力四射的场域。

1. "活跃"在自主学习的"乐学"上

由于中职学生自主学习意识淡薄，因此教师需要进行智慧型设计与安排。本案例将最为基础的记忆性知识设计在项目课前学习任务书中，然后在"连连看"游戏中以简单的测试题进行检测与考核，在学习的时间度、自由度方面保证课前学习不超越学生的能力范围，在学习的能动度、创新度方面激活学生自主学习的兴趣，确保人人参与、人人自信、人人乐学。

2. "活跃"在小组合作的"会学"上

当前，小组合作学习已经成为教师广泛采用的一种主流教学组织形式。小组合作学习是一种以异质小组为基本形式，以小组成员合作性活动为主体，以小组目标达成为标准，以小组总体成绩为评价和奖励依据的教学策略体系。本案例按照"组间同质、适当均衡，组内异质、互为补充"的原则进行分组，在探索新知、巩固练习阶段，以"组长抢红包""组员拆红包""小组合作完成红包任务"的形式促使学生对本节课知识点进行探索学习，激活学生团结协作的意识，提高学生"会学"的能力。

3. "活跃"在深度探究的"学会"上

深度探究是在自主学习基础之上的更深一层的知识领悟与挖掘。本案例以"争上游"游戏的形式引导学生深度学习，使学生顺利突破教学的重难点，充分激发学生学习的目的性、主体性、实践性和反思性，培养学生激流勇进、知难不退的学习韧性，促进学生实现学习的自由自觉、自我实现、创新冲动和自我解放。

参考文献：

[1] 叶澜．叶澜：一堂好课的标准［J］．考试（理论实践），2014（12）：15.

[2] 吴伶俐．教学设计应融入情感教育：以中职学校建筑专业课为例［J］．江苏教育，2019（20）：78-79.

[3] 陈金国. 中职数学活力课堂的基本特征与实施策略 [J]. 中国职业技术教育, 2019 (11): 10-14.

[4] 石中英. 学校活力的内涵和源泉 [J]. 河北师范大学学报 (教育科学版), 2017, 19 (2): 5-7.

[5] 庞维国. 自主学习: 学与教的原理和策略 [M]. 上海: 华东师范大学出版社, 2003.

[6] 赵有林, 陈金国. 基于"做学教合一"理念的中职数学活力课堂案例研究: 以"直线与圆的位置关系"为例 [J]. 江苏教育研究, 2019 (36): 40-43.

案例十：电气控制技术课程的“理虚实一体化”教学案例

江苏省高邮中等专业学校　吕传鸿

【摘要】依据项目式电气控制技术课程的专业特性，融合“岗课赛证”教学标准和内容，应用中职活力课堂“三段六步”教学结构程序，设计课堂教学环节；运用信息化教学平台的数据统计功能，科学研判学情，合理安排活动，正确评估教学质态。以问题为导向因地制宜创设情境，通过微课、仿真软件、问卷星等信息技术支撑学习活动在“问理、虚拟、实操”的三重情境中得以合乎活力课堂活力要素增进的逻辑地展开，从而使得学生乐于课前自学、勇于课中互学、跃于课后助学。

【关键词】三段六步；虚拟仿真；教学平台；活力课堂

本节课选自高等教育出版社项目式教材《电机与拖动》中的“三相异步电动机自动往返控制线路”内容，是培养学生控制技术关键能力的知识点。教材体现“以能力培养为宗旨、以服务就业为指向”的职业教育理想信念，从学生理解基本控制线路安装的基础知识开始，循序渐进地增强控制电路的设计与安装教学。本任务学习中，要引导学生掌握如何通过电动机的正反转来实现工作台的自动往返，为电气设备维修、PLC 的项目教学奠定基础。学会本课程知识能提高学生的电工操作岗位技能。

一、案例描述

三相异步电动机双重联锁正反转控制线路的学习基础是电动机交流接触器联锁、复合按钮联锁的正反转控制线路，是承“自动化控制设计”之前、继“机床电路分析”之后的要点知识。联锁控制是三相异步电动机正反转控制线路、顺序控制线路中常

用的一种避免事故的基本控制思路，可以说，这个控制环节是学懂三相异步电动机控制线路的基础。通过本课学习，学生能够获得电气控制专业理论及技能操作知识，生成分析和解决电气控制技术问题的能力，达到中级维修电工技术等级的关键知识、能力的应知应会要求。

为了让学生在“学中做、做中学”的“理虚实一体化”教学中得心应手地学习，教师让学生课前进行三相异步电动机正反转电路联锁控制理论的探索，了解联锁控制的不同种类。课中，学生自己观看演示动画，并使用教学软件，初步了解其主电路和控制电路的分析以及双重联锁的相关概念；教师让学生运用电工技能与实训教学软件，在计算机上接好实验用的电路进行仿真，并进行分析与排故。为达到预期的教学效果，教学中采用泛雅教学平台，让学生在此平台中学习，并设置一定的测试项目检测学生，及时了解学生的课程掌握情况。

（一）准备阶段：预习导航、情境导入

教师在学习平台上发布“三相异步电动机交流接触器、复合按钮双重联锁的正反转控制线路”的学习任务，使学生明确本节课的学习目标，并请学生利用课余时间预习观看微课视频《感悟：三相异步电动机双重联锁的正反转控制》，了解双重联锁的作用与控制原理，试着分析简单双重联锁正反转电路，利用网络、图书、手册等资源充分了解本课题的相关知识；教师依据“组间同质、组内异质”的原则将学生进行分组并选好学习共同体小组长，请小组长组织安排学生讨论交流。

师：在学习平台上传学习任务书、“电工仿真”和“电工技能与实训”教学软件、课件、微课与相关视频。

生：通过云课堂 APP 进行自主学习。学习微课《电动机正反转中双重联锁的应用教学》；观看《自动仪表车床自动运行》《液压别墅电梯运行》视频，了解电动机正反转电路工作过程。

师：在问卷星网络平台发放调查问卷，根据问卷调查结果和学生预习情况设计教学。

生：扫描问卷星二维码，参与课前预习情况调查。

师：查阅学生课前预习题完成情况，将全班学生按照学习能力不同分成 4 个学习小组。

生：利用网络查阅三相异步电动机的正反转控制的相关资料，上传学习平台，各组成员间交流讨论。

在课堂教学之始，采用专业技术类视频导入，增加学生的直观感受，激发学生学习本节课知识的兴趣。

（设计意图：从学生生活经验出发设置教学情境，拉近电路知识与学生生活之间的距离，启迪学生电路知识学习的创新思维。）

（二）探究阶段：探索新知、巩固应用

教师在教学过程中介绍双重联锁控制原理时，让学生使用教学软件理解其特点，增强课堂教学效果；激发学生对专业技术的好奇心，吸引学生上课的注意力，利于学生对专业理论知识的深度掌握。在设计主电路时，运用仿真实训教学软件演示两个交流接触器同时得电的影响，方便直观。

为了实现理论到实践的过渡，本课采用仿真实验模拟探究，引导学生分析实验现象；利用多媒体课件，让学生理解双重联锁正反转电路的分析过程；在虚拟教学系统中搭建“三相异步电动机交流接触器、复合按钮双重联锁的正反转控制线路”课程平台，不仅能让学生在此平台中进行在线学习，还能让教师进行在线辅导。

师：（提出问题）如果电路出现相间短路，会有什么现象产生？

生：组内学生相互讨论。

师：要求组内会的同学讲给不会的同学听。

生：翻看泛雅教学平台中的“三相异步电动机双重联锁的正反转控制线路”课程学习，讨论讲解“电路相间短路”仿真演示动画（见图 1）。

师：请推荐组内刚学会的同学回答上述问题。

生 1：相间短路会产生过大电流，使熔断器瞬间聚热爆炸。

生 2：用万用表进行检测，若发现电阻值为零，则说明短路了。

师：好。下面请大家运用仿真电路演示说明这个故障现象。

生：老师，相间短路会不会发生在控制电路中呢？

师：嗯。你思考得很好。

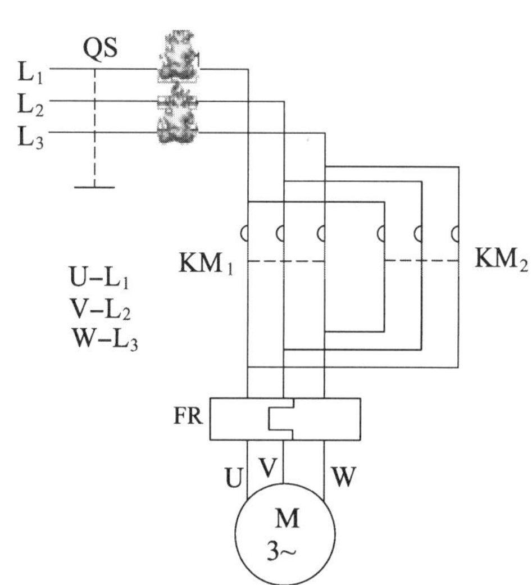

图 1　电路相间短路仿真

请各小组讨论这个问题，看看故障可能发生在什么地方？会有几种不同的可能？

生：先运行控制电路，再观察整个电路。

甲、乙学生小组合作分别试验仿真软件，演示交流接触器连锁正反转控制电路动画。

丙、丁学生小组合作分别试验仿真软件，演示复合按钮联锁正反转控制电路动画。

四个小组分别选派代表演示说明各自仿真电路的工作原理，由派对小组提出电路工作过程中元器件的工作状态问题。

四个小组的学生再另选派代表演示说明交流接触器联锁和复合按钮联锁正反转控制电路中的不同相间短路故障。学生自由讨论故障现象与电路动作的对应关系。

教师就两个不同电路的相间短路情况进行总结并评价，引导学生进入新的学习内容。

任务一：设计主电路（见图2）

电机控制的主电路中设置了两个交流接触器 KM_1、KM_2，它们分别控制电动机的正转和反转。由 KM_1 输入电机的相序为 L_1、L_2、L_3；由 KM_2 输入电机的相序为 L_3、L_2、L_1。当 KM_1 闭合时，电机正转；当 KM_2 闭合时，电机反转。

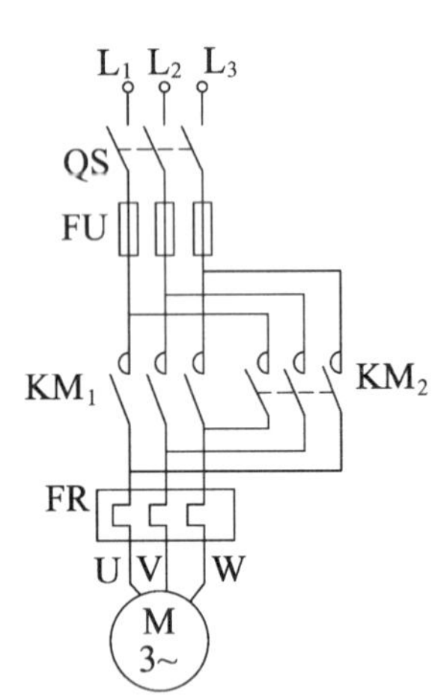

图2　电机控制主电路

师：（再次强调）如果两个接触器同时吸合，会出现什么情况？

生：讨论问题，分析现象，学习小组得出结论。

学生派代表展示电路，教师就换相环节提出问题。学生边做边讨论，合作学习。

任务二：设计控制电路（见图3）

图中所示的 KM_1、KM_2 两条支路分别控制电机一个转向，两条控制分支电路需接入交流接触器和复合按钮的常闭触头，实现双重联锁（即两个不同方位的互锁）。

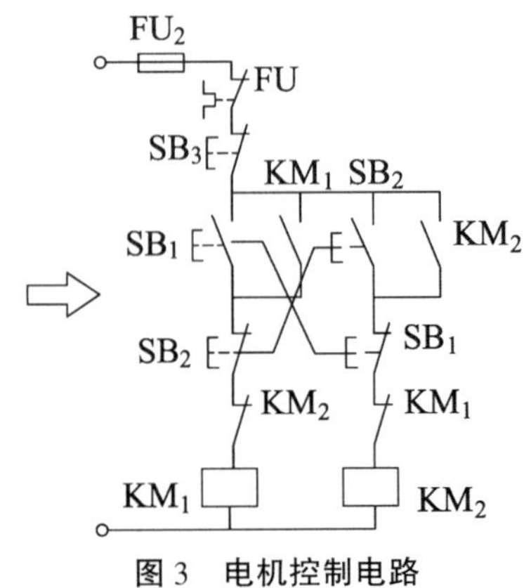

图3　电机控制电路

组织学生设计出控制电路，解释互

锁的概念，强调互锁的重要性。通过增强学生的课堂观察视觉效果，应用Flash 动画强化学生对“联锁控制”的认知，加强其对知识的深度理解及广度记忆。

任务三：设计组合电路（见图 4）

学以致用，为了使学生用学得的知识构思电路设计，教师令其填写导学案的填空题，说明电路工作原理，并针对学生在电路设计中出现的一些常见问题，分析其中的原因，寻找解决问题的途径。

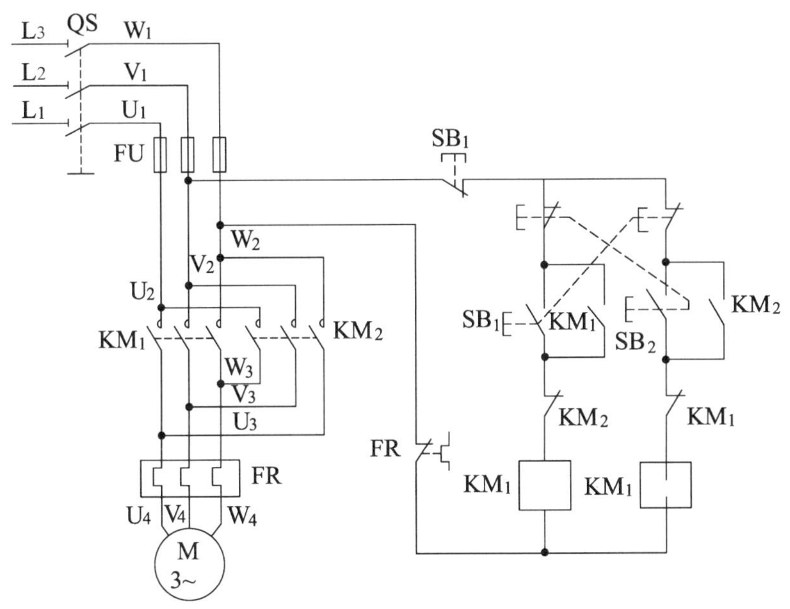

图 4　电机控制组合电路

学生使用仿真软件进行电路仿真连接，然后学生对照原理图进行实际电路连接，教师巡查。若发现学生习得差异，则实施分层教学，引导表现优秀的学生探索新知识、发现新问题。

（设计意图：根据总任务目标建立相对独立而又相互联系的任务群，驱动学生自由自觉地学习，形成有情感、有动感、有灵感、有美感的课堂。）

（三）总结阶段：总结评价、拓展提升

师：请同学们总结本次课程学习内容的关键词并上传至学习平台中的讨论区，大家在反思学习中遇到问题也可以上传。

生：在仿真系统中，当拖入元器件的顺序发生错误时，系统为什么不能给予安装？

师：这个问题很好。下面请同学们先完成课程平台中的“考考你”，然后你们会发现原因何在。

生：讨论做题中的发现，找到问题的答案。

师：请同学们各自完成能力测试表、素质评价表。

学习共同体小组长带头完成任务学习心得，组内同学商议学习评价表，填写并上传。教师归纳总结本节课任务要点，点评各学习共同体的表现。

在虚拟教学系统中，教师可以预先设置好课后拓展内容让学生完成，还可以通过微信的捆绑功能提醒没有及时完成作业的学生抓紧时间作答。针对教师录制的微课，若学生课上没能及时弄懂，可以通过微信的“扫一扫”得到微课中的解答。学生随时可以通过平台发布自己学习的问题与作答，教师可以通过“微信问卷星”及时了解学生对知识点的掌握情况。

（设计意图：教师针对不同学生给予因人而异的评价，使课堂充满情感；让学生大胆质疑，发挥各自的想象力和创造力，使课堂触发灵感；让学生充分体验和表达观点，激活课堂动感；加强对学生的引导、鼓励和启发，使课堂形成生命体和谐统一的美感。）

二、案例分析

基于本任务的特点，教师确立以自动往返控制线路的工作原理为教学难点，通过泛雅教学平台、微课、视频、多媒体课件、实训仿真教学软件等信息技术的有机运用，使学生适时爬坡突破重难点；以创设情境、任务驱动等多种方式灵活变化教学，引导学生学会分析设计自动往返控制线路的技术方法，熟练掌握理线、布线的基本方法。

本课坚持“以学生为主体、以教师为主导”的课堂教学理念，将教学过程细化为“预习导航、情境导入，探索新知、巩固应用，总结评价、拓展提升”六个步骤。

在“预习导航”中，学生先观看微课《感悟：三相异步电动机双重联锁的正反转控制》，为本次课的开展做好准备。

在“情境导入”中，教师播放专业技术类视频引出本节课的内容，激发学生探求新知识的欲望。

在“探索新知”中，教师根据学生分组为每组配备小组长、解说员、绘图员、搜集员、互评员，让每位学生熟悉各个角色的工作内容，使每个人都有出彩机会，极大地调动了学生的竞争意识、参与热情。

在“巩固应用”中，教师引导学生用所学知识构思组合电路的设计，并对电路设计中出现的问题进行原因分析，寻找解决问题的方法，使学生学以致用，提高其分析问题、解决问题的能力。

在“总结评价”中，教师让学生总结学习内容的关键词，并通过学生提问、作业即做即交的方式，快速了解学生对知识的熟练程度和掌握程度。

在“拓展提升”中，为了实现活力课堂教学中学生的同步提升、差异化学习，教师对课堂重难点内容设置二维码，以便学生课后扫码学习，加强教学实施的针对性、整体性和全面性，让学生在探求知识的过程中，既能求同存异，又能延伸发展。

（一）创设项目任务情境，激发学习兴趣

通过任务教学法和网络教学资源平台，让学生观看微课、视频、课件资源等，调动其感知力、想象力、创造力，改变了传统以讲授为主的课堂形式，引导学生回归课堂中心。通过本节课的学习，学生发生了对控制线路由敬而远之到主动分析设计的改变。调查显示，课程教学实施中有 95% 的学生学习兴趣有所提高。

（二）分析电机控制原理，提高设计能力

随着学习的不断深入，学生不仅可以分析控制电路的工作原理，还可以独立设计出具有一定功能的控制线路，并且可以不断对其进行功能完善。学生掌握了电路的基本设计分析方法，为后续课程的学习打下基础。调查显示，课程教学实施中有 95%的学生能够分析出控制电路的工作原理，有 80%的学生可以独立设计电路或借助网络等辅助手段完成设计。

（三）动手进行电路制作，提高实践能力

学习共同体利用电路仿真实验，在探究中发现问题、讨论问题和解决问题，验证控制线路功能设计的正确性以及学会常见故障排除。学生动手进行实际电路的接线练习，不仅巩固了新知，提升了动手操作能力，而且

对电机控制电路的安装工艺与操作技巧产生了浓厚的兴趣。

本课的教学实践增强了学生学习电气控制技术的信心，学生互相讨论安装技巧、互相评价电路的安装质量，越来越多的学生在电路安装操作中感受到专业技术的巨大能量，学生的专业素养在潜移默化中得到提升。

三、案例启示

（一）“以生为本”“学为中心”，可以产生生命在场能量

“以生为本”就是教育以追寻人的发展为本原；学习者为人素养的积淀源于学习，故而学习应以学习者的学习为中心，即“学为中心”。这两个方面是教育者对学习生命体应有的尊重。敬畏生命在场的课堂，课堂中的生命体才会保持求知求真的尊严；在教学实施中，如果教师眼中看到的是人，那么学生才可能变成大写的“人”。因此，立足课堂学习主阵地，基于学生的知识储备、学习需求、自学困惑等学情预测，设计适合学生学习的电路项目，是关照生命成长的基本要求。课堂中应注重学生自主探究中的问题生成，让学生从模拟仿真实验中发现问题，到自由自觉地讨论问题，再到协作互助地解决问题，这样，整个探究活动的能量就是由学习共同体中的生命在场能量聚合而成的。教学过程中，师生、生生之间应保持生命对话，以满足学为中心的生命自在需求，这是产生生命在场能量的根本保证。选用学生喜闻乐见的教学方式，让学生回归课堂中心，教师退居幕后设计教学策略、调控学习活动进展，关注课堂教学中的生命个体，注重对生命在场能量的激发，是活力课堂教学实践的关键。

（二）“多面融通”“多向交互”，可以生成课堂再生资源

“多面融通”是指教师需要将教材、学习任务书、微课、多媒体课件、实训仿真软件、泛雅教学平台等多方面教学资源进行一体化设计运用，另外，积极、有效、互动的课堂师生关系，也是教学过程中不可或缺的信息资源。教材：作为教学资源二度开发的参考和依据，应适当删减或增补。学习任务书：应切合学生的认知梯度规范合理编写。微课：内容短小，形式新颖，目标明确，便于移动学习或碎片化学习。多媒体课件：图文并茂，多角度调动学生的潜在学习兴趣。实训仿真软件：电工技能与实训仿

真软件克服了传统实训室的弊端，学生在计算机上搭建实训所需的电路，安装、调试电器线路的各个部件，并对电路进行仿真学习，让教学更生动形象，实现理论与实践的融合。泛雅教学平台：教师通过其后台的教学管理系统设置功能，为学生提供丰富的学习资源。师生、生生之间通过在学习平台上讨论产生思想火花和创新方法，学生通过人机交互提升信息技术应用能力，在连接制作电路与检测电路过程中产生对实物性能判断的思辨能力，这些都能促使课堂不断生成新的学习资源。

（三）“行动导向”“知行合一”，可以促进能力进阶发展

“行动导向”是以人的发展为本位、以学习任务为主线、以行为活动为导向，循序渐进完成项目任务的学习；也是从实践到理论，后由理论反哺实践，再实践再理论，又由实践检验理论的学习。这种理论联系实践的学习方式应用于实际专业电路学习中，学生经历了电路识图、合作读图、仿真修图、接线解图、通电验图、评价展图等“六步螺旋式”探究学习，从简单电路制作任务开始，通过电路功能不断升级，扩展自身知识与经验。在此过程中，学生的知、行、意、情均得到发展，并在“知行合一”理念引领下，无限趋近“知行合一”的学习实践效果，促进了学生综合能力的进阶发展。

“三段六步”活力课堂教学结合信息技术平台的运用，为教学的形成性评价及终结性评价提供准确数据。活力课堂教学为职业教育找到了师生相近、相亲、相通的心智桥梁。师生间积极有效互动，赋能于合作探究的过程，保证了课堂教学的秩序井然，促进了学习个体生发出更强盛、更持久的课堂生命活力。

参考文献：

[1] 张燕，韩玉勇，宋本超．信息化教学手段在翻转课堂教学实施中的应用［J］．现代制造技术与装备，2016（10）：176-177.

[2] 余晓宇．基于 .NET 在线学习管理系统的设计与实现［D］．重庆：重庆大学，2014.

案例十一：歧管压力表使用的活力课堂教学实践

江苏省江都中等专业学校　马书丹

【摘要】本着重实践、强技能的原则，以工作过程为导向，遵循活力课堂“三段六步”教学结构程序，对汽车电气设备构造与维修专业课程实施项目化教学设计；层层递进，引导学生在情景中学、在合作中学、在感悟中学、在应用中学，最终达成教学目标。同时，运用教学平台、微课、仿真软件等信息技术并结合技师示范、实车演练，合力打造活力知识、活力学生、活力环境。

【关键词】制冷剂加注；活力课堂；三段六步；问题解决

汽车空调制冷剂加注是汽车空调制冷系统检修项目中的任务之一。本任务以汽车维修企业中的真实故障案例为基础，根据中职教育人才培养方案和课程标准、“1+X”证书技能要求及岗位能力需求，在技能方面重点培养学生使用歧管压力表进行汽车空调制冷剂加注的能力，在素养方面重点培养学生技术运用能力、问题解决能力和安全规范意识等。依据行业实际调研和产业发展现状，本课重点探究利用歧管压力表高低压端加注制冷剂的方法；基于工作过程，教师将案例分析、故障核实、故障维修及质量检验等能力培养融入每个任务中，实现教学过程和工作过程的对接。课后通过职业资格认证、创业基地实践、技能大赛等途径培养学生持续性学习和创造性学习的能力。

一、案例描述

本案例的 1～2 学时为汽车空调制冷剂加注任务，主要学习利用歧管压力表加注制冷剂的方法和流程。在教学设计过程中，教师利用信息化手段，基于学生主体、教师主导、教学做合一的教学模式，以工作过程为导向，实施课前、课中、课后“三段六步”教学结构程序；创设教学情境，构建理、虚、实“三位一体”的多维课堂，实现教、学、做、评的有效结合。

（一）准备阶段：预习导航、情境导入

课前，基于企业案例，采用翻转课堂的理念，将学习任务前置。教师通过学习平台推送“利用歧管压力表加注制冷剂”的微课视频，并发布相关的测试题。测试结果显示，学生对制冷剂加注的安全防护要点掌握不充分、对加注流程不熟悉，教师根据测试结果调整教案，以学定教；学生登录学习平台学习课程资源，完成在线测试并根据检测结果进行二次预习。该环节可以充分调动学生的主观能动性，由“要我学”转变为“我要学”。

情境导入阶段，让学生以小组角色扮演的方式模拟4S店接待故障车，使其融入情境。扮演客户的同学抱怨汽车空调不制冷，故障现象为空调制冷系统不出凉风，另一同学扮演客服负责接待客户，扮演维修人员的同学根据车主的描述上车检察并确认故障现象。教师要求各小组上车前做好车辆的前期准备和安全检查工作（确认手刹和挡位的位置），确保安全操作。学生把检查结果以概括性的语言写在卡片上，贴在教学白板相应的位置，然后讨论汽车空调不制冷的原因，派代表汇报，最终锁定故障原因是制冷剂不足，需要加注制冷剂。教师通过创设真实的工作情境，激发学生的学习兴趣，明确学习目标。

（设计意图：创设“微工厂”现场化教学情境，通过真实的工作内容和工作场景将职业能力培养融入实际教学中，以培养学生的职业能力。）

（二）探究阶段：探索新知、巩固应用

探究一：利用歧管压力表加注制冷剂的操作规范

学生观看维修技师采用歧管压力表加注制冷剂的规范操作，并记录操作要点。维修技师操作结束后，各小组总结汇报制冷剂的加注流程和要点，培养学生合作探究的能力和表达能力，提升学生的学习积极性和自信心。技师与学生答疑互动，通过学徒制让维修企业技师走进课堂，规范学生操作，将符合企业标准规范的工艺传授给学生，使学生对接行业规范。学生通过观看示范操作，自主探究，掌握制冷剂加注流程这一要点。学习

小组合作拟订维修计划，各组派代表汇报各自的维修计划，其他小组对该维修计划进行评价并提出修改意见，进一步完善各自的维修方案，在合作中学习。

探究二：汽车空调制冷剂加注的操作方法

组织学生通过仿真软件进行汽车空调制冷剂加注的模拟操作练习，进一步熟悉制冷剂加注流程。在练习过程中，学生可在组内互帮互助，共同探讨解决操作中常见的问题，团队协作共同完成任务。教师巡回指导，强调安全操作要点和易错点。仿真操作考核合格的学生进行小组合作继续提炼操作规范，并绘制制冷剂加注工艺思维导图上传至平台，使学生在感悟中学。

探究三：实车故障的检测、诊断与排除

各小组根据各自制定的维修方案，借助维修资料和检测设备，进行实车故障的检测、诊断与排除。首先各组组长对小组成员进行任务分工，实行责任制，检查组员的安全防护措施是否到位。接着各组在各自工位进行工具准备和车辆准备。准备工作完成后开始故障车辆加注制冷剂作业，并填写任务工单。作业期间，教师和企业技师巡回指导，帮助各小组检验和调整维修方案，引导学生针对遇到的问题转换思路，尝试不同的解决办法，培养学生的发散性思维和解决问题的能力。

教师和企业技师借助大屏监控各组学生的操作过程，遇到操作不规范或者不会操作的情况及时叫停，亲自示范并强调操作要领。加注完成后，教师组织学生汇报车辆加注结果并与正常值作比较，评价操作结果，培养学生严谨的工作作风。最后进行轮岗操作，使所有学生都能掌握实操技能。在这一环节中，学生通过动手操作和团队合作，排除车辆故障，解决学习难点，达成教学目标，在应用中学习。

（设计意图：通过在不同的职业情境中完成不同的工作任务，学生将知识与具体工作要素建立了联系，形成职业能力。）

（三）总结阶段：总结评价、拓展提升

借助学习平台、课堂评星在课前、课中、课后全程对学生个体及小组合作学习等情况进行评价，鼓励学生对学习过程中的得失进行总结、分析与评价，使学生之间和小组之间相互学习和借鉴，形成自评、互评和师评的多元评价体系，体现了评价的过程性和全面性。企业技师依据企业维修工艺标准对学生实操过程进行评价，形成双标立体评价。学生最终成绩由

课堂学习情况评价和企业技师评价综合确定，从而更全面地评价学生的综合职业能力与素养。

课后，学生通过学习平台完成拓展练习，以游戏闯关的形式巩固汽车空调制冷剂加注工艺流程和安全规范，使自身的知识得以延伸、能力得以发展。课堂之外，学生也可利用学习平台与教师、企业技师进行线上交流，探讨专业技术问题。

企业实训课程将课堂延伸至企业现场，把在模拟环境中学到的知识和能力，通过真实的汽车维修职业活动，在各种各样较为复杂的工作情境中进行应用和强化。此外，学生的专业综合素养可通过进入校汽车创业基地实习或参加职业技能大赛得到进一步拓展与提高。

（设计意图：采取多元化学习评价，实现对学生学习的增值性评价，促进学生自我认知的形成和激发其深度学习的热情。）

二、案例分析

本节课采用活力课堂“三段六步”教学结构程序进行设计，通过学习，学生的汽车空调制冷系统维护保养的专业知识和技能得到明显提升。汽车空调系统数字化学习资源不断丰富，也促进了学生思维的活跃，促进了他们在学习方法和学习策略方面的探索，学生的情感、态度和价值观得到了相应的提升。

（一）以工作过程为导向的任务学习，提高了实际问题解决能力

本教学基于真实故障案例，采用了理虚实一体化的教学手段。课前、课后学生在线测试成绩显示，本课学习中，所有学生对汽车空调制冷效果不佳的故障诊断理解透彻，对维修方法的掌握十分牢固。在情境创设中，学生对扮演真实案例情景中的角色表现出极大的兴趣，性格内向的同学也能参与其中；在小组成果展示汇报环节，各组成员都能积极思考和讨论分析，组员轮流上台汇报，学生表达能力得以提高，学生的自信心得到增强；在企业技师示范操作环节，技师的专业态度和工匠精神吸引了所有同学的注意，同学们都能认真观察和记录；在实车演练环节，小组长发挥了领导作用，各组员也担负起各自的责任，最终使学生的动手能力得到了提高，学生能够寻找合理的方法和策略解决实际问题。

（二）开展校企双主体教学，提升了学生的职业素养

企业技师和教师对学生的表达能力、团队合作意识、安全规范意识及自主探究精神等综合素养都给予了肯定。此外，学生在学校汽车创业基地开展为教职工免费维护和保养汽车空调的服务活动，他们的服务质量和敬业精神也得到了车主的一致好评。

（三）建立校企双向交流机制，提高了教师的专业能力

在教师能力提升方面，教师能熟练借助信息技术辅助课堂教学，如数字资源的开发、线上教学等。通过构建“双师”结构教师教学创新团队、建立教师校企双向交流机制，使教师结构更加合理，在更新教学内容、变革教学模式等方面有了较大进步。通过建立企业轮训制度，使教帅岗位能力得到显著提升，教师逐步转变为“有技术、能生产”的专业型教师。

三、案例启示

活力课堂除关注学生的知识和技能外，还强调对学生态度、能力的关注，以及对从学生学习角度出发的更加人本化的教学策略和方法的关注。活力课堂不仅关注知识与技能的学习，更关注思维的“深造”；不仅关注教师教学主导作用的发挥，更关注学生的主动探索和知识建构；不仅关注学习本身，更关注学生生命的发展和成长。

企业技师走进课堂，改变了传统授课方式。企业技师为教学引入行业新工艺和新规范，以实际岗位标准和要求为学生提供指导和示范，并参与教学评价，形成“教师+师傅”的专业课堂。在课堂中，企业师傅与学校教师共同参与教学，把汽车维修理论知识和汽车维修岗位技能融入实际教学中，形成了连贯的、全面的、完整的教学情境。在课堂之外，教师、企业技师与学生（或学徒）利用学习平台进行线上交流，使课堂学习得到拓展延伸。多样化的学习环境和学习方式极大地激发了学生的学习兴趣、强化了学生的技能，促进了学生的自我实现与自我解放，达成了学生综合职业能力提升的目标。

以“学校课堂”为轴线，对工作岗位情境进行模拟，使学生对汽车维修业务的学习直接转变成实务岗位模拟；以“企业现场”为轴线，使学生

把在模拟环境中学到的知识、能力通过真实的汽车维修职业活动在各种各样较为复杂的工作情况中进行应用和强化。学校课堂与企业现场“双轴”循环实践，便于学生在学习过程中形成实际业务工作经验，熟悉汽车维修企业的管理工作流程和行业规范，实现对学生职业能力的培养。

现代汽修提出了“绿色汽修”的行业环保理念，引入新的交通行业标准，对专业教师和未来的维修人员提出了更高的要求，教师要进一步加强教学改革，让教学贴近生活实际，在传统汽车空调的基础上探索新能源汽车空调系统的维修与保养。中职学生的学习基础、学习能力差异较大，现行教学中统一的教学目标和教学活动设计，难以使基础好的学生得到最大限度的提升，也使得基础弱的学生不能得到充分的进步与发展，如何更好地进行差异化教学有待进一步研究。

“双师”与“双轴”的结合有利于激发师生的生命活力，使教师更加关注学生生命个体的全面发展。

参考文献：

[1] 陈军，唐德贵，温明勇．“双师共育，双轴同转”中职教学模式的构建与实施：以汽车运用与维修专业为例［J］．教育科学论坛，2017（27）：42-45.

[2] 蔡晓东．活力课堂：生命成长的40分钟［J］．北京教育（普教版），2015（8）：63-64.

[3] 陈金国．中职课堂教学质量的提升策略［J］．江苏教育，2020（60）：25-29.

案例十二：基于“三做三评”的“客房受理预订”教学实践

江苏省扬州生活科技学校　毛　蕾

【摘要】传统教学模式下，学生获得知识的途径仅为教师单向传道授业解惑，学生存在学习积极性不高、课堂参与度低、学习效果不佳等情况。活力课堂，是培养学生学习主动性，发掘学生学习潜能，建立良好师生关系，以完成教学目标的新型教学范式。本案例以中职酒店服务管理专业“前厅服务与管理”课程中的《受理散客及团队预订》为教学主题，阐述了融合多维过程性评价的活力课堂教学设计、实施过程、教学成效及教学启示。

【关键词】受理预订；过程性评价；活力课堂；三段六步

“前厅服务与管理”是中等职业学校饭店服务与管理专业的核心课程，对于培养高素质的高星级饭店、高档度假村、主题饭店等企业的前厅从业人员，提高他们的职业素养和专业技能有着非常重要的作用。“前厅服务与管理”属于专业理论课程，相对其他的专业实训课，学习难度较大，内容略显枯燥。课堂教学过程中会出现学生兴趣不高、参与度不足、师生互动较少、教学效果不佳等问题。活力课堂是在和谐、活跃的课堂氛围中，遵循“学生主体、教师主导”的教学原则，运用多种教学方法，注重理实一体化，突出“做中学、学中教、教中练”，能激发学生的学习兴趣，使师生共同参与课堂教学，从而完成教学任务的一种教学范式。本案例以“前厅服务与管理”课程中的《受理散客及团队预订》教学为例，阐释融合多种教学方法于一体的活力课堂的构建。

一、案例描述

前厅部是饭店对客服务的窗口，是宾客对饭店产生第一印象和留下最后印象的地方。饭店中客房的营业收入一般占饭店总收入的40%～60%，每日客房出租率很大程度上取决于前厅部的客房预订工作，因此，客房预订在前厅各岗位工作中起着举足轻重的作用。学习本节课之前，学生已经完成“前厅印象”的学习，对前厅部的工作环境、工作任务、组织机构设置及各岗位职责有了一定了解，这些知识能够帮助学生理解预订工作的重要性。受理散客及团队预订是为顾客提供客房预订服务的开端，为后续课程的学习奠定了基础。本课能让学生获得专业的预订操作知识，为其处理其他预订问题做好铺垫。

此次授课对象是饭店服务管理专业二年级学生，他们经过一年相关专业课程的在校学习，对酒店各部门有了一定的了解，具备一定的知识基础和职业素养。根据以上学情并结合课程教学标准，本节课教学目标设立如下：了解饭店房间类型和适当的客房推销方法；掌握散客客房预订流程，能够推销酒店客房产品；提升学生的信息分辨及销售能力，提升学生的专业知识和技能；使学生感受到饭店真真切切的工作内容，树立学生职业意识，培养其职业技能。本节课的教学重点：受理散客的程序。本节课的教学难点：按照标准受理散客预订。

本节课基于建构主义理论，以学生为主体，采用项目化、情境化、信息化、体验式教学策略，结合教学内容灵活运用案例分析、小组探究、角色模拟等教学方法。教学环节按照“三段六步”的教学结构程序展开。从明确任务清单入手，教师通过场景案例“为什么要提前进行客房预订?”逐步引导学生进行任务探究，从而使学生获取以下知识点：认识预订、预订服务的准备工作、预订员受理预订的主要工作、预订员应掌握的报价方法。而后，通过小组活动来检验受理客房预订的程序，实现由理论知识向实践应用的转化。具体教学组织过程如下。

（一）准备阶段：预习导航、情境导入

课前，教师将预习任务发布在信息化学习平台。首先，教师要求学生完成对“前厅印象”知识的回顾，并在线完成相关的测试题；其次，学生利用网络资源搜索关于客房房型、房价的资料及图片，思考饭店散客与团

队的区别；最后，学生将自己搜索到的素材及思考后的答案发送到学习平台讨论区进行交流分析。

（设计意图：引导学生搜索信息，了解职业工作场景，增强对职业岗位工作内容的感知，产生职业情感。）

（二）探究阶段：探索新知、巩固应用

1. 认识预订

上课之初，教师播放《大国工匠》纪录片，借此激励学生用心学习专业课程，像大国工匠一样在今后的工作岗位上发光发热。课程正式开始后，教师首先在PPT上列出本节课的主要任务清单：了解饭店房间类型和房价种类；掌握客房状态和报价方法；学会受理散客预订。然后配合播放一个场景案例，并提问："同学们知道客房预订吗？为什么要提前进行客房预订？"学生通过观看PPT，思考并回答问题，以此导入认识预订及预订的意义，让学生感受预订服务的重要性。

2. 预订服务的准备工作

学生进行"查一查"活动，以小组为单位，按照规范检查个人的仪容仪表，调节好情绪，做到服务热情周到；检查计算机、打印机、传真机、电话机是否处于正常工作状态，准备好相关办公用品，准备好预订单。学生身临其境，完成知识点"预订服务的准备工作"的学习。

3. 预订员受理预订的主要工作

以小组探究的方式来研究"电话接听礼仪"的具体内容。参考书本上的"散客预订单"，试着快速、完整、准确地填写，并熟悉散客的预订流程。学生结合课前搜集的资料跟着教师一起认识房型、了解房价。小组之间玩"转换房态中英文"的游戏，认识并强化记忆客房状态，以便为客人推荐适当的房型。由此完成知识点"预订员受理预订的主要工作"的学习。

4. 预订员掌握一定的报价方法

教师通过在学习平台发布小游戏，让学生完成从高到低报价、从低到高报价、选择性报价、根据房型报价、冲击式报价、鱼尾式报价、夹心面包式报价的学习，引导学生学会聆听、揣摩顾客心理，根据不同的对象采取针对性的报价方法。

实训环节：两人一组，一人为预订员，另一人为宾客，模拟演练电话预订，结合电话预订程序及标准表细化预订步骤。通过演练，提升学生的

预订业务能力。各小组上台演练并进行PK，小组自评互评，选出最佳预订员。

（设计意图：通过预订员工作流程实操练习，学生摆脱了概念学习的机械记忆禁锢，激发了体验学习热情，营造了互动交流氛围，使课堂充满动感。）

（三）总结阶段：总结评价、拓展提升

完成课堂探究和演练后进行课堂小结，先由学生小组讨论，再提问、补充，最后由教师引导和完善，梳理总结本节课的知识点。课堂评价内容不仅包括"查一查"、"写一写"、小游戏、实训演练各个环节，还包括学生将所学知识编辑成试题发布到学习平台，用来检查学生对本节课内容的掌握情况。课堂评价的方式有学生自评、互评和教师评价，评价结果可以显示教学目标的达成情况、实训练习情况。随后，教师提出任务探索环节：学生根据已学受理散客预订的程序再探索受理团队预订、受理VIP客人及长包房客人的预订程序。

（设计意图：通过对预订员演练过程进行多元评价，促进学生自我认知的发展，增强其专业学习的成就感，生成课堂学习的美感。）

二、案例分析

本节课是专业基础知识理论课，教学知识点较多且较散，如果学生单从书本上学习会比较枯燥，难以达成教学目标。为了充分调动学生的学习兴趣，活跃课堂氛围，提高学生参与度及师生互动频率，完成既定的教学目标，本节课程设计以任务为主线、以学生为主体、以教师为主导，采用"线上+线下"混合式教学，教学效果显著提高。学生通过课前、课中、课后的学习，掌握了散客预订客房的程序，了解了饭店的房间类型、状态、房价和适当的客房推销方法，熟悉了团队预订的受理及VIP长包房客人的预订程序，培养了学生的综合能力，彰显出活力课堂的成效。其优势与特色主要体现在以下几个方面。

（一）整合教学资源，优化教学设计

传统教学资源以教材为主，资源比较单一，课堂上学生不愿意听，老

师也会丧失教学动力。在新教学模式下，教师在本节课实际教学过程中，根据中职专业人才培养方案中对学生专业素养与能力的要求以及课程标准，践行“以能力为本位、以职业实践为主线、以项目课程为主体”的理念，结合书本知识与信息化教学资源，融理论知识于学习平台、案例分析、图片展示、游戏观摩、操作演练等活动环节。整合后的教学资源更符合学生的认知规律，更能提高学生的学习兴趣，更有利于学生职业素养的培养。

（二）尊重学生主体，突出学生参与

现代教学论认为，教学是一个教与学的双边活动，学生是学习的主体，激发学生的学习兴趣能让课堂气氛活跃起来，将课堂交给学生，运用合适的教学资源和手段因材施教能让学生收获满满。在本案例的实际教学过程中，课前，学生对老师布置的任务进行资料搜集，发挥学习主观能动性，通过搜索资料预习课堂学习内容。课中，学生以小组为单位进行仪容仪表的自查、互查，这是预订服务的准备工作之一，可以促使学生良好职业习惯的养成；以小组为单位展示课前任务完成情况，理解房型与房价的联系，有利于预订员推荐客房产品；与同桌一起练习不同房态的中英文转换，正确认识房态中英文，学会快速准确推荐客房。任务实训中，学生两人一组练习电话预订，结合电话预订程序及标准表细化预订步骤。通过演练，提升了学生的预订业务能力，解决了教学难点，突出了教学重点。最后，学生通过自评互评，选出最佳预订员，完成本次教学任务。这样的教学过程凸显了学生在学习过程中的主体地位，生生合作探究，师生充分互动，不仅激发了学生的学习热情、提高了学生的参与度，而且展现出了课堂的生命活力。

（三）专业融合思政，培养职业素养

职业教育与普通教育的区别在于，职业教育更注重对学生职业技能及素养的培养。众所周知，价值理念和精神追求潜移默化地对学生的专业思想、职业素养、举止行为产生影响。在导入新课环节，教师播放的视频《大国工匠》引导学生树立正确的职业观念，自觉培养职业精神、劳模精神和工匠精神，坚定技能报国的信念。通过创设前厅预订员准备工作的情景，让学生进行仪容仪表检查、情绪的调整，使其养成良好的职业习惯。在任务实训环节，学生通过扮演预订员和客人模拟客房电话预订，掌握电

话铃响三声内接电话，拿起电话首先需要问好、报部门，挂电话时需向客人告别致谢等程序，由此提升学生的职业素养和业务能力。

三、案例启示

中职学生的学习基础相对薄弱，学习习惯不佳，对学习不太感兴趣，课堂教学效果不理想。兴趣是最好的老师，如何让学生对课程产生兴趣呢？实践证明，构建活力课堂才能充分调动学生参与课堂的学习积极性，让学生在课堂上始终处于有事做、能做成的状态。

“受理散客及团队预订”这节课在活力课堂教学模式下的成功实践，给了我们以下几点启示。

（一）将课堂还给学生是实施活力课堂的关键

建构主义教学理论强调以学生为中心，要求学生由接受知识转变为开拓知识，强调学生自主学习探索的主观能动性；要求教师由知识的传授者转变为学生自主学习的辅助者，强调教师授人以“渔”。本案例以课前任务为切入口，让学生自己去搜索关于知识点的素材，改变学生获取知识的途径。在模拟工作情景下，学生将自己扮成饭店预订员，以小组活动的形式进行任务探究。活动过程中，教师时刻关注对学生的积极性和参与度的激发，以促进生生之间、师生之间的有效互动。学生是活力课堂的主角，学生活力的激发是活力课堂的关键。

（二）融合多种方法进行教学是实施活力课堂的途径

在实际教学过程中，教学方法的选择与运用是影响课堂教学效果的关键。叶圣陶先生说过：“教学有法，教无定法，贵在得法。”教与学是有一定规则的，教学不能偏离设定的方向和目标。“教”没有规定的模式，可以采用一切合理合法的方法，能够达到最好效果的方法才是得法。根据教学目标、教学内容、学生学情，本案例主要运用了以“受理预订”为任务的项目教学法，教师在教学中采用情景创设、案例分析辅助课堂教学，在培养学生主动学习、协作学习方面采用合作探究、角色扮演、实训练习等方式，最后利用归纳总结法进行课堂总结。除此之外，信息化学习平台能帮助学生随时学习、随时沟通，协助课堂活动的开展，丰富课堂教学的维度。

（三）开展全过程评价可以促进学生自由自觉、自我实现

有效的全过程教学评价能促进师生持久保持课堂活力，是课堂的教与学在多向思维高密度交织中、师生身心高度活跃的状态中得以有序开展的工具。开展科学有效的教学评价非常重要，本案例采用全过程评价。课前评：在线跟踪检查学生的课前预习情况，运用学习平台的数据统计功能分析学生的预习效果。课中一评：在“预订准备”中，针对预订员仪容仪表情况，让学生开展自评互评，以帮助学生养成良好职业习惯；课中二评：对“填写散客预订单”的评价，检查学生对预订信息的掌握情况；课中三评：对“转换房态中英文”的评价，考查学生对不同房态英文名称的掌握情况。课后综评：经过活力课堂的“巩固应用、拓展提升”环节，针对学生电话预订程序的学习情况进行自评、互评、师评，能帮助师生共同突破教学难点，促进师生相互认同，促使学生协作共进、同步认知。

总之，活力课堂应当多从学生的角度出发，以树立学生正确思想价值观、提高其专业素养为目标，多关注学生个性化需求，发掘学生学习潜能，提升学生自主学习意识，增强学生自由自觉、自我实现的能力。

参考文献：

[1] 潘华靖.《教师和幼儿的关系》活力课堂教学设计案例［J］. 江苏教育研究，2020（3）：30-32.

[2] 徐虎英.《“我来做质检员”——量具选用》活力课堂教学设计案例［J］. 科学大众（科学教育），2020（6）：122.

[3] 陈伟方. 基于“做学教合一”理念构建中职数学活力课堂案例研究：以《椭圆的定义及其标准方程》课题为例［J］. 江苏教育研究，2019（C3）：116-119.

[4] 姚敏. 运用任务驱动法构建中职数学活力课堂案例研究：以“抛物线的标准方程”为例［J］. 江苏教育研究，2019（36）：36-39.

[5] 许振兴. 基于建构主义理念构建中职烹饪活力课堂案例研究：以“南国风情主题果盘设计与制作”为例［J］. 江苏教育研究，2019（36）：48-51.

案例十三：基于“三变三学”的“果盘设计与制作”教学实践

江苏省扬州旅游商贸学校　许振兴

【摘要】 本案例以果蔬造型技术课程项目模块“南国风情”主题果盘设计与制作为教学主题，在建构主义理念指导下，构建适合烹饪专业实训课程的活力课堂，阐述并分析教学设计与实施过程，本课采用“三变三学”的课堂教学策略，以激发学生的学习热情，培养学生的职业素养。

【关键词】 建构主义；中职烹饪；活力课堂

大多数中职学校烹饪专业的教学以讲授法为主，在教学过程中主要给学生灌输理论知识和实践技能，这样的教学方式很难让学生体会到烹饪课程的学习乐趣。据调查，学生虽然喜欢烹饪专业，但是不喜欢强迫他们学习烹饪知识的方式。如果教师不考虑学生的学习兴趣，不利用学生的学习兴趣点燃他们的学习热情，而一味地要求他们机械地记忆学习，学生就会以消极的态度应付学习，形成恶性循环。本课基于建构主义理论，力求构建中职烹饪活力课堂。教学中，教师坚持以学生为主体、以问题为导向、以活动为载体，通过使学生在问中学、在做中学、在用中学，全方位激发学生的学习动机，使学生在愉悦的学习环境中达成教学目标，促进师生共同成长。这样的烹饪课堂会促成学生主动参与、和谐发展，达成师生动态、高效而愉悦的教学体验，是令师生都期待的活力课堂。本案例以烹饪专业果蔬造型技术课程项目模块“南国风情”主题果盘设计与制作课题为例，在建构主义理念指导下，阐述并分析教学设计及其实施过程与成效。

一、案例描述

“果蔬造型技术”课程是三年制中餐烹饪与膳食营养专业的必修课程，在整个专业人才培养体系中起着引领和奠基的作用。本课程共有七个项目：项目一为课程绪论，项目二、三为雕刻基础，项目四、五为雕刻盘饰制作，项目六、七为果盘制作与运用。前五个项目分别阐述了刀具使用与保养、静物雕刻、花卉雕刻、雕刻盘饰制作等知识，为后两个项目的技能操作学习提供了良好的理论知识铺垫，而项目六也为项目七的实施提供了很好的铺垫。项目七中的模块一是本项目的基础模块，为模块二的学习奠定了基础。

模块二“南国风情”主题果盘设计与制作是“果蔬造型技术”课程的最后一个模块，讲述的是果盘在主题宴席中的运用，是中职烹饪专业学生必须掌握的知识技能。通过本课程前阶段项目模块内容的学习，学生已经掌握了常见水果的刀工处理技巧，初步掌握了主题元素的雕刻技法，为本次课的学习打下了必要的知识技能基础。但在学习过程中，由于受刀工课的影响，学生容易采用推切的方法切割原料而影响果盘排叠的整体效果。

依据专业人才培养方案、企业水果雕刻师岗位需求、果蔬造型课程标准和本专业学生发展核心素养，确定本模块的教学目标为：掌握主题果盘设计与制作的步骤与要求；能设计并制作体现“南国风情”主题的果品；强化食品工艺人员的卫生和成本意识，提高审美素养，培养精益求精的职业精神。

根据学情分析和未来岗位需求，对照中餐烹饪与营养膳食专业人才培养方案和教学目标，引导学生学习果蔬造型技术，拓展、深化学生学科知识，满足学生兴趣爱好，发展学生个性特长，拓宽学生就业渠道，解决他们未来岗位中的实际问题。因此，确定本节课的教学重点为：用不同水果艺术地表现同一主题元素的方法。

根据学情分析，该班学生重视技能课学习，在烹饪工艺与美术理论课程学习中，对烹饪技能美学要素的掌握有所欠缺，运用自身美学修养设计主题果盘是其短板。因此，确定本节课教学难点为：果盘的布局与色彩搭配。

本节课应用任务驱动、案例分析、启发式教学等教学方法，教学环节按照“三段六步”教学程序展开。教学过程从明确任务入手，通过小组合作一练主题果盘，双师一评，逐步引导学生将感性认识理性化，形成主题果盘刀工处理、色彩配合、空间构图、主题意境表现等知识和技能储备，为二做主题果盘打好基础。再通过构建知识与技能进行二练主题果盘，最后完成生生、师生、行业大师全程参与的项目评估总结，根据任务拓展完成“寿宴”果盘制作。具体教学组织过程如下。

（一）准备阶段：预习导航、情境导入

课前，教师在学习平台上发布学习任务。首先，要求学生完成“美学基础”部分的知识回顾，并在线完成“美学基础”知识测试，80 分以上算通过，80 分以下则需继续检测，直至通过。其次，搜寻调研报告中与本模块相关的信息，初步确定主题果盘的设计方向，然后观看微课，学习微课中用不同水果表现同一主题元素的方法，将自己的疑惑和初步想法发送到学习空间讨论区进行交流分享。最后，小组成员围绕主题思考不同水果表现“南国风情”主题的方案，各自发表不同想法，讨论形成共识。

新课伊始，由观看校实习餐厅的求助视频的真实情境导入新课。首先，组织学生观看校实习餐厅厨师长发布“南国风情”主题果盘设计与制作要求视频，捕捉并分析视频和任务书中的关键词，进一步明确此项任务的具体要求。其次，在课前小组讨论的基础上，根据对企业需求的进一步解读，挖掘“南国风情”主题内涵，结合个人兴趣、主题果盘水果切刻、美学五要素中构图和色彩等旧知确定本组主题，初步形成符合本组主题的设计方案。最后，在 3D One 软件上绘制“南国风情”主题果盘 3D 效果图。

（设计意图：给学生呈现动感与美感丰盈的 3D 效果图，增强学生美学鉴赏能力，引导学生对职业工作美的追求。）

（二）探究阶段：探索新知、巩固应用

带着设计好的 3D 效果图，组织学生开始合作探究。

任务一：一练主题果盘

首先，秀一秀：各组代表向其他组展示本组 3D 效果图，同时介绍本组的主题和构图方法。其次，改一改：在烹饪美术老师的指导下，根据构图要求和色彩搭配原则，发现本组初稿存在的问题，分析原因，形成 3D

设计效果图修改方案。再其次，做一做：根据初稿修改方案，各小组合作，尝试完成自创主题果盘作品。最后，秀一秀：各组展示“南国风情”大主题下自创主题的果盘作品，以及本组运用不同水果和刀法体现主题的得意之处。

任务二：双师一评

首先，享一享：组织各小组分享一练成果，各组成员聆听其他小组制作心得，发现其在布局、配色等方面的用心之处，并尝试加以借鉴。其次，改一改：在美术老师点评的过程中，同步修改本组方案的布局和色彩搭配。再其次，比一比：以一组作品为例，先用 iPad 拍出一做作品照片，尝试选择同色系水果替换并拍摄照片，再选择临近色系水果拍照，将四张照片放在一起进行色彩效果比较，选出色彩最协调的一组，分析色彩协调的原因。最后，改一改：各小组根据两位老师的讲解、示范和建议，以及小组技术骨干的指导意见，从料形、布局、色彩搭配等方面修改本组的一练作品。

任务三：二练主题果盘

首先，议一议：学生根据双师一评的结果，调整构图、选择原料，根据每个人的技术特点和审美感受，以小组为单位，重新分工。其次，改一改：在美术教师和果雕老师的共同启发下，学生修改构图，调整色彩搭配，根据主题特点和季节选取原料。最后，做一做：根据修改方案和主题元素选取相应的雕刻法（比如：用镂空法雕刻神仙鱼，用阳雕法雕刻椰树，用阴雕法雕刻石头上的字，用零雕组装法拼装凉亭，用拉切法切西瓜、猕猴桃等，用堆叠法和曲线排叠法拼摆果盘）。各小组完成一个崭新的二练作品。

（设计意图：通过不断精细化操作，促进学生对作品制作精益求精，逐步产生果盘设计学习的获得感，呈现课堂美感。）

（三）总结阶段：总结评价、拓展提升

完成课堂一练、双师一评和二练作品后，进行课堂总结和多元评价。

首先，秀一秀：各组展示一练、二练成品，从布局、配色、刀工处理、装盘等维度，介绍从一练到二练的改进原因和成功经验，分享主题所表现出的文化意境。其次，评一评：小组互评，看盘面呈现；大师点评，看职业素养；教师点评，看文化意境，按照 3∶3∶4 的权重，评出最佳作品。再其次，答一答：小组成员就餐厅经理提问进行答辩，并接受教师指

导。最后，理一理：进行烹饪实践课下课仪式，整理着装，对照“六常”整理项目实训室。

完成课堂总结和多元评价后，进行拓展提升。首先，根据教师建议、行业大师点评修改并完成作品，分享到朋友圈求赞。其次，尝试运用本模块学习方法，完成“北国风光”主题果盘的设计与制作。

（设计意图：融合人文思政元素，开展学习过程评价，引导学生在提升职业素养的同时不断提升人文素养，增强对中华文化的传承能力。）

二、案例分析

本案例以项目为主线、以教师为主导、以学生为主体，采用“双师协同”教学模式，教学成效显著。学生通过课前、课中、课后的学习，掌握了主题果盘设计与制作的步骤与要求等理论知识，初步掌握了在瓜皮上雕刻的技法，能设计并制作体现“南国风情”主题的果盘，提升了食品工艺人员的卫生和成本意识、审美素养、精益求精的职业素养，具体表现在以下几个方面。

（一）整合教学资源，重组课程结构与内容

传统教学资源比较单一，以教材为主。在实际教学过程中，本课依据《中餐烹饪与营养膳食专业人才培养方案》的相关专业素养与能力要求，以及《果蔬造型技术课程标准》，践行“以能力为本位、以职业实践为主线、以项目课程为主体的模块化”“三以一化”课改理念，对原有教材进行重新构建，整合后的教学资源有利于提高教学效率，符合学生认知规律，有利于学生与岗位的衔接。

（二）突出学生地位，活跃课堂气氛

传统课堂中，主题果盘的学习采用先由教师教、学生模仿，再由教师点评学习情况的模式。现代课堂中，借助信息化手段，可充分调动学生的积极性、发挥学生的主动性。学生结合以往学习成果，自主寻找能反映主题的图片、资料，运用已学习的技能尝试制作，有了初步体会，同时也产生了许多困惑。通过解析环节，教师系统讲解相关理论知识，及时解答疑惑，帮助学生提高认识，基本解决了主题果盘的设计问题。探究环节中，

教师和学生一起研讨专业技能问题，向学生示范新技能，提升学生对技能的认知，基本解决主题果盘代表元素制作的技术难题。通过二练，以及综合的理论和技能训练，学生基本掌握规定主题拼盘的制作方法。同时，教师解决了本次任务的难点，突出了重点，完成了本次教学任务，达成了教学目标。这样的教学过程不仅体现了学生在学习过程中的主体地位，而且在创设的情境中，以真实任务为导向，在完成具体任务的过程中，师生的互动、生生的合作探究和行业大师的参与，充分激发了学生的学习热情，凸显出课堂的活力。

（三）引入多元评价，培养岗位意识

在校企合作培养机制下，双师协同的课堂教学能有效解决课堂不断生成的突发问题。教学过程中的训练作品（产品）在教师、企业大厨的教学指导下，将直接接轨行业企业，服务顾客消费。如此接近生产的实训教学，有力激发了学生学习的兴趣和动力，形成了“上学即上班、上课即上岗”的学习情境，培养了学生的岗位意识。

三、案例启示

建构主义教学理论内容十分丰富，其核心是以学生为中心，强调教学过程中学生对知识、技能的主动探索、主动发现和对所学知识技能的主动建构。以教师为中心强调的是“教”，以学生为中心强调的是“学”，这正是传统教学与现代教育思想观念的根本区别。信息技术的发展使建构主义所需的以学生为中心的学习环境得以实现，从而使建构主义理论能够在当前的教学改革实践中得以落实。

基于活力课堂模式的“南国风情”主题果盘设计与制作的成功教学实践给了我们以下几点启示。

（一）构建活力课堂，必须变机械记忆为实践感知，在做中学

相对于活力课堂，有一种叫“死力课堂”。“死力课堂”中教师教法单一，就是“我讲你记”的单向驱动、单循环教学，这种高度强压的灌输式教学，学习者只有机械记忆，刻苦刻苦再刻苦，最后是事倍功半、收效甚微。本案例运用信息技术手段，变机械记忆为实践感知，使师生之间、

生生之间、学生与行业大师之间沟通无障碍，通过模拟实践学习，学生在减耗高效的行动导向学习中感知果盘制作过程，达到事半功倍的学习效果。

（二）构建活力课堂，必须变机械听课为自主探究，在问中学

传统的烹饪教学模式：老师边读边讲，讲解课本的知识思路，强调学科知识的要点；学生边听边记，听老师的有序解读，留神课堂中老师声音高处的知识重点。这种机械听课习得的学习内容，不仅在大脑中的存留量很少，而且记忆衰减速度很快。本案例采用项目教学法，变机械听课为自主探究，由被动牵引到主动作为，学生投身于自己想要的学习中，发现问题，敢于质疑，并积极研讨、探询问题的解决方法，实现在问中学。授之以鱼不如授之以渔，学生在探询过程中得到了设计和制作果盘的方法，在融会贯通中提升了分析与解决问题的能力。

（三）构建活力课堂，必须变机械训练为灵活迁移，在用中学

在校企合作培养机制下，双师协同的课堂教学能有效解决课堂不断生成的新问题。教学过程中的训练作品（产品）在教师、企业大厨的教学指导下，将直接接轨行业企业，服务顾客消费。接近生产的实训教学，有力激发了学生的学习兴趣和动力，形成了“上学即上班、上课即上岗”的学习情境。学生实现了由学校实训车间的机械训练到真实任务中的迁移应用，让烹饪产品服务于顾客，接受顾客评价建议，在多元评价作用下，检验了学生在实践应用中的学习成果，学生的学习潜能、生命活力不断被激发，职业能力也不断得以提升。

总之，活力课堂能够立足于学生的职业能力培养，关注学生的个性发展和潜力发掘，开展多元化课堂教学评价，使教学过程真正契合课程标准和企业需求，引导学生自主探索和合作探究，培养学生职业素养。

参考文献：

［1］白雅娟，李峰．教学技能训练“学习共同体”组织模式的构建［J］．中国成人教育，2017（5）：86-89.

［2］于潇宇．论建构主义学习理论指导下的高职英语教育教学改革［J］．高教学刊，2018（3）：169-171.

［3］薛继祥．生本教育理念下中等专业学校烹饪教学策略分析［J］．

成才之路，2017（11）：54.

［4］陈金国．中职数学活力课堂的基本特征与实施策略［J］．中国职业技术教育，2019（11）：10-14.

［5］陈伟方．基于“做学教合一”理念构建中职数学活力课堂案例研究［J］．江苏教育研究，2019（9）.

案例十四：汉服纹样设计教学中的传承与创新

江苏省高邮中等专业学校　李　宜

【摘要】在中职活力课堂教学实践中，应用“双创理论”推动中国优秀传统文化创造性转化、创新性发展，以“古运河旅游文化节——传承汉文化”汉服设计展这一真实任务为驱动，结合多种信息化资源，通过课前导学、课中研学、课后促学的活力课堂“三段六步”教学程序来组织教学，让学生“在做中学、在问中学、在用中学”，培育学生在实践中发现美、传承美、创造美的职业精神。

【关键词】活力课堂；文化传承；信息化资源；创新技艺

“纹样的设计及应用”是中等职业教育服装类专业国家规划教材《服装设计基础》（高等教育出版社）中第五章第三节的内容。“服装造型设计基础”为服装设计与工艺专业的一门理论与实践相结合的基础课程，其任务是培养学生掌握造型表达、构成应用、款式设计等基础知识和基本技能，为后续服装命题设计、服装电脑拓展设计等课程的学习奠定基础。本课程以职业能力为导向，兼顾中高职课程衔接，坚持立德树人，突出核心素养，强化劳动教育，培育学生发现美、传承美、创造美的职业精神。

本课程遵循知识由易到难、技能培训从基础到综合的渐进原则，采用项目教学模式，将内容整合成 8 个项目 24 个任务。每个任务包含独立的任务目标、任务实施、任务拓展、任务评价，以及思考和练习。本次教学内容选自项目六“服装款式设计”中的任务四“服装纹样的设计训练”。依据本专业职业岗位要求，教师将任务四的知识内容进行二次开发，以企业订制式订单（“古运河旅游文化节——传承汉文化”汉服的制作）创设工作环境，形成新的拓展任务“汉服纹样的设计与应用”，在弘扬中国优秀传统文化的基础上，利用产教融合，旨在提高学生的职业

能力及核心素养。本设计由“进阶式”五模块构成：传统纹样手绘设计—传统纹样电脑绘制—汉服裁剪—汉服缝制—展示评价、成果汇报。五个模块内容环环相扣、层层递进，第一模块系统学习纹样相关的基础知识，完成汉服纹样的初步认识与设计；第二模块进行服装纹样电脑设计，将传统纹样通过电脑绘制应用于汉服中；第三至第五模块通过汉服制作的完整工艺流程将实物作品最终呈现出来。学生在循序渐进的学习过程中完成知识、技能、态度、能力等个人素养的同步提升。

本教学案例选自其中的第二模块——传统纹样电脑绘制。运用泛雅教学平台、3D CLO 三维虚拟仿真软件、微视频等信息资源和技术手段，在学生完成汉服传统纹样手绘设计的基础上，以“电脑绘制传统纹样”的真实任务作为驱动，通过小组协作、合作探究的教学方式引导学生使用 CorelDraw 软件、PS 等绘图软件，促进学生了解三维虚拟仿真系统验证传统纹样在汉服中的应用，以及了解纹样在汉服中的装饰部位和装饰要领。教学过程设计了“做—学—思—改”四个环节，不断促进学生对知识的理解和自身能力的提升。任务中传承和弘扬了中国优秀传统文化，给学生以美的熏陶，提高了学生的审美情趣和艺术修养，锻炼了学生自主学习能力、团队合作能力、创新设计能力，突出了学生主体地位，最终实现了“在做中学、在做中教”的教学理念。

一、案例描述

（一）准备阶段：预习导航、情境导入

1. 课前准备

教师活动：按照学生的知识与技能水平将他们合理分为 4 人一组，下发“古运河旅游文化节——传承汉文化”汉服订单制作、纹样设计任务及课堂评价表至学习平台；将各组设计的汉服款式在 3D CLO 三维虚拟仿真软件中建模成型；引导每组学生利用线上线下资源搜集汉服图片，初步了解纹样设计的知识，并对所完成的手绘稿进行修改和完善；强调服装工作室的工作流程、操作规范和制度要求。

学生活动：登录学习平台领取任务书，通过线上线下查阅资料，了解关于汉服纹样的装饰要领；搜集纹样在汉服中的装饰部位及装饰要领并进行梳理、归纳；利用问卷星、校园随机采访等形式进行调研，了解当代人对汉服的喜好及对纹样的要求；对上一任务完成的汉服纹样手绘稿进行修改和完善；熟知PS、CorelDRAW及3D CLO三维虚拟仿真软件的操作功能和使用方法。

（设计意图：以“古运河旅游文化节”汉服设计展为契机下达任务书，为学生提供实习和锻炼机会；通过问卷星、校园随访的形式帮助学生了解人们对汉服纹样的喜好和认知，为了解本课的纹样装饰部位和装饰要领做准备；学生熟练操作信息化软件的能力与新课程标准和技能大赛的要求相吻合，也是当前职业岗位的需求；网络课程教学平台适时监控学生预习、参与互动和解决问题等情况，查看学生提交的资料，及时了解学生预习效果，适时调整教学策略，补充教学资源；让学生进入真实工作环境，规范职业行为。）

2. 情境导入

播放“汉服掌柜”赵秀丽“一针一线皆匠心”的专题视频，引导学生观察视频中汉服纹样的设计要素及部位安排，体会赵秀丽立志发扬中国优秀传统文化的爱国精神和对传统手工艺追求极致的大国工匠精神，激发学生的创作热情和爱国情怀。

各小组代表分别上台展示课前搜集的汉服图片，讲解纹样图案的寓意及其在汉服不同部位的应用。此时，有其他小组成员提出疑惑：不同形式的纹样并不能按设计者的意图任意放置在汉服上，所放位置是否有规律可循？

带着疑问，教师用3D CLO三维虚拟仿真软件展示上个教学单元已设计好的汉服，结合上节课各组已完成的纹样设计图稿，布置本节课的任务——如何运用“形式美”法则将纹样装饰到汉服恰当的位置。

（设计意图：通过对大国工匠职业追求与职业能力的介绍，使学生对传统手工艺制作产生特殊情感，加深他们对中国服装文化的了解，厚植热爱中国优秀传统文化的情怀。）

（二）探究阶段：探索新知、巩固应用

1. 探索新知，课堂提升

任务一：探究汉服纹样的装饰部位

各小组利用三维仿真软件，结合课前搜集的资料，积极讨论汉服纹样常见的装饰部位并发表自己的见解，其他小组成员补充。

教师引导和鼓励学生多感悟、多尝试，最终帮助学生总结得出：汉服中常见的纹样装饰部位有领、袖、肩、前胸、后背、门襟、下摆等处。

学生提出疑问：在汉服的图片中发现纹样有多种不同的组织形式，如二方连续纹样等，这些不同的组织形式是否可以任意设计在汉服的各个部位？

任务二：探究汉服不同部位的纹样组织形式

教师帮助学生回顾纹样的组织形式有单独纹样、适合纹样和连续纹样三类，它们的形式和特点各有不同。小组互助探讨究竟运用什么样的组织形式才能使纹样在汉服中起到点睛之笔的作用而不是画蛇添足？

各组同学利用三维仿真软件对纹样进行多种变形处理，并反复尝试做出纹样在汉服各个部位的效果图后总结得出：衣领处的纹样形式基本以二方连续为主；袖子上的纹样以角隅纹样居多；前胸和后背由于面积较大往往是单独纹样、适合纹样的最佳装饰部位；下摆一般与领口的装饰相互呼应，形成完整的连续纹样。

任务三：探究纹样的装饰要领

教师将上一任务中已设计好的手绘纹样图稿扫描至 3D CLO 三维虚拟仿真软件中，各小组对设计方案各抒己见，交流争论。此时，教师提出问题：汉服装饰中的纹样设计可以从哪几个方面入手？要领有哪些？学生展开头脑风暴，利用教学平台展示所思所想，得出关键词云图。教师总结得出：纹样的色彩、形状、大小、材质、寓意等相关要素都要和本组设计的汉服主题相契合，并让学生通过思维导图的方式拓宽思路，找到设计灵感。

学习了本课的重点知识后，学生都摩拳擦掌，争相尝试。各小组集思广益，成员间相互启发。另外，教师为每组安排一名技能大赛获奖学生协助小组成员完成设计初稿，在完成本课难点内容教学的同时，将大赛技能标准和职业规范传播给每一位学生，提高学生的职业道德素养。

教师巡回指导各组作品，并提出修改建议。各小组完成初稿后上传至学习平台，其他小组给予点评并给出修改建议，教师和企业设计师从纹样造型、色彩、面料等专业角度给出专业意见，并建议各组再次观看各类汉服设计视频，从中国传统文化中发现美、欣赏美、体验美，最终创造美。

2. 小组协作，巩固应用

各小组根据同学、老师及企业设计师的意见重新审视图稿，并讨论纹样设计在汉服中的具体应用要领。教师在指导的同时提醒学生注意纹样的设计要遵循繁简相映、多少相宜、以一当十的原则，要注意服装纹样的使用是为了增加服装的美，美则加，不美则减。各小组热烈讨论并反复实践，最终完成设计稿。

（设计意图：通过对汉服造型、色彩、面料等方面的专业指导，使学生感知汉服整体文化底蕴与服饰搭配的技巧，增强其对服装美学的鉴赏能力，培养学生作品制作的审美。）

（三）总结阶段：总结评价、拓展提升

1. 小组作品展示，多元评价总结

各小组将作品上传至学习平台，每小组选派一名代表讲解本组设计思路和理念，教师引导学生在泛雅教学平台根据任务评价表的各项要求对各小组作品进行评价和打分，选出优胜小组。同时进行组间评价，学生在欣赏他组作品的同时倾听其他同学的建议，从而发现本组作品的不足之处。最后，教师和企业设计师进行专业点评，为各小组作品提出中肯意见并给出解决问题的方法。

2. 分层作业布置，能力拓展提升

（1）基础性作业

结合多方点评的意见总结并思考解决方案，修改并完善作品后再次上传至学习平台。

（2）开放性作业

除了汉服外，中华各民族传统服装的种类还有很多，利用网络等途径搜集其他各民族的服装图案纹样设计并思考它们的设计要点和寓意。

（3）拓展提升性作业

以本节课设计的作品为基型，以本次纹样寓意为主题，为“古运河旅游文化节”设计汉服系列作品。

（设计意图：通过分层作业布置，实现因材施教，让学生在自选的学习内容中获得成功体验和对自我价值实现的满足感。）

二、案例分析

（一）对接岗位需求，优化教学内容

本案例教学以服装设计师的岗位标准的逐步推进与实施为契机，将任务目标设计对接技能大赛技能标准，学生通过任务驱动、分组协作、合作探究的方式完成任务，在“做（攻克任务、乐于实践）—学（学习方法、提升技能）—思（取人之长、补己之短）—改（完善作品、举一反三）”的过程中提升自主学习能力、团队合作能力和创新设计能力。教学中突出了学生主体地位，发挥了教师引导作用，使学生在完成工作任务的过程中实现课程的“做中学、做中教”。

（二）运用虚拟技术，实现交互体验

各教学环节有机整合了信息化教学手段。微视频、泛雅教学平台、3D CLO 三维虚拟仿真软件、CorelDRAW 软件、问卷星等信息化辅助教学手段的运用将抽象的问题具体化，解决了重难点的教学，提高了教学效率，达成了教学目标，提高了学生的学习兴趣与创新设计能力。

课前通过问卷星，使学生熟悉了调研方法，明确了问题的设置，厘清了问卷设计目标，掌握了获得有效信息的途径。课中借助希沃授课助手实现了教学场景在屏幕上的同步，教师可以有针对性地指出学生存在的问题；使用 3D CLO 三维虚拟仿真软件能够即时将二维平面效果图转化为三维穿着效果，准确呈现出服装的正面、侧面和背面，清晰检验纹样的大小、组织形式衔接流畅度等效果，给学生以直观的感受，验证了设计的可行性。

（三）贯穿多元评价，检验教学成效

教师、学生、企业设计师的评价贯穿整个教学过程，从各个方面对个人学习、小组合作学习及项目开展情况进行监控与考评。为提高学生课堂学习效率，教师安排技能大赛获奖学生加入各小组，将大赛选手吃苦耐劳、精益求精的精神传递给每一位学生。企业设计师全程跟踪，规范了工作流程和细节要求，对学生作品的肯定，增强了学生的自信心和成就感。

教师根据企业提供的技能要求和标准制定了学习效果评价表，全面考核学生任务完成情况。

（四）弘扬传统文化，促进文化育人

以“传统纹样电脑绘制”为主题，结合中国汉文化，引导学生重新重视中国传统文化，帮助学生准确把握中国传统文化蕴含的韵味和精髓，从中汲取丰富的营养并将之继承、传播和发扬光大；让学生亲自探索非遗文化、体验非遗技艺，增强对专业的兴趣，感悟劳动人民的智慧并提升自身的人文素养；学生通过查找资料和观看视频资源，从中国传统文化中感受民族纹样之美，进而传承和发扬中国优秀传统文化，这提高了文化育人的效果。

本案例基于推动中国优秀传统文化创造性转化、创新性发展的“双创”理论，立足当下，追本溯源，传承和弘扬独具特色、博大精深的中国传统文化，使学生对传统文化有了更深入的了解。以明确汉服纹样设计工作任务为例，从了解纹样装饰部位到探究纹样组织形式的应用，从实践纹样装饰要领到完成纹样图案的设计，整个过程由易到难、循序渐进，突出了本任务的教学重点——汉服纹样的设计，巧妙地突破了教学难点——纹样设计的装饰要领，真正实现“教学做合一”，顺利达成了教学目标。

本案例教学设计采用任务驱动法，各个任务层层递进，多种信息化教学手段相融合，让学生在“做—学—思—改”的过程中掌握知识和技能、提高专业水平，达到了预期的教学效果。学生能够掌握并呈现完整的设计作品，并通过拓展任务中系列作品集的完成来表达自己的设计理念，锻炼了自身有计划、有探索、有总结、有反思、有提升的良好职业素养。

三、案例启示

（一）基于“岗课赛证”融合的活力课堂可以提升学生的职业技能水平

本案例活力课堂结合服装制作与生产管理专业岗位职业能力分析，按课程标准要求对汉服纹样设计与制作工作任务中的知识、能力进行分解，基于工作过程突出关键能力和职业品格，把职业岗位所需要的知识、技

能、态度、能力等素养融入教学活动中，培养学生的职业岗位能力。本案例以任务驱动、自主探究为主，采用“以做引学、练学思拓”的探究模式，在以赛促学、以赛促改、以赛促进的学习竞赛活动中，激发学生的赛场生命活力。另外，教师可以以技能证书等级考核为评价机制，使教学实施内容按照活力课堂的自然逻辑展开，从而极大提升学生的职业技能水平。

（二）基于信息化环境应用的活力课堂可以提升学生的职场沟通能力

教师在活力课堂中引入企业真实项目，促成学生线上自由探讨，这样的学习方式激发了学生对服装设计与制作的兴趣。在教学实施过程中，教师把抽象理论转换为动画、微课，依托教学平台、3D CLO 三维虚拟仿真软件等，实现校企数据实时共享；把知识点转化为信息化环境下的实践操作点，由企业大师指导，学生团队合作、沟通协调、优势互补，在活力课堂教学策略引导下，使学生的自学能力、知识拓展能力和沟通协调能力均得到发展，达到以学生为中心培养其综合能力的目的，从而提升学生的职业素养。

（三）基于“做中学、问中学、用中学”的活力课堂可以促进学生自我实现

本案例活力课堂引入服装设计虚拟软件，学生使用软件进行色彩、纹样的设计，教师巡视指导并安排学生将设计稿上传至学习平台，其他小组点评并给出修改建议。在教学过程中，学生可以就某个知识点向教师提问，小组间也可以自由讨论，最后教师给学生布置了分层作业，设计汉服系列作品，让学生学以致用。总体来看，教师根据课程内容及学生特点，遵循学生“在做中学、在问中学、在用中学”的原则，采用“以做引学、练学思拓”的探究模式，让学生有了自我实现的机会。

参考文献：

［1］陈金国．中职数学活力课堂的基本特征与实施策略［J］．中国职业技术教育，2019（11）：10-14.

［2］任彦燕．基于微信公众平台的电网服务信息系统的设计与实现［D］．太原：太原理工大学，2020.

案例十五：基于任务驱动的“幼儿园环境创设”教学实践

江苏省邗江中等专业学校　汤　慧

【摘要】推进教师、教材、教法“三教”改革，是提升职业教育人才培养质量的重要切入口。本案例以中职学前教育专业课程“幼儿园环境创设”中“幼儿园班级区域环境创设”为教学主题，具体描述了任务驱动式教学在专业课教学中的运用，从教师、学生和幼儿园三个方面分析了活力课堂创新实践；坚持立德树人根本任务，推动课堂革命，努力为培养高素质劳动者和技术技能人才打造充满活力的课堂。

【关键词】任务驱动；幼儿园班级环境创设；活力课堂；三段六步

活力课堂不是传统的传授式课堂，而是强调在教师的精心设计和引导下，使学生联系具体生活情境，通过“在做中学、在问中学、在用中学”获得关键能力的提升。任务驱动式教学为职业学校课堂注入了新的活力，其主要特点如下：教师通过巧妙地设计教学任务，将教学内容蕴含于任务之中，使学生通过完成任务达到掌握所学知识的目的。

“幼儿园环境创设”是中职学前教育专业的专业必修课，重点在于培养学生快速、准确获取环境创设理论知识的能力，包括：帮助学生了解幼儿园环境创设的基本理论、内涵、基本原则、基本要求；指导学生掌握幼儿园的室内外环境创设方法和要点；鼓励学生积极动手创设环境，磨炼专业技能；帮助学生树立正确的儿童观、教育观和游戏活动观；培养学生批判性思维、创新性思维和团队合作精神；帮助学生成为一名具有团队合作意识的新时代优秀幼儿教师。本课程不仅注重知识性，培养学生的专业知识（如幼儿园环境要素，创设环境的原则、要求、任务等），而且强调实践性，培养学生的实际操作能力（如幼儿园环境的平面、立面设计技能等），还强调创新性，培养学生理论联系实际的能力及创新思维能力。传统教学无法为课堂注入新的“活力因子”，无法调动学生学习的积极性，而以解决问题、完成任务为主线的多维互动教学方式，能让学生在一个个实际任务的驱动下逐步探索，学生由简到繁、由易到难、循序渐进完成任务，在完成任务的过程中实现学习目标，提升自身的分析问题、解决问题的关键能力。这种课堂会给予学生极大的成就感。

一、案例描述

班级是幼儿在园活动的主要场所，是幼儿重要的生活学习空间。创设适合幼儿身心发展的班级环境是幼儿教师的重要任务之一，也是幼儿园环境创设课程的核心任务。本节课的两个学时，选取了班级环境创设中的子任务——设计班级区域环境。在此之前，学生已经通过泛雅教学平台上的学习资源对幼儿园班级环境、区域创设的理论知识进行了预习。由于学生经过之前的学习具备了一定的手工操作能力，且在幼儿园有一定的见习经验，因此结合学情和实际职业需求分析，笔者分别从知识、技能、态度、能力等方面制定了以下教学目标：理解班级各区域的作用及设置原则；能够运用多种方式整体规划班级区域；培养团队合作能力、观察能力、组织能力和大局观念。本节课的教学重点是明晰幼儿园各区域的作用和设置要点，难点是掌握班级区域整体规划的多种方式。

基于任务驱动教学理念，由“产业端”直接设置任务，通过学生完成任务实现教学目标。具体教学流程如下。

（一）准备阶段：预习导航、情境导入

1. 游戏考核，温故知新

课前，教师利用泛雅教学平台引导学生发起签到，随后引导学生进入游戏热身环节。以游戏为手段将考察幼儿园班级里的区域名称及对应的区域作为预习任务，可激发学生的学习兴趣，为接下来的学习埋下伏笔。

2. 情境创设，导出任务

新课伊始，通过H幼儿园园长的“烦恼”——H园大班的班级区域环境老旧，不符合课程游戏化的设置要求，亟待整改，导出本课的总任

务：帮助 H 园大班年级整改班级区域环境。

3. 自由分组，领取任务

用分组合作的方式让学生进行操作，各小组集思广益、创新思维，迸发出更多的灵感火花，以帮助 H 园大班打造出风格不同的班级区域环境。

（设计意图：设置工作任务情境，将专业理论知识的学习与职业岗位工作对接，增强学生的学习情感和参与意识。）

（二）探究阶段：探索新知、巩固应用

1. 案例观摩，尝试建构

教师展示课前录制的 H 园大班某班级的区域环创视频，虽然它由有经验的教师设计布置，但其中依然存在一些问题。课中，学生通过观摩和梳理，明确了大班区域的种类及其取名特色，以及这些区域游戏对幼儿发展所起的作用；初步从区域划分、游戏区域功能两方面建构班级区域创设的知识点一——幼儿园班级区域的划分。

2. 交流讨论，归纳要点

教师引导学生仔细观察视频中的案例，讨论该班级区域创设在班级整体布局、装饰美感、安全因素等方面的优劣，帮助学生建构知识点二——幼儿园班级区域环境创设的设计原则、要点。

3. 随机抽样，实施任务

教师将总任务划分成递进的三个小任务，学生小组合作实施，用实践强化理论学习。

任务一：区域平面环境设计。学生分组抽取 H 园大班需要进行区域环境设计的教室平面图，分组设计区域平面图。教师先从整体布局角度引导学生学习掌握幼儿园班级区域环境创设的理论知识，使其通过小组间的合作完成平面设计图。

任务二：区域立面环境设计。在任务一中，小组成员需要运用之前课程中掌握的幼儿园环境创设的手工技法对即将规划的区域进行立面打造，包括区域墙面打造、进区要求等。通过本任务的执行，学生可以将已有经验与新知进行融合，帮助建构自己的知识体系。

任务三：班级区域材料投放。学生需要通过整合学前游戏论、幼儿园环境创设的前几章内容来完成这一任务。此任务更具挑战性，学生完成本任务，可以全面掌握幼儿教师必备的幼儿园班级区域环境创设职业技能。

（设计意图：通过任务驱动教学和连续递进的学习内容，增强课堂探

究活动开展的节奏感，形成“比学赶帮超”的热烈气氛；多向交互可促进学生敏思捷行，让课堂充满动感和灵感。)

（三）总结阶段：总结评价、拓展提升

1. 分组展示，互评学习

各小组将三个任务的成果进行整合，选出小组汇报代表围绕区域环境平面图的设计原理及设计理由，立面设计选用材料的合理性，技艺的选用，玩具、操作材料的投放原则、要点及原因等方面展示小组成果。在小组自评和同伴互评环节，小组间可以相互学习、辩证思考、发现问题及时整改，以便共同进步。

2. 师生点评，总结升华

在小组展示后，师生共同对每一组的展示进行点评，包括理论知识的应用和实践操作的情况，教师由表及里地对学生的任务完成情况进行全面总结，并对学生接下来的幼儿园实践提出指导意见。

3. 任务升级，拓展延伸

学生领取综合任务：进入 H 园，按照课堂设计好的方案对选中的班级进行实地改造，并由班级教师、H 园园长和理论课教师共同指导点评，以用促学，全面建构学生适应未来职业需求的专业知识能力体系。

（设计意图：通过任务设计升级，促进学生迁移应用，产生创新思维，形成学习灵感和美感。)

二、案例分析

课堂活力体现在师生生命活力得到激发，是指师生的本性在合适的教学环境下得以充分表现的状态。学生的活力主要体现为自由自觉、自我实现、创新冲动、自我解放；教师的活力主要体现为志向坚定、智慧丰富、行为高效、情绪积极。本节课采用任务驱动式教学，不仅实现了师生的活力激发，还加入了另一重“活力因子”——企业（幼儿园）。与公共基础课不同，专业课教学要紧扣学生职业发展需要，了解企业用人所需，充分认识到校企合作对专业课程教学改革的重要性。

（一）通过任务驱动培养学生关键能力

打造活力课堂的最终目的在于培养学生的关键能力。本节课通过设置真实的任务情境，应用任务驱动式教学完成最终任务；以 H 园大班年级班级区域环境创设为目标，在每一阶段子任务中，帮助学生发展相应的关键能力。例如，通过情境分析，学生能够大胆思考、勇敢质疑，其辩证思维能力得到激活；在领取平面设计、立面制作和玩教具材料摆放任务时，学生需要团队协作、积极思考、大胆创新；在小组展示时，学生需要具备沟通交流的能力等。

学生关键能力的习得不仅有利于对本专业知识的掌握，更对其未来职业发展有着深刻的意义，这些能力是成为一名合格的幼儿教师所必备的核心要素。

（二）通过任务驱动改变教师课堂角色

活力课堂的另一重要角色是教师，建构主义认为，教师应当是学生学习的帮助者、引导者，教学应当以教师为主导，以学生为主体。本课通过任务驱动式教学实现了教师角色的转变。教师是任务的创立者，是学生完成任务的支持者与帮助者。在活力课堂中，不论是理论知识的建构还是实践操作，都由传统教学中的“授人以鱼”变成了“授人以渔”。在学生执行子任务的过程中，教师强调学生能动性的发挥，引导学生自行建构知识体系、总结概括相应理论知识点；在实践操作任务中，教师充当观察记录者的身份，从旁观察并适时指导，将课堂交给学生，让学生在实践操作中成长；在汇报展示中，教师是引导者和情感支持者，鼓励学生大胆展示自我。总之，教师在这节课中兼具多重角色，如同伴、记录员、情感支持者、引导者等。对于教师而言，这才是活力课堂的理想状态。

（三）通过任务驱动加深校企合作

本课根据幼儿园派发的任务进行设计，拉近了学校与幼儿园的距离。在任务执行过程中，视频、微课资源也来自幼儿园，这让学生对未来工作场景有了进一步的了解；分任务中要求学生“以产促学”，帮助幼儿园大班年级完成教室区域的改造，提前给予学生上岗学习的机会，让学生对幼儿教师的职业内容有了直观感受。一般三产类专业在校企合作层面远不如二产类专业落实得深刻，然而任务驱动式教学能够让幼儿园成为课堂的

"活力因子"，由幼儿园派发任务，让学生直面挑战，更早了解幼儿园文化，适应幼儿园的工作任务，为学生未来就业奠定良好基础。

三、案例启示

大多数中职学生存在学习习惯不良、学习基础薄弱的问题，对枯燥的专业知识学习兴趣不高，上课多存在睡觉、玩手机等不良现象，以致学习质态差，难以成长为用人单位所需的高素质人才。改变课堂质态、给职教课堂注入活力，符合新时代发展需求，能促进学生、老师和企业共同进步。任务驱动式教学为构建活力课堂提供了有效的方法。

（一）设计多元化任务，是促进全体学生自我实现、自我解放的有效途径

任务驱动式教学作为职业教育的重要教学方法，其教学形式新颖，能激发学生的学习兴趣，使学生的创造性得到提高；能促进和谐师生关系的建立，有效提高课堂教学效率和质量；能促成教学目标的实现，培养学生多种能力，促进学生职业能力的形成。多元化任务的设置要充分体现活力课堂差异化教学理念，教师应设置不同层次的真实任务让学生自主选择，使学生在解决实际问题中增长知识和技能。多元化的任务要凸显学生的个体差异性，教师通过不同层次任务的设置，让学习力不同的学生在不同的任务学习中都能获得发展、超越自我，促进自我实现、自我解放。

（二）采用真实性任务，是促进校企合作、双主体育人的有效机制

为深化产教融合、校企合作，可以由幼儿园牵头，由中职学校幼师教学团队参与，使其共同实施幼儿园环境设计与建设项目。在具体项目任务实施过程中，可将项目任务分解成若干个易感知、易操作、易协作、易实施的小任务，这种实践性强的小任务能提前让学生适应未来职业的岗位环境和工作情境，帮助学生缩短顶岗过渡期，学生在校就能体验幼儿园工作任务，了解新时代幼儿园环境管理要素，发展学生在幼儿园班级建设方面的职业素养。这种采用幼儿园真实性任务实施活力课堂的教学方式，可以促进学生更有激情地学习与创造，是促进校企合作、双主体育人的有效机制。

参考文献：

[1] 陈金国. 中职数学活力课堂的基本特征与实施策略 [J]. 中国职业技术教育，2019 (11)：10-14.

[2] 陈朗. 任务驱动教学法 (TBL) 在中职《餐饮服务与管理》教学中的应用研究 [D]. 广州：广东技术师范学院，2016.

[3] 郭绍彬. 建构活力课堂，培养中职学生关键能力 [J]. 课程教育研究，2019 (17)：189-190.

[4] 韩丽莹. 任务驱动为导向的景观设计活力课堂教学改革实践 [J]. 艺术教育，2018 (9)：134-135.

[5] 马艳琴. 基于"教学生活化"理念构建中职数学活力课堂案例研究：以"小蛮腰的秘密之双曲线的渐近线"课题为例 [J]. 科学咨询，2019 (16)：80-82.

案例十六：六步螺旋：中职专业课程活力课堂有效探究模式

江苏省宝应中等专业学校　朱　俊

【摘要】 遵循中职活力课堂教学模式，本案例以中职建筑制图“同坡屋面”为教学主题，介绍了基于活力课堂“三段六步”教学结构程序的教学设计，分析了“六步螺旋”探究模式在构建中职专业课程活力课堂中的作用，阐述了作为“六步螺旋”核心要素的“四真”教学策略的价值与启示。

【关键词】 专业课程；活力课堂；六步螺旋；探究模式

《职业教育提质培优行动计划（2020—2023年）》提出：推动职业学校“课堂革命”，将课堂教学改革推向纵深。如何才能将职业学校课堂教学改革推向纵深？有学者认为，职业学校课堂教学改革的关键是“改课”。改课的目的就是把课堂还给学生，让课堂焕发出生命活力，只有这样，学生的职业素养和能力才有可能得到较好的培养和提升。因此，打造活力课堂，让职校生在课堂上焕发旺盛的生命力，既是推动职业学校课堂革命的逻辑起点，也是将课堂教学改革推向纵深的内生动力。下面笔者结合中职建筑制图“同坡屋面”活力课堂教学设计与实施案例进行分析。

一、案例描述

同坡屋面是建筑物的重要构成，是中职“建筑制图与识图”课程的重要内容。本次授课对象为中职建筑施工专业二年级学生，他们有建筑制图基础，会CAD制图，能对简单形体进行BIM建模。本任务采用中职活力课堂“三段六步”教学结构程序实施教学。

（一）准备阶段：预习导航、情境导入

学生课前开展教学平台资源学习、交流、研讨，利用学习任务单了解同坡屋面的基础知识。教师及时检查和反馈学生的预习情况，并结合实际微调教学方案。播放同坡屋面现场施工的视频引入新课，渲染学习场景，有助于学生凝练概念，教师再通过驱动型问题引导学生反思，主动探究新知。

（二）探究阶段：探索新知、巩固应用

教师整理课前学生预习的反馈信息，将用时多、提问多的问题作为课中探究的资源，即探究起点。

步骤一：自主发现问题。教师与学生对提问多、疑惑多的问题进行梳理，凝练为学习之问，如“哪些屋面可以称为同坡屋面”“同坡屋面天沟线与斜脊线的区分方法是什么”“同坡屋面三面投影绘制要点是什么”。

步骤二：虚拟仿真演练。教师引导学生运用仿真软件并结合学习之问开展仿真训练，将抽象概念直观化，回归学习之问，探究初步结论，对同坡屋面的定义、组成等概念性问题进行尝试性解答与归纳。

步骤三：做中领悟要点。学生运用仿真软件开展尝试性探究，教师播放课前拍摄好的彩纸折叠同坡屋面的视频，要求各组设计一款两跨同坡屋面，并在规定时间用彩纸折叠好。各组讨论并尝试折叠，确定设计款式，布置探究任务：屋脊线、檐口线、天沟线及斜脊线的位置及区别。

步骤四：展示交流完善。学生通过折纸活动对同坡屋面有了一定理解。教师请各组展示两跨同坡屋面的设计作品，分享设计思路。师生共同分析、归纳出同坡屋面的投影特性。

步骤五：赛中固化技能。在前面学习的基础上，学生能够运用同坡屋面投影特性绘制简单的同坡屋面投影图。为进一步巩固学生绘图技能，各组在教学平台完成专项训练，熟练技能；限时竞赛，提升技能。

步骤六：新知迁移应用。教师提供真实工程，各组利用 CAD 绘制同坡屋面三面投影图并上传至学习平台，师生共同点评。教师指导学生进行 BIM 建模，拓展学生专业技能。

同坡屋面 H 面投影图出错率较高，教师让学生先进行角平分专项练习，再进行交点处至少有三条线的专项练习，最后进行整合练习。强化难点专练，形成解决问题技巧。

（三）总结阶段：总结评价、拓展提升

教学任务完成后，各组绘制思维导图并上传至平台，学生代表结合思维导图上台讲述本课主要知识点，师生再开展学习情况评价。为进一步提高学生灵活运用能力，教师要求学生在教学平台完成课后拓展练习。

（设计意图：通过“六步螺旋”探究过程，教师不断将学生思维向高阶方向引领，鼓励学生质疑问难、探究学习，激发学生求知欲。由做中学的体验获得，产生课堂动感；由问中学的质疑思辨，产生课堂灵感；由用中学的心理满足，产生课堂美感。）

二、案例分析

以上教学案例设计依据活力课堂教学范式，遵循布鲁纳认知结构理论。该理论认为，认知的过程实质上是建立在已有经验之上的，是个体逐步熟悉和理解知识和技能的过程，即认知活动是一种分阶段的循序渐进、螺旋上升的过程。由此，我们得到两点启示：第一，课堂中要分阶段、按步骤开展探究活动；第二，课堂活力是不同阶段活力的共同组成、逐步呈现。

本案例结合了中职生心理、年龄、认知等特点，通过“自主发现问题、虚拟仿真演练、做中领悟要点、展示交流完善、赛中固化技能、新知迁移应用”六大步骤组成的“六步螺旋”探究模式（见图1），激发了学生和老师的活力，也通过师生、生生彼此之间的融合促进，让课堂活力得以有机展现。

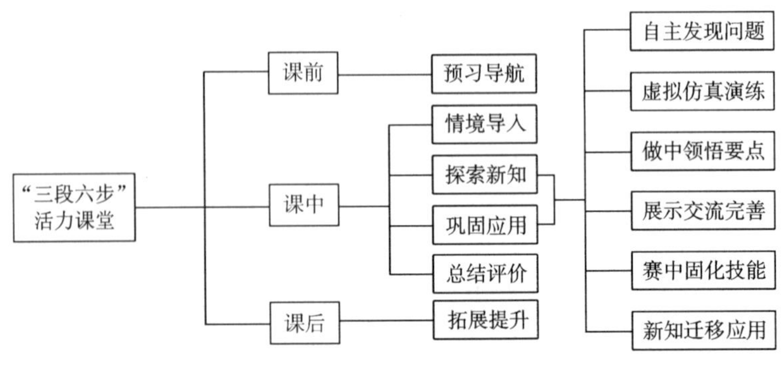

图1 “六步螺旋”探究模式

（一）自主发现问题，注入原生活力

所谓自主发现问题，就是通过播放视频、动画、微课等，让学生自主交流、研讨其中的内容，产生思维冲突，从而提出问题。

自主发现问题，就是把空间和时间还给学生，学生快速进入学习状态，变成课堂的主体，他们的学习能动性提高了，学习投入度也增强了。本案例中，首先，在探究新知的起始阶段，师生梳理课前预习，凝练成学习之问。一是课堂主体由教师变为学生，二是问题源于学生。探究过程就是帮助学生释疑的过程，教学应紧紧围绕学生自身的需求展开，让学生感受到“教学是为了我自己”，从而激发学生探究问题的原动力。其次，对于提出的“哪些屋面可以称为同坡屋面”等问题，经过课前探讨，学生对此既有解决的期许，也在情感和能力上有了准备，随后在教师的帮助下，看到了解决问题的希望，自然能产生更多的思维碰撞，课堂探究欲望更加高涨。学习中的问题，犹如一座座闪烁着的光亮灯塔，是新知探究的逻辑和认知起点，为学生有效深入开展学习活动指引方向。实践证明，学生自主提出的问题更有价值。自主提问更能激发学生学习的热情，引发课堂共鸣，促进课堂和谐互动。让学生自主发现问题，充分体现活力课堂“三少三多、三变三学”教学策略，把课堂交给学生，学生能迅速进入探究状态，他们的课堂自主性愈发凸显，学习热情更加高涨。

（二）虚拟仿真演练，倍增认知活力

所谓虚拟仿真演练，就是借助教学软件帮助学生对抽象概念进行直观认知，通过演练，学生能直观掌握概念的内在关联和核心组成。

认识事物，都是从未知到已知，从知之甚少到知之甚多，认识是一个螺旋式上升的过程。本案例中，学生通过仿真软件反复演练，进一步理解了同坡屋面四种线的区别，把原本属于符号的知识与学生原有经验有机结合起来，激发了学生的认知活力。学生的认知活力反过来对教师在教学上的投入度具有正向促进作用，同时也能有效弥补中职生浅层学习的不足。实践发现，中职课堂往往不缺乏“热闹”，但大多数的“热闹”课堂并不能帮助学生开展深层次的学习。那么，如何在保证认知热度不减的情况下，真正促进中职生开展有效学习呢？本案例中，教师针对初始问题，引导学生借助虚拟仿真软件掌握知识内核，通过虚拟仿真演练，有效改善了学生以往的行为热闹而思维沉寂的课堂学习状态。另外，虚拟仿真演练突

破了时间、空间的限制，可以让学生反复训练、揣摩，实现由“知之甚少”到“知之甚多”的突破，学生在自主体验中深层理解知识，解决学习困惑。

（三）做中领悟要点，强化行为活力

所谓做中领悟要点，就是组织学生开展与学习任务相关的实践活动，让学生在操作中体验概念中所蕴含的核心要素，并加以运用。

“在做中学、在问中学、在用中学”是活力课堂的基本教学原则。同时，不同的知识也应采用不同的教学方法，以更好地帮助学生深层理解概念中隐含的核心要素。本案例中，学生提出的“同坡屋面天沟线与斜脊线的区别”等问题，只有在掌握了概念隐含的意义的基础上，才能更好地加以区分。“同坡屋面三面投影绘制”作为本任务的难点之一，对学生程序性知识的认知要求比较高，学生需通过不断实践才能领悟程序要点。因此，在虚拟仿真演练之后，教师应设置紧密结合教学目标、适合学生特点的教学活动，在学生“做”的同时引导其不断领悟。“做”的过程，就是学生活力参与的过程，是学生充分应用知识的过程；“领悟”的过程，暗含着逻辑分析。总而言之，做中领悟要点，首先是让师生在行为上有效地参与课堂，课堂“动”了起来；“做”使得“领悟”对象更加清晰，课堂“亮”了起来；不同学生做的效果有所区别，知识呈现方式各有不同，课堂呈现更加多元化，课堂“灵”了起来。因而，做中领悟要点，最终使学生、知识、教师三者形成有机整体，课堂“活”出了意义。

（四）展示交流完善，提升交互活力

所谓展示交流完善，即以小组为单位向全班展示学习成果，并进行相关表述，或就学习中的某个（些）问题、疑惑进行阐述，其他小组对此展开交流与讨论，形成正确结论。

展示交流，是在学习已经达到一定成效下，对知识的再次提炼和升华，学生通过概括与表述，使自身思维清晰并形成正确结论。展示交流体现了活力课堂多向交互与多元生成的要求。同时，该步骤也能检测学生的学习有没有真正发生，学生是否真正理解了知识。本案例中，学生借助网络资源进行学习，开展小组讨论、折纸尝试，通过对同坡屋面设计的讨论，学生深入理解了四种线的特点及其位置。课堂学与教的过程，实质也是师生对知识解释之后的理解，通过多向交互与对话，知识的传递由原本

的“由师到生”的单一样态向师生、生生、生本等多样态转变。另外，课堂展示是由学生面向全体师生进行表达，尽管“完善”具有思维的收敛性，但这种收敛指向要素间的联结。因而，该步骤为学生创设多种理解渠道，让学生得到充分的展示与交流，并在师生共同总结、归纳、提炼中有效解决了初始的学习之问，是“六步螺旋”探究模式中的重要环节。

（五）赛中固化技能，增强竞争活力

所谓赛中固化技能，即教师结合课程标准、职业岗位要求创设比赛镜脉，开展与职业能力相匹配的课堂竞赛，学习小组运用已掌握的知识参与竞赛。

按照专业人才培养方案和课程标准，本案例中，教师指导学生开展同坡屋面三面投影图绘制竞赛，从三个维度激发了课堂活力：第一，激发了教师课前准备活力。活力课堂要求课堂无效教学环节要少，教师的课前准备势必要更加充分。例如，竞赛任务要适配课程标准、人才培养方案，需要教师深入研究，加强与行业、企业岗位的对接、融合；竞赛活动中的课堂组织，需要教师课前做方案准备，也需要教师全程参与，有时甚至需要教师“眼观四路、耳听八方”；最后的评价，需要教师积极参与、有效调动，这样学生才能更加自由自主。第二，激发了学生活力。学生通常对具有适度挑战性的任务的学习更有兴趣。竞赛本身具有挑战性，对学生的参与热情、学习潜能激发效果好，学生将由“要我学”变为“我要学”“我快乐地学”。第三，丰富了课内外联结，改善了课堂样态，提升了学习效度。中职生在学习过程中有时还会表现出畏难情绪，他们一旦遇到抽象的、难懂的内容（如建筑施工图纸的学习）就会排斥。教师将课堂外的未来岗位知识通过竞赛的方式融入课堂中，调动学生积极读图、识图、绘图，从而促进学生的学习积极性。

（六）新知迁移应用，彰显生命活力

所谓新知迁移应用，即教师将知识与行业、企业的真实岗位相融合，并结合课程标准和人才培养方案，创设适切教学情景，引导学生运用所学知识解决真实问题。

真实问题产生于真实智慧。教师首先通过引导学生解决真实问题，回应并解决了学习之初的学习之问。同时，在新情境下运用新知，学生还会产生与真实场景相关的新的问题，学习又会形成有机循环。职业教育的显

著特征是受教育者能够切实联系生产实际，解决将来岗位上的真实问题。人才培养方案要求学生不仅能看懂图纸，而且能识读图纸，成为图纸的再现者和项目的施工者。本案例中，教师整合了综合性、典型性、适应性更强的同坡屋面项目，要求学生在绘制三面投影、识读图纸的基础上，通过BIM 建模对接企业新要求等，突出“做中学、问中学、用中学”，激发教学目标的活力和师生生命的活力。因此，在教学中，要以符合行业和产业发展要求的综合能力为培养目标，教师从施工企业中寻找真实的项目，在教学设计中加入岗位新需求的知识和技能，进行二次教学内容的开发。

三、案例启示

打造“活力课堂”是一项长期而又复杂的系统工程，要做到“求真”与“大气”的融合。在“求真”方面，既要寻求规律之真，让“活力课堂”在符合教育规律的轨道上行稳致远；又要寻求现实之真，让“活力课堂”引领师生不断超越现实、超越自我。因此，从全局视角出发，如何利用“六步螺旋”探究模式真正激发中职专业课程的课堂活力，我们认为，应让“真、善、美”和谐共生在螺旋探究之中，并且更突出“真”，方能尽善尽美。

（一）在真实场景下真学

首先，大多数行业都要求学生除了学习理论知识外，还需要加强对实践的了解，以增强面对真实岗位中的突发性问题的处理能力。其次，真实问题产生于真实智慧。学生在真实的情景下，学习兴趣更浓，学习投入度更高。因此，各专业教师应依据人才培养方案和课程标准，选择适合中职生年龄特点和学习特点的真实工作场景，搭建合适的“脚手架”，弥补中职生空间想象能力的不足，将抽象概念转变为形象知识，帮助中职生更全面地理解概念，帮助学生学到“真经”。具体可采用两种方法：一是充分发挥互联网海量信息的优势，形成课程学习资源。师生在学习主题引导下，通过互联网查找各种与主题相关的视频并上传至平台，形成课前学习资源。该方式实现了先学后教，同时解决了中职生课前预习习惯差的问题，无形中引导他们先进行课程文本阅读，熟悉相关知识。二是与行业企业岗位深度融合，深入工作现场，组织学生实操，通过学生在工作现场实操中的所观、所想等，明晰知识概念，厘清学习困惑，疏通学习堵点。

（二）借理虚实平台真练

从知识的容量角度看，学习是一个从未知到已知、从知之甚少到知之甚多的过程。原有知识的多少是为建立新知的意义服务的，只有建立了新知的意义，学习才算真正发生。因而，如何帮助学生更好地建立起知识的意义，开展不同情景下的知识的运用非常重要。教师可以借助现代信息技术，融行业生产现场模拟视频、动画等为一体，开发专业实训仿真平台，为学生提供更为方便的工作场景。学生使用该平台，能开展专业课程学习、实操、模拟、探究等，可以循环训练，解决诸多实际操作问题。实训仿真平台会自动记录学生操作的过程及步骤，教师可以根据学生操作情况开展教学诊断，实时反馈学生的学习效果，给出指导建议，帮助学生在不同境域下随时、反复、循环学习，加深对知识的理解，深层建立知识的意义。

（三）在实际项目中真用

在教学实践中，中职生的学业基础、学习习惯等只是他们学习效果不够理想的部分因素，如果能激发出中职生强大的学习动力，那么他们的学习效果会更好。学习动力源于中职生内在的学习需要。研究发现，当社会角色被赋予相应的社会责任时，就能激发他们强大的内心需求。因而，开展与人才培养方案和课程标准要求相一致的、适合中职学生特点的实际工作项目，是激发中职生学习动力的策略之一。另外，中职生专业核心能力和职业综合能力，也需要在实际工作项目中得到有效培养。因此，在课堂教学实践中，教师应一以贯之坚持“工作图纸、方案即教材”的理念，结合课程标准，对接岗位要求，对岗位项目进行二次开发，实现学生的学习过程即岗位生产过程，努力将实际项目全真运用到教学中。

（四）在问题导向里真思

学习反思不是学习活动的结束，而是新的学习的开始。“六步螺旋”探究模式的每一个步骤，都暗含着引导学生进行学习反思的要求，如自主发现问题的步骤中，若缺少反思，学生就无法提出实质性的问题；再如新知迁移应用的步骤中，学生如果没有开展实质性的反思，就无法总结出概念中的关键点，知识迁移与应用就无从谈起。事实上，新知迁移应用是以问题解决为反思逻辑路径的，这促进了学生运用知识解决问题的智慧的升华，从而逐步达成学以致用的效果。

生命本真的需求是多维度的，有对知识的渴望，有对人际交往的期待，也有对更多、更宝贵的教育价值的追求。因而，我们在教学中应不断地涉及学生整个人，而不仅仅是教育者为学习者提供事实，这样才能让学生真正体验到生命的价值感、认同感和归属感，这样的课堂必定越发彰显活力。

参考文献：

［1］陈金国．中职数学活力课堂的基本特征与实施策略［J］．中国职业技术教育，2019（11）：10-14.

［2］耿健．“做中学，做中教”教学模式的实践与思考［J］．中国职业技术教育，2012（14）：26-30.

［3］石中英．学校活力的内涵和源泉［J］．河北师范大学学报（教育科学版），2017，19（2）：5-7.

［4］陈金国．具身认知在中职数学活力课堂中的应用研究［J］．江苏教育研究，2019（C6）：38-41.

［5］陈金国．活力课堂视域下中职课堂教学诊断与改进现状的调查分析［J］．职教通讯，2020（10）：97-106.

第十章

中等职业学校教师活力课堂获奖作品选编

获奖作品一："基坑工程施工"教学实施报告

江苏省江都中等专业学校　陈文博

（2019年全国职业院校技能大赛教学能力比赛一等奖）

"基础工程施工"是中职建筑工程施工专业学生必修的专业核心课，是一门专业理论和专业实践紧密结合的必修课，在中职建筑工程施工专业第三学期开设，共64学时，4学分。本课程的任务是使学生熟悉地基与基础工程各细部构造要求，根据所提供的真实工程施工图纸，明确地基与基础工程施工的工作任务及要求；在教师指导下或借助国家及行业的相关规范、工具书、手册及标准图集等，制订工作计划，掌握各施工工艺操作要点、难点及控制重点，进行基础工程各项施工，填写施工技术资料。本课结合建筑产业发展，对接国家职业标准和行业标准，从施工员岗位核心能力出发，以施工过程为主线构建模块化课程体系，以真实项目的"基坑工程施工"为载体，运用"三段六步"教学结构程序实施教学，构建活力课堂。

一、教学整体设计

（一）课程结构设计

依托人才培养方案，对接产业发展和岗位要求，以施工过程为依据，以工作过程为主线，将课程内容整合为五个模块，逐步解决基础工程施工问题。每个模块划分为若干个典型的施工项目，每个项目基于真实工程的工作任务实施教学，提升学生岗位综合能力。本次教学内容为模块三“基坑工程施工”。(见图 1)

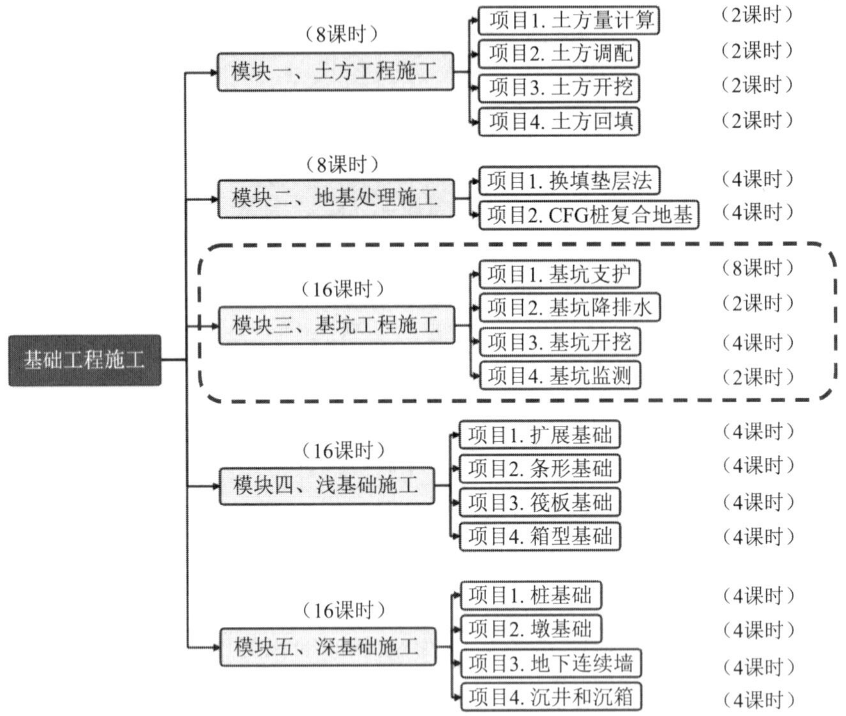

图 1　课程结构体系

（二）教学模块设计

模块三“基坑工程施工”依据施工过程划分为基坑支护、基坑降排水、基坑开挖和基坑监测四个项目。每个项目的开展都基于真实工程的施工任务。根据项目具体内容的不同，注重从不同维度培养学生的技能和素养。不同项目的培养目标相互融合，目的是提升学生作为一名施工人员的必备品格和关键能力。(见图 2、图 3)

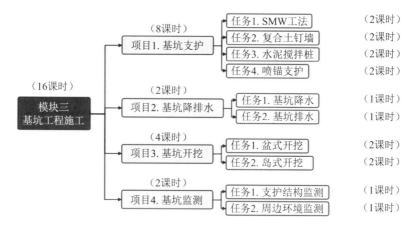

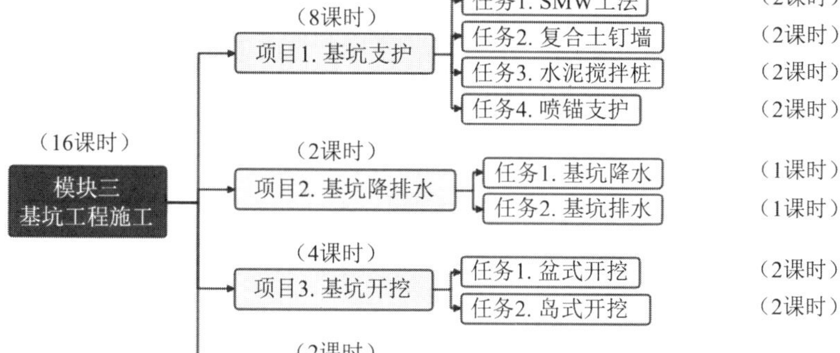

图 2　教学模块设计

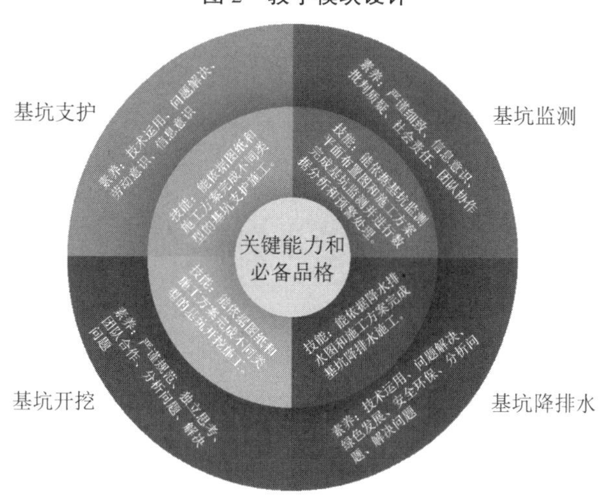

图 3　必备品格和关键能力培养

以基坑支护项目为例。本项目在技能方面重点培养学生依据图纸和施工方案完成不同类型的基坑支护施工的能力，在素养方面重点培养学生的技术运用能力、问题解决能力、劳动意识和信息意识等。依据工程实际调研和产业发展现状，重点探究 SMW 工法、复合土钉墙、水泥搅拌桩和喷锚支护四个任务，每个任务基于工作过程，将识读图纸、理解施工方案、现场施工及质量检验等能力培养融入其中，实现教学过程和工作过程的对接。

（三）课程思政设计

以立德树人为出发点，系统梳理建筑行业的思政教育元素，在不同项

目中融入精益求精、安全规范、大国建造等思政教育理念；将建筑施工专业所必备的职业规范、职业安全、职业道德和职业精神融入具体的项目和任务中。各项目课程思政培养目标重点突出且相互交融，最终架构起本课程的思政教育体系。(见图 4)

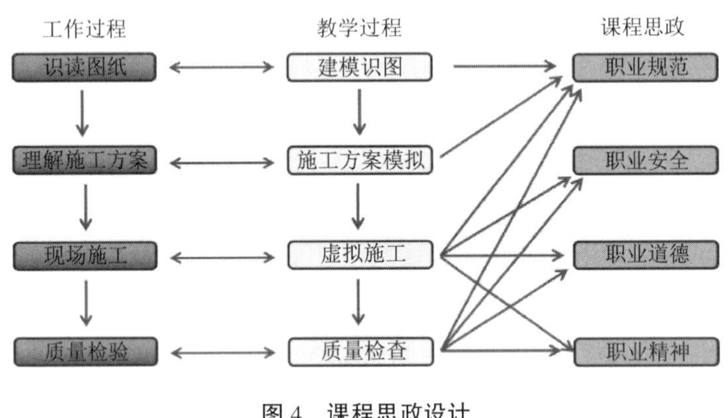

图 4　课程思政设计

二、教学实施

（一）学情分析

1. 已有基础

建筑工程施工专业二年级的学生已经学习了“建筑测量”“建筑制图”等基础课程，掌握了基坑支护和降排水内容，能运用 BIM 软件进行建模和方案模拟，能熟练使用教学平台。通过课前学习学生已经掌握了基坑开挖的施工准备、方案选择和基本原则等知识。

2. 不足之处

学生较难理解基坑支撑图，对后浇带和支撑的施工存在畏难情绪，同时对实际工程施工了解较少，缺乏规范操作、安全施工的工程意识。

（二）目标分析

遵循专业人才培养方案，基于“岗课赛证”融合，将“岗位标准、课程标准、大赛标准、证书标准”转化为合适的学习目标，关注学生个体差异，呼应学习基础，设立教学目标。

（1）熟悉地基与基础工程各细部构造要求。

（2）掌握施工工艺、难点及控制点。

（3）依据规范、图纸编制施工方案。

（4）依据图纸和施工方案安全规范地完成施工任务。

（5）形成质量第一、严格遵守施工工艺规程和文明绿色施工的岗位意识。

（三）教学策略

1. 采用“三段六步”教学结构程序，建构活力课堂

本课以真实施工案例为载体，用任务贯穿教学始终，运用“三段六步”稳变结合的教学结构程序建构活力课堂，还采用了活力课堂“三变三学”教学策略。

2. 基于工作过程导向，实施任务驱动式教学

“基础工程施工”课程实践性强、综合程度高，是“建筑识图”“建筑材料”“建筑测量”等课程的综合运用。由于基础工程施工复杂、难度大、工期久，因此必须将培养学生应具备的知识、技能和素养融入典型工程的任务中实施教学。

以项目1“基坑支护”为例。基坑支护类型较多，本项目结合工程应用实际和产业发展，积极推进新技术、新工艺进课堂，分别选取了SMW工法、复合土钉墙、水泥搅拌桩和喷锚支护四个典型施工任务。

以“喷锚支护”为例。它是基于“莱茵广场”基坑支护的真实工作任务展开的，学生的工作过程即识读图纸、理解施工方案、现场施工和质量检验；教学过程依次对应为借助BIM建模识读图纸、借助BIM三维施工策划软件理解施工方案、借助虚拟施工软件模拟现场施工、借助质量管控系统进行质量检查。除此之外，教学过程中还应涉及借助智慧工地管理平台全方位把控施工现场，多角度提升学生的综合能力和职业素养。整个“基础工程施工”课程的教学均按照此模式开展，由此构建了基于工作过程的任务驱动式课堂。（见图5）

3. 借助双向融合的信息技术，打造虚实融合的现代化施工课堂

基坑工程属于重要的隐蔽工程之一，其施工工艺复杂、危险性大、工期长、综合程度高，学生实践困难。本课通过教学资源与工作岗位专业软件双向融合的信息技术，打造了满足教学要求、服务产业发展、对接岗位要求的现代施工课堂。

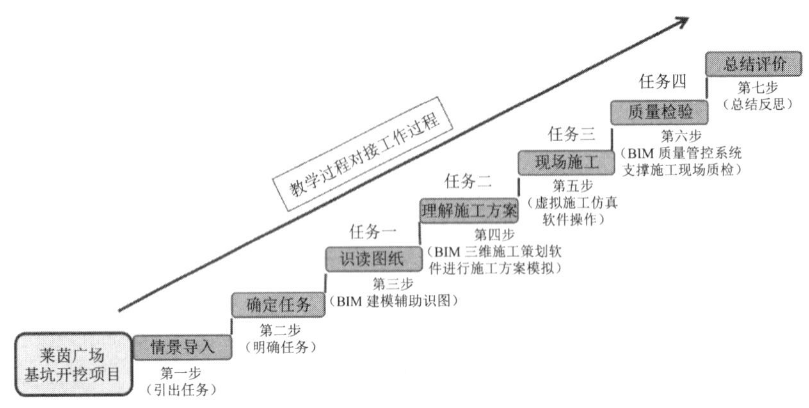

图 5　基于工作过程的任务驱动式课堂

借助建模软件、三维施工策划软件识读图纸和理解施工方案的同时，对接职业技能标准。在虚拟施工仿真平台还原施工现场，提升学生在施工现场的管理能力。结合产业发展和岗位要求，将智慧工地管理平台和质量管控系统等建筑行业新动态引进课堂，提升学生的岗位适应能力。

以项目 3“基坑开挖”中任务 2“岛式开挖”为例。学生首先进行 BIM 建模，在建模过程中深度理解图纸和基坑内部构造。课堂上各小组展示汇报，质疑交流。然后借助 BIM 三维施工策划软件完成对施工方案的模拟，深度理解方案。在此基础上，借助虚拟施工仿真软件模拟施工过程，掌握施工工艺和要点。最后借助质量管控系统还原真实工程的质检过程，打造基于信息技术的现代化施工课堂。（见图 6 至图 10）

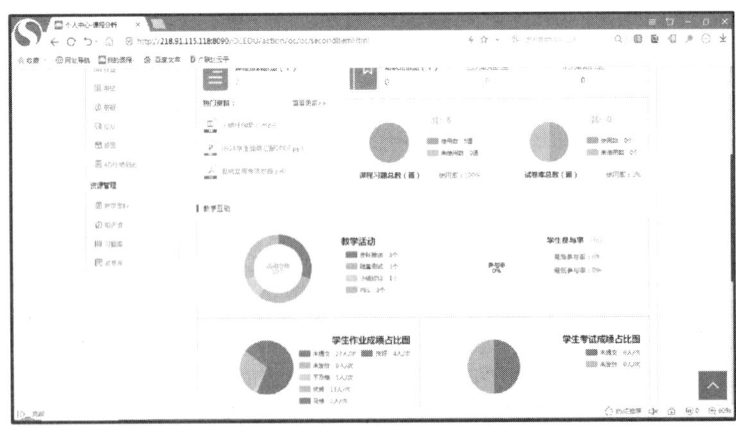

图 6　混合式教学平台

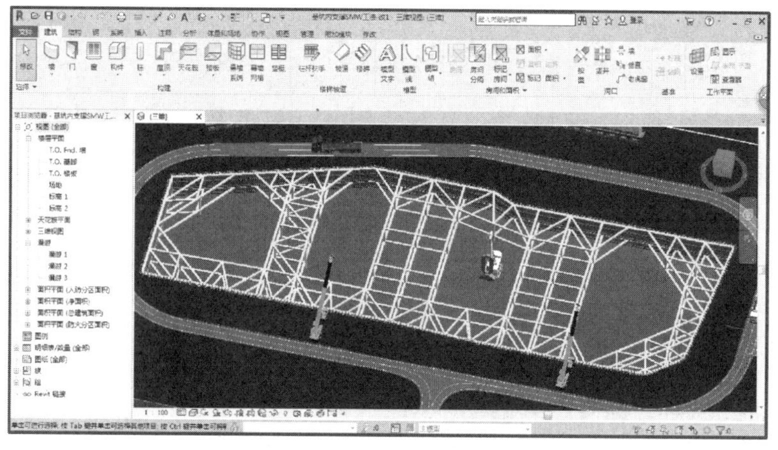

图 7　BIM 建模软件创建模型

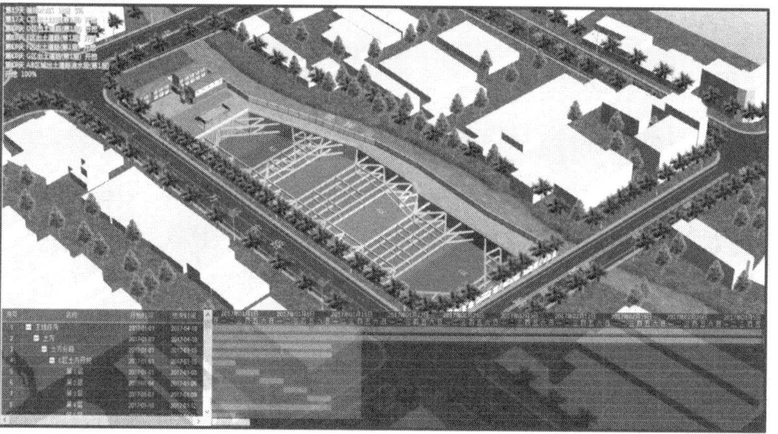

图 8　BIM 三维施工策划软件

图 9　虚拟施工仿真软件

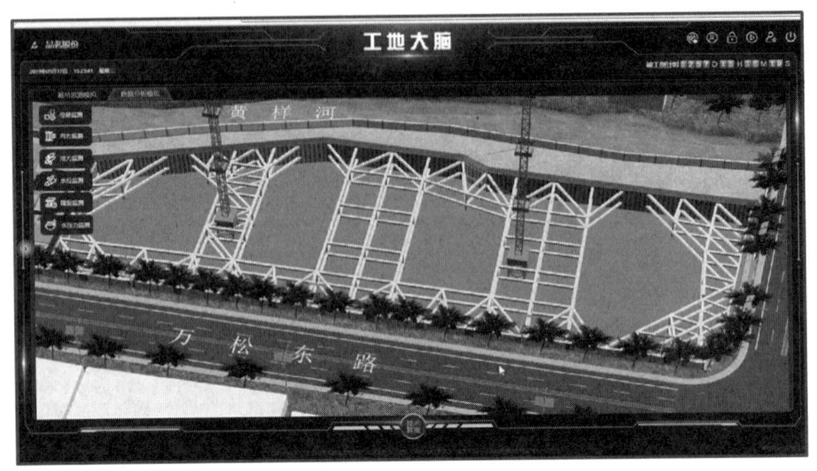

图 10 工地大脑——质量管控系统

（四）教学过程

坚持以生为本和行动导向教学理念，基于真实施工案例，注重应用性和实践性，将学生课前、课中、课后学习进行一体化设计，实施“三段六步”教学结构程序构建活力课堂，提升学生综合能力，具体实施过程如下。

课前借助平台初探任务，检测成效。课中围绕“市民中心广场”案例创设情境、明确任务，并按照工作过程依次完成以下四个任务。

任务一：BIM 建模，识读图纸

应用软件建立 BIM 模型，直观展示基坑平面图中支撑的位置、形状、根数等相关信息，将平面图转化为三维立体图，使学生认知局部和整体构造，深入理解基坑支撑平面图，增强学生对支撑的全面认知。

任务二：施工模拟，理解施工方案

借助 BIM 施工策划软件进行施工方案模拟，帮助学生体验施工现场，使其在反复实践中将工程实况载入课堂，按照职业技能标准对接未来岗位要求，实现教学过程情景化。

任务三：虚拟仿真演练，体验施工现场

通过虚拟仿真施工帮助学生体验施工现场，实现反复学习，教师将真实施工情境贯穿教学始终，实现教学过程场景化。

任务四：BIM 质量管控，熟悉质检要求

借助 BIM 质量管控系统完成岛式开挖质量检查与评定，实现学生的能力提升。

整个教学过程依托资源和平台，建立了多元评价体系，在以学生为主体的理念下，构建工作场景的真学、虚拟平台的真练、问题导向的真思、实际项目的真用，即“四真”课堂。

三、学习成效

通过一系列的教学实施，在以下几个方面都取得了显著成效。

在学生能力发展方面，通过对比两届学生的数据，发现学生在学习态度、知识掌握、能力形成和素养发展方面有了显著提高（见图 11）。在教师能力提升方面，教师能将新技术、新工艺融入课堂，如基坑施工的信息化、基坑监测的智能化，在更新教学内容、变革教学模式方面有了显著提升。在教学资源开发与应用方面，校企合作共建共享共用核心资源，如 BIM 三维施工策划软件、BIM 质量管控系统，对接产业发展，促进产教融合。在社会服务方面，课程教学的改革带来了人才培养质量的提升，学生的就业满意度有了很大提升，职业发展空间也越来越广阔，进一步促进了校企深度合作。

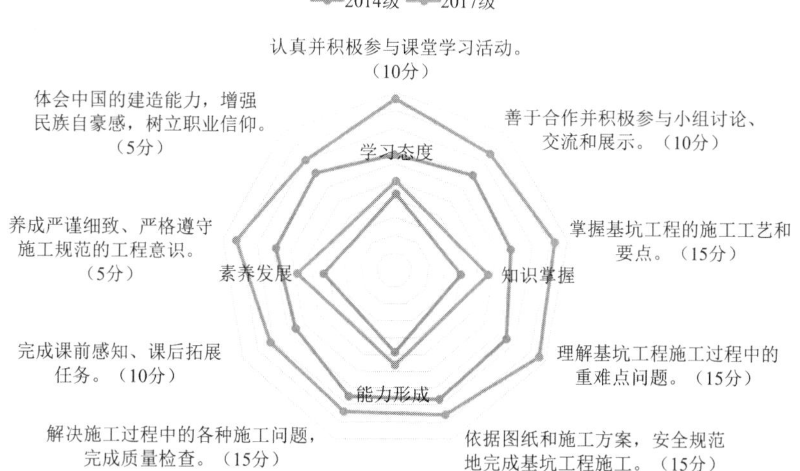

图 11　2014 年和 2017 年教学实施效果对比图（学生能力发展）

四、特色创新

（一）优化课程体系，构建模块化课程

打破“施工课堂只谈施工”的常规教学模式，以立德树人、以生为本为出发点，以培养建筑施工专业学生的必备品格和关键能力为目标，设计模块化课程。在具体的项目实施过程中，以完成项目所必备的知识和能力的学习为原则，将“建筑构造与识图”“建筑工程测量”相关内容融入“基础工程施工”课程中，助力学生成长为集技能和管理于一体的复合型人才。

（二）结合产业发展，推进新技术进课堂

紧跟产业发展，及时引进新技术、新工艺，将新型支护方式的应用、智慧工地的管理、基坑智能监测等融入教学。此外，将工程中普遍使用的BIM技术引进课堂，在解决教学问题的同时，促进BIM技术进课堂的常态化，使学生适应将来的岗位发展。（见图12）

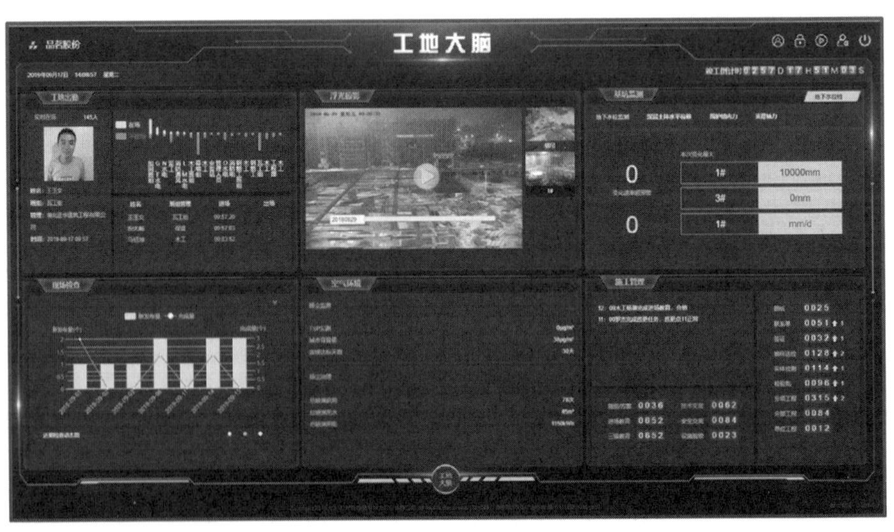

图12　智慧工地管理平台

（三）借助信息技术，打造虚实融合课堂

以真实工程的施工任务为载体，借助建模软件、三维施工策划软件、虚拟施工仿真软件和三维动画等信息技术，构建虚实融合的施工课堂，有效解决教学重难点问题。教学平台的使用贯穿教学始终，为线上线下教学提供支撑。借助建模软件辅助图纸识读；借助三维施工策划软件进行施工方案模拟，完成施工准备工作；借助虚拟施工仿真软件模拟施工过程，走出难以实践的困境；借助质量管控系统还原施工现场的质量检查。

五、反思与改进

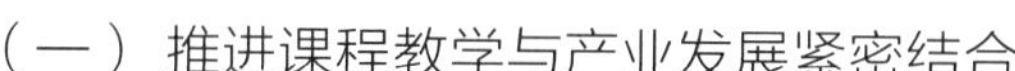

（一）推进课程教学与产业发展紧密结合

“十三五”规划以来，国家一直倡导“向地下要空间，同地下要效益”的发展理念，提出地下空间务必充分利用。随着当代高层建筑的迅猛发展，人们对地下结构施工也提出了更高要求。“基础工程施工”作为建筑工程施工专业的核心课程，如何结合产业发展在更新教学内容、改革教学模式等方面有更大的突破，还需要我们不断探索。

（二）探索“1”和“X”融合的人才培养模式

依据职业技能等级标准，结合我校作为“1+X”试点院校的实际情况，继续探索“三教改革”和BIM课程建设，思考如何将职业技能等级标准融入专业课程体系，并及时将新技术、新工艺、新规范纳入课程标准和教学内容，从而构建“1”和“X”深度融合的人才培养方案。（见图13）

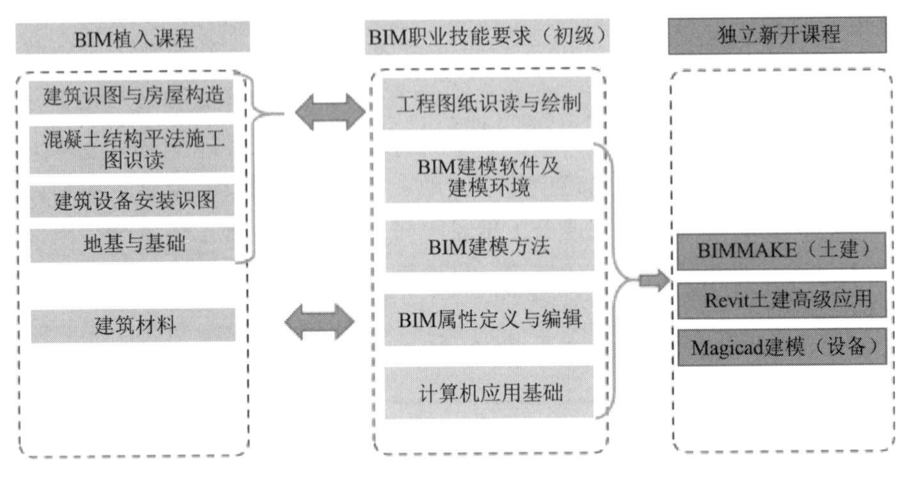

（a）初级

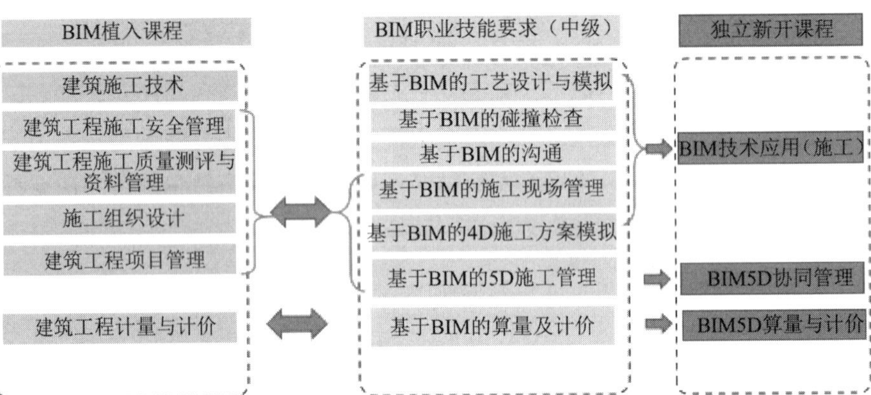

（b）中级

图 13　探索“1+*X*”课证融通

“基坑工程施工——岛式开挖”教案

一、教学基本情况			
授课教师	陈文博	教学班级	1901 建工
课程名称	基础工程施工	授课课题	基坑工程施工—岛式开挖
授课课时	2 课时	授课形式	新授课

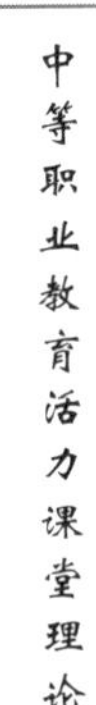

续表

二、教学分析	
教材分析	1. 课程分析 本教材紧密结合建筑行业发展，融合建筑企业对相关岗位技术人员的能力要求，打破常规教学模式，对专业知识进行重新组建。以施工过程为依据，以工作过程为主线，将课程内容整合为五个模块，构建模块化课程、项目化实施的课程结构。每个项目以任务为驱动组织教学，设置真实案例，将理论知识与“现场环境”“施工过程”相结合，实现职场与学场相对接。 2. 内容处理 本课选自模块三“基坑工程施工”项目 3“基坑开挖”。依据人才培养方案和课程标准要求，结合行业发展和学生岗位要求，以及国家规范和典型案例施工方案，对基坑开挖施工内容进行整合，增加岛式开挖的施工之准备、要点、质量检查与问题等内容。整个教学任务按照工作过程展开，即识读降排水施工图、理解施工方案、降排水施工和质量检查。结合岗位新要求、建筑“1+*X*”职业能力标准考核等内容，使学生借助 BIM 软件在建模中识读图纸，在施工模拟中理解方案，借助虚拟施工还原工程现场，增强施工体验，最后在 BIM 质量管控系统中加入真实工程质检，全面提升学生核心能力。
学情分析	1. 已有基础 建筑工程施工专业二年级的学生已经学习了“建筑测量”“建筑制图”等基础课程，掌握了基坑支护和降排水内容，能运用 BIM 软件进行建模和方案模拟，能熟练使用教学平台。通过前序课学习，学生已经掌握基坑开挖的施工准备、方案选择和基本原则等知识。 2. 不足之处 学生较难理解基坑支撑图，对后浇带和支撑的施工存在畏难情绪，同时对实际工程施工了解较少，缺乏规范操作、安全施工的工程意识。
教学目标	教学目标： （1）依据施工图安全规范地执行施工方案，完成施工。 （2）理解施工方案和基坑支撑平面图，掌握开挖的施工工艺和施工要领。 （3）形成质量第一、严格遵守施工工艺规程和文明绿色施工的岗位意识。 教学目标确立依据：建筑工程施工专业“基础工程施工”课程标准、岗位能力要求。
重点难点	教学重点：施工方案和基坑支撑平面图的理解、土方开挖施工和质量检查。 教学难点：土方分层分段和开挖顺序的确定。 教学重难点确立依据：学情分析、教学内容。
教学资源	（1）文本资源：教材、教师用书、导学案、教学 PPT。 （2）软件资源：Revit 软件、BIM 三维施工策划软件、虚拟施工教学平台、BIM 质量管控系统。 （3）视频资源：市民中心广场基坑开挖视频、基坑开挖事故视频。

续表

教学策略	（1）采用“三段六步”教学结构程序，建构活力课堂。 本课以真实施工案例为载体，将任务贯穿教学始终，运用“三段六步”（即准备阶段：预习导航、情境导入；探究阶段：探索新知、巩固应用；总结阶段：总结评价、拓展提升）稳变结合的课堂教学结构程序，构建活力课堂。实现中职课堂的“三变三学”。“三变”即改变教学活动主体、改变教学活动样态、改变学习活动效度；“三学”即学生在做中学、在问中学、在用中学。 （2）借助双向融合的信息技术，打造虚实融合的现代施工课堂。 通过教学资源与专业软件双向融合的信息技术，打造满足教学要求、服务产业发展、对接岗位要求的现代施工课堂。具体如下： 应用 Revit 软件建立 BIM 模型，直观展示基坑平面图中支撑的位置、形状、根数等相关信息，将平面图转化为三维立体图，帮助学生认识局部和整体构造，深入理解基坑支撑平面图，增强学生的全面认知。 借助 BIM 三维施工策划软件进行施工方案模拟，帮助学生体验施工现场，在反复实践中将工程实况载入课堂，对接职业技能标准和未来岗位要求，实现教学过程工作化。 通过虚拟仿真施工帮助学生体验施工现场，实现反复学习，将真实施工情境贯穿教学始终，实现教学过程工作化。 借助 BIM 质量管控系统完成岛式开挖质量检查与评定，实现学生能力的提升。在教学过程中通过师生互学，在“做、学、教”中，注重培养学生的学习品质和学习能力。

三、教学过程

教学环节		教学内容	教师活动	学生活动	设计意图
第一阶段：准备阶段	预习导航	发布任务，建立模型，初识图纸	（1）上传基础知识教学资源到教学平台，指导学生学习。 （2）在平台发布基坑开挖基础知识测试题。 （3）要求学生利用 Revit 软件建好基坑平面图的 BIM 模型，并对照 CAD 图纸进行识读。 （4）在平台查看课前学习反馈，发布成绩并给予针对性点评。	（1）登录平台，根据与基坑开挖基础知识相关的教学资源开展学习。 （2）在平台完成基坑开挖基础知识的测试题。 （3）识读基坑平面图和施工方案。利用 Revit 软件建好基坑平面图的 BIM 模型，完成图纸识读。 （4）根据教学平台的测试反馈和教师点评，查找不足，及时修正。	（1）通过平台推送教学资源，培养学生自主学习能力，使学习不受时间和空间的限制，提高课堂教学效率。 （2）通过测试，检验学生课前学习效果。 （3）通过测试反馈，教师掌握学生的学习基础和学习效果，以学定教。

续表

教学环节		教学内容	教师活动	学生活动	设计意图
第一阶段：准备阶段	情境导入	情境导入，揭示主题	（1）播放基坑开挖事故视频。 （2）提问：视频中发生了什么，造成这种状况的原因是什么？总结基坑开挖原则。 （3）追问：岛式与盆式开挖有何区别？点评学生的回答。 （4）明确本课主题——岛式开挖工艺和施工。	（1）观看基坑开挖事故视频。 （2）回答教师关于基坑开挖事故的问题。 （3）思考并回答岛式与盆式开挖有何区别。 （4）明确本课主题——岛式开挖工艺和施工。	（1）通过基坑开挖坍塌视频，调动课堂气氛，启发学生思考基坑开挖的作用。 （2）通过创设基于生活、基于岗位的真实任务情境，使学生明确主题，积极投入新知信息搜集中。
第二阶段：探究阶段	探索新知（一）	修正 BIM 模型，深入识读图纸	（1）组织学生对应基坑平面图汇报课前完成的 BIM 模型。 （2）总结点评，提出图中存在的典型问题。引导学生再次研读图纸和规范，找到模型错误处与图纸的精确对应关系，修改并完善模型。 （3）总结点评并进行提问，指出图纸识读的要求，使学生最终完成建模识图。	（1）各组对应基坑支撑平面图展示汇报课前完成的 BIM 模型。分析整体布局，以及支撑、立柱等关键构件的跨数、尺寸、标高和位置关系等。 （2）再次研读图纸和规范，对立柱与支撑梁交点偏移、内支撑尺寸标高与图纸不符、支撑梁未加腋等典型问题进行修正。 （3）将成果上传至平台，作为过程性考核材料。展示汇报，组间补充。	（1）通过展示汇报、交流探讨，分析课前任务中存在的问题，激发课堂活力。 （2）通过比对工程图纸，运用专业工程软件，在修正完善模型的同时，深入理解图纸，由此改变学习活动效度，让学生在做中学、在用中学。
	探索新知（二）	BIM 施工方案模拟，理解施工方案	（1）再次播放基坑坍塌视频，引导学生体会安全施工的重要性、分析事故原因。 （2）组织学生根据施工方案进行岛式开挖施工模拟，重点关注区域划分方案，总结分区分段原则。	（1）观看基坑坍塌视频，体会严谨规范、安全施工的重要性。合作讨论，查找资料，分析事故原因。 （2）借助 BIM 软件进行施工方案模拟。展示讲解区域划分成果，总结归纳分区分段原则，完善区域划分方案并上传至平台。	（1）通过问题导入，明确探究的目标和内容，引导学生自主思考。 （2）通过任务难度的不断增加，使探究内容更加详细，培养学生深入探究的能力。

续表

教学环节		教学内容	教师活动	学生活动	设计意图
第二阶段：探究阶段		BIM 施工方案模拟，理解施工方案	（3）播放市民中心广场的开挖现场视频，组织学生再次借助 BIM 软件进行施工方案模拟。重点关注出土方向、出土口设置、开挖顺序等核心内容。 （4）组织学生展示、汇报并修改，总结点评。	（3）观看市民中心广场的开挖现场视频，再次借助 BIM 软件模拟施工工序、出土方向、出土口设置、开挖顺序等核心内容，最后展示、汇报，并修改方案。	（3）通过小组讨论、合作完成方案模拟，学生整理和掌握具体内容的同时，提高自身的自主学习、合作学习能力。 （4）通过展示、汇报，学生积极参与学习，提高课堂参与度，内化所学知识。
	探索新知（三）	虚拟仿真演练，掌握开挖工艺和要点	（1）引导学生借助虚拟仿真平台完成有内支撑的开挖施工任务。 （2）巡回指导，针对性辅导。 （3）点评学生汇报情况，根据学生不同意见，对支撑施工进行分析讲解。 （4）播放基坑开挖支撑设置现场视频，帮助学生梳理支撑施工要点。 （5）指导学生修正错误的施工建造。 （6）带领学生完成考核。 （7）根据成绩反馈，及时指导学生，并要求学生进行成绩分析。	（1）登录虚拟仿真平台，进入基坑开挖模块。 （2）借助平台学习模式，通过“做中学”完成有内支撑的岛式开挖施工任务。 （3）汇报岛式开挖施工要点并提出关于支撑关键点的困惑。 （4）观看基坑开挖支撑设置施工现场视频，梳理支撑施工要点。 （5）修正错误的施工建造。 （6）切换到考核模式，进行有内支撑的岛式开挖考核。 （7）根据考核成绩，分析得失。	（1）通过虚拟施工演练，将难懂的施工工艺和要点直观化，让学生形成整体认识。 （2）由学习模式到考核模式的分阶训练，符合学生认知规律。 （3）合作探究支撑施工流程和要点，促进学生自主学习、协作探究能力的提升。 （4）通过强调要点，培养学生严格遵守规范的意识。

续表

教学环节		教学内容	教师活动	学生活动	设计意图
第二阶段：探究阶段	探索新知（四）	通过 BIM 质量管控系统完成质量检验，掌握质检流程和要点	（1）引导学生利用 BIM 质量管控系统与工程现场对接，完成质量检查方法的学习。 （2）及时指导，并根据质量检查报告书评定得分，给予学生反馈。	（1）登录 BIM 质量管控系统，查看工程现场真实的施工图片。 （2）对照检查规范，在做中学，将相应的检查方法和数据填写在质量检查报告书中，从而掌握岛式开挖质量检查和评定的方法。	（1）用中感悟、内化所学，迁移应用。 （2）通过引导学生做中学、做中思，实现学习的“再发现”。同时对接未来岗位要求，从而激发学生情绪上、行动上和思维上的生命活力。
	巩固应用	巩固应用	（1）组织学生登录平台，完成在线检测。 （2）根据平台反馈，点评学生检测情况。	（1）登录平台，完成在线检测。 （2）根据检测反馈，总结反思不足之处，及时修正。	（1）通过在线检测实时数据分析和反馈，反应班级整体学习状况和个人学习状况。 （2）通过点评，查找不足并及时修正。
第三阶段：总结阶段	总结评价	总结评价	（1）根据平台成绩，选出今日“学习之星”和“进步之星”。根据记录的过程性评价，选出最优小组，交代学生课后完成互评表。 （2）邀请最优小组代表借助思维导图总结本节课知识框架，其他学生对不足之处及时补充。	（1）登录平台查看成绩，完成互评表的填写。 （2）最优小组汇报总结本节课知识框架，组间补充。	（1）通过课中个人评价、小组评价，课后评价等多种评价方式，构建多元化、全过程评价体系。 （2）通过思维导图，帮助学生梳理知识框架，深化所学，培养学生总结概括的能力。
	拓展提升	拓展提升	（1）到校企合作单位的工程现场参观学习，撰写小结并上传平台。 （2）利用平台查看实践报告书，及时反馈给学生。引导学生拓展学习知识。	（1）在教师和施工现场技术人员带领下，到工程施工现场进行岗位实践。 （2）合作撰写实践报告书，登录平台进入课后拓展模块，提交实践报告书。	通过布置岗位实践和现场参观学习的课后学习任务，工学结合，提升学生的职业综合能力。

续表

教学环节		教学内容	教师活动	学生活动	设计意图
第三阶段：总结阶段	拓展提升	拓展提升	利用思维导图总结本节课的知识点。		
四、教学流程图					

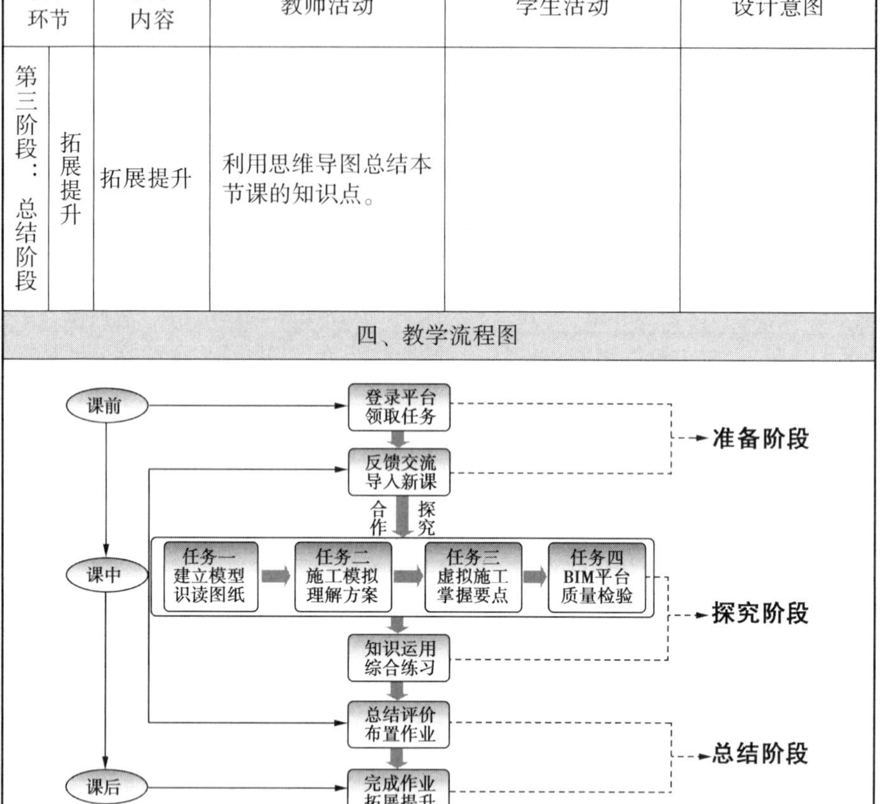

附件1：

"基坑工程施工——岛式开挖"导学案

班级：＿＿＿＿＿＿姓名：＿＿＿＿＿＿组别：＿＿＿＿＿＿

【学习目标】

1. 依据施工图安全规范地执行施工方案，完成施工。

2. 理解施工方案和基坑支撑平面图，掌握开挖的施工工艺和施工要领。

3. 形成质量第一、严格遵守施工工艺规程和文明绿色施工的岗位意识。

【复习旧知】

1. 基坑降水方法主要分为哪几种？

2. 基坑排水施工流程和要点是什么？

【课堂探究】

1. 土方开挖施工方案中，应确定土方开挖、＿＿＿＿＿、＿＿＿＿＿、＿＿＿＿＿、＿＿＿＿＿和平面布置等，并编制基坑开挖应急预案。

2. 基坑开挖常用的施工方法主要有＿＿＿＿＿＿、＿＿＿＿＿＿、＿＿＿＿＿＿三种。

3. 开挖顺序要遵循开槽支撑、＿＿＿＿＿、＿＿＿＿＿、＿＿＿＿＿的原则。

4. 对面积较大的基坑，为减少空间效应影响，土方宜分层、＿＿＿＿＿、＿＿＿＿＿、＿＿＿＿＿、＿＿＿＿＿进行开挖，土方开挖顺序要为尽可能早地安装支撑创造条件。

5. 岛式开挖施工准备的内容主要有哪些？

6. 开挖过程中，若基坑内深浅不同，应如何处理？

7. 岛式开挖的施工流程和要点是什么？

8. 开挖后的质量检查内容与方法是什么？

【学习小结】

获奖作品二："渔夫帽的设计与制作"教学实施报告

江苏省高邮中等专业学校　徐　蕾

（2019 年全国职业院校技能大赛教学能力比赛一等奖）

"渔夫帽的设计与制作"选自中等职业教育服装制作与生产管理专业的专业技能课（服装设计与制作方向）综合实训课程中的第三个教学模块。

依据本课程特点，结合我校服装专业特色，以产教融合、校企协同育人为主线，大力提升教育服务经济社会发展能力，精准对接地方服饰企业，围绕典型产品的设计与制作要求，创建产教融合项目新范式，改变服装课程教学方式，丰富项目式教学资源；同时，认真落实国务院《关于深化产教融合的若干意见》的文件精神，及时将服装产业新技术、新工艺、新规范纳入我校服装专业教学标准和教学内容，强化学生综合实训品质管理环节。

本教学模块选择适合校内综合实训要求的帽饰品——渔夫帽作为教学载体，以深度融合式实训项目，打破职业与教育、企业与学校、工作与学习之间的藩篱，努力写好新时代产教融合"匠心之笔"的服装教育篇章。

一、教学理念

作为综合实训课程，本课题采用"主题・探求・表现"的"登山型"教学理念（见图 1）。通过设定作为教学内容核心的企业项目主题，使学生能用多种多样的方式展开活动式、合作式、探究式学习，并能相互协作和共享学习成果。各学习小组根据企业岗位分工设置，分工模拟体验企业职业角色（设计师、工艺员、制版员、管理员、检验员等），根据雁阵原理，学生按任务流程轮流扮演"领头雁"角色，打造"雁阵学习共同体"（见图 2），实现"头雁引领、群雁齐飞"的学习效应。

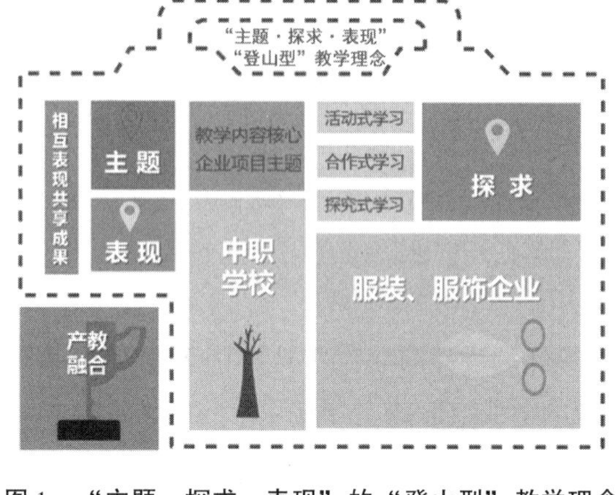

图1 "主题·探求·表现"的"登山型"教学理念

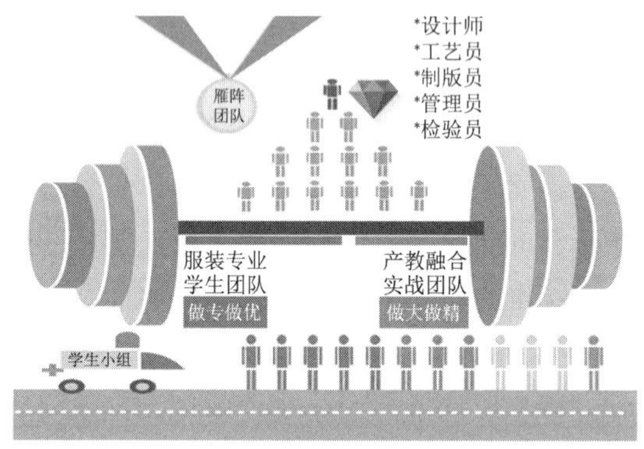

图2 雁阵学习共同体

二、课程模块设计

针对课程标准和实施性人才培养方案，"服装设计与制作"综合实训课程将"服装造型设计""服装结构设计""服装制作工艺""服装生产流程管理"等课程有效整合，对"服饰配件设计与制作""服装 CAD""服装结构制图"等教材进行二次开发，最终架构了本课的七大实训模块。本模块选自中职二年级第四学期的课程模块三"服饰品的设计与制作"中的任务一——帽子的设计与制作（见图 3）。

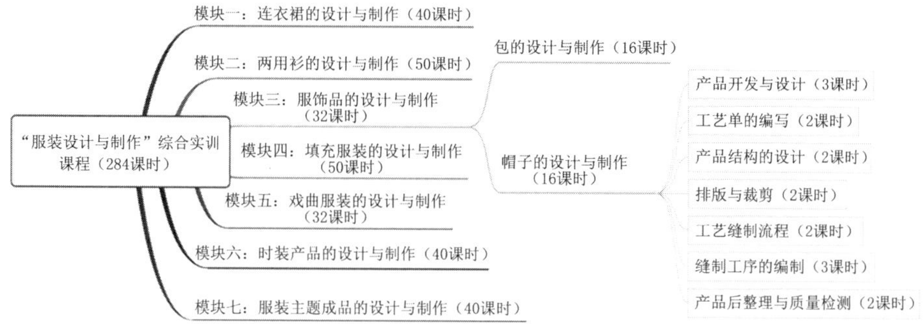

图3　课程结构设计

综合实训课程模块设计坚持以工作过程导向为路径选择的依据，将工作过程导向贯穿课程建设全过程；坚持思维创新和思政教育，将顶层设计和基础实践双向构建作为工作过程系统化课程体系构建的主要路径。以实操、讨论等方式厘定课程及其建设的理念、思路，以借鉴、创设、创新为课程建设遵循的原则，以引领、整体、行动、发展等策略推进课程建设作为顶层设计路径的主要操作内容。以教学内容、师资、设施、评价四个基本点构建课程支架，以课程方案、课程标准等文本模板和模块式一体化教学处置形式作为基础实践路径的主要任务，从而实现了系统化构建的课程和教学过程与工作过程的对应。(见图4)

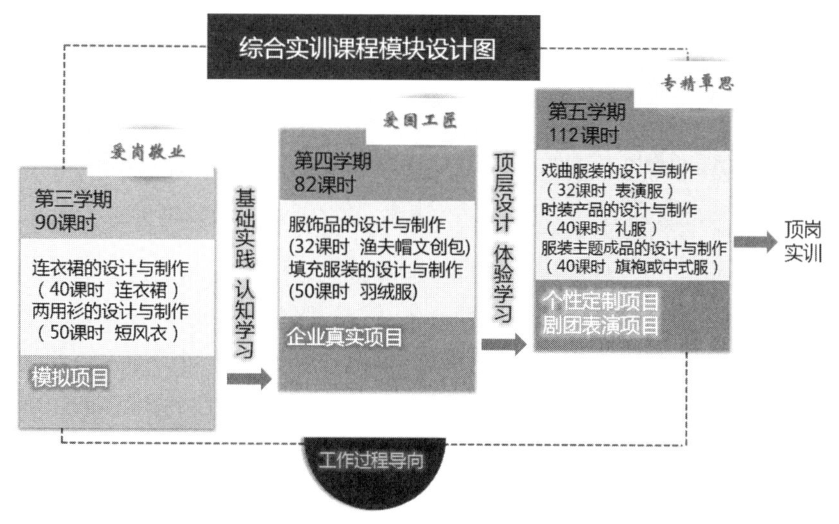

图4　基于工作过程导向的综合实训课程模块设计

三、教学实施

（一）目标分析

（1）理解渔夫帽款式特征、造型特点，以及在设计过程中造型、色彩、纹样、面料相互制约的关系。

（2）理解渔夫帽工艺单编写的依据，掌握渔夫帽工艺单编写的具体要求。

（3）掌握渔夫帽帽墙、帽顶、帽檐立体裁剪方法，完成渔夫帽的结构设计。

（4）理解渔夫帽排料原理和裁剪的具体规则，掌握渔夫帽排料裁剪的具体流程。

（5）掌握渔夫帽缝制工序编制的方法与步骤，及其缝制流水线生产动态平衡的影响因素。

（6）合作完成渔夫帽缝制工序编排方案，制定并优化渔夫帽缝制工序，逐步形成编排经验。

（7）培养服装生产管理岗位匠心细致、高效合作的职业素养；增强学生对中国传统文化的感知和热爱，树立团结一致、勤劳勇敢、自强不息的伟大民族精神。

（二）学情分析

本课的授课对象为中职服装制作与生产管理专业二年级学生。他们已经具备服装设计、服装制版、服装排料和裁剪、服装缝制工艺、服装缝制生产流程的基本素养，在服装机种设备认知、服装生产流水线设计、服装生产后整理等方面有一定的学习基础。虽然学生的已有知识蕴含于生活的点点滴滴，但他们对服装专业理实结合还缺乏深层次的理解和体验，将知识与案例结合的能力不够，较难将理论运用于企业实践。

（三）实施要点

1. 产教融合：实施服装专业“大课堂”教学模式

本课题首推服装专业“大课堂”教学模式（见图5），基于产教融合理念，构建以“校企工作站”为人才培养核心阵地、产教融合互通平台、智能技术支撑通道。拓展课堂时空——由传统的“课堂+实训车间”拓展为“工作站+互联网平台”；拓展教学内容——由单一的“知识+技能”拓展为“以产品为核心的市场、创意、设计、制作、检验……”；调整上课形式——由传统的“讲授+训练”调整为“工学研一体”。将地方服装产业发展趋势和人才需求融入专业建设与教学过程中，针对综合实训课程特点，修订实施性人才培养方案，打造“产业链、专业链、市场链”三链结合和“新工艺、新技术、新规范、新产品”四新融合的“三链四新”中职服装专业教学模式，以培养出能胜任设计、生产、管理一线工作的高素质技能型人才。

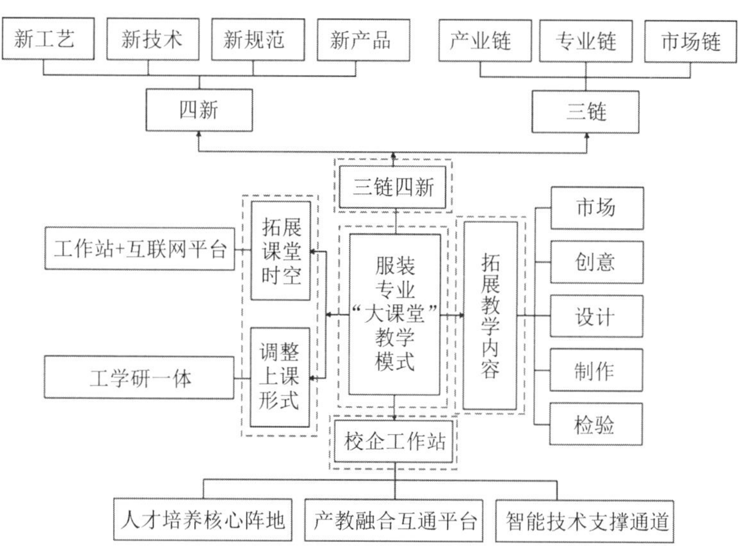

图5　服装专业“大课堂”教学模式

2. 教学实施：采用“三段六步”教学结构程序

本课题在新课改思想的指导下，以学科导学案为载体，以学生自主学习为手段，化学生的传统被动接受学习为主动学习，从而构建“分组合作、目标具体、问题引领”的高效课堂教学模式。准备阶段，通过预习导航、情境导入这两个教学步骤拉开教学序幕，教师了解学生课程学习的最近发展区，调动学生的积极学习情感，使其自觉投入新知学习；探究阶段（课堂教学的核心环节），学生通过探索新知、巩固应用这两个教学步骤合作开展“在做中学、在问中学、在用中学”，即实践感知、问中究理、迁移应用，实现自我认知、深度学习；总结阶段，师生通过总结评价、拓展提升这两个教学步骤进行反思回馈、梳理归纳，促进学生形成知识结构、掌握学习方法、开展多元评价、拓展知识应用。

以渔夫帽的设计与制作为例。准备阶段，教师带领学生进行企业调研，参观帽子博物馆，并在教学平台发布任务：搜集不同种类帽子的图片及资料，归纳整理并制作成相册。课前，学生通过预习导航的学习，网络搜索完成任务并上传至平台。课上，教师通过展示《加一顶帽子使平凡搭配变时髦》视频创设情境，导入新课并提问："帽子的作用有哪些?"引导学生感知帽子的功能性和装饰性作用，激发学生对帽子的创作热情。同时安排学生分小组上台展示本组搜集的帽子，教师根据款式特点将学生搜集的帽子进行归类总结。

探究阶段，教师联系企业，分析任务。教师安排学生分小组探究渔夫帽的造型特征；设置连连看小游戏，随机抽取学生上台完成连连看并归纳渔夫帽造型的特点；安排学生分小组完成渔夫帽造型设计，并巡回指导；播放故宫纪录片，安排学生进入故宫 APP 了解故宫文化。学生进入交互式软件进行色彩、纹样的设计，教师巡回指导并安排学生将设计稿上传至平台。教师通过动画视频播放，介绍新型环保面料为塑料瓶的再加工，并将面料小样分发给学生，学生触摸面料，感受新科技面料的神奇魅力并根据面料特点确定纹样采用的工艺方法。概括起来，教师根据课程内容及学生学习特点，遵循学生在做中学、在问中学、在用中学的原则，采用了自主发现问题、虚拟仿真演练、做中领悟要点、展示交流完善、赛中固化技能、新知迁移应用的"六步螺旋"探究模式。

总结阶段，依据考核标准，学生互评、教师点评，根据学生设计方案和综合表现阐释成绩，统计总分。教师将量化取向与描述性取向两种评价手段相结合，以多元化、全方位的评价体系全面评估学生的学习效果。课后，学生在教学平台中相互点评各组作品，思考他组作品的优缺点，同时将自己的作品提交至公司，接受企业设计部人员对作品的真实评价，教师与服装企业生产管理员在线答疑，各组学生再次修改完善自己的作品。

3. 任务驱动：采用"三实"教学方法

本课题以企业真实订单项目——"渔夫帽的设计与制作"为教学线索，将"三实"（实际项目、实境训练、实战检验）教学方法融入课堂教学，增强了学生对渔夫帽设计与制作的学习能力，有助于培养学生基于"问题—假设—证伪"的科学创新思维。

课前参观校企合作帽业公司和帽子博物馆，激发学生学习热情；课中利用教学平台使学生明确学习各阶段任务和要求，实现多元化评价；利用GST管理软件、交互设计软件助学（见图6、图7），满足学生个性化学习需求；活用“智慧车间”软件（见图8），利用动态可控的学习路径使学生理解抽象难懂的原理，促使其形成岗位经验；将企业新技术、新规范和新资源融入课程教学。

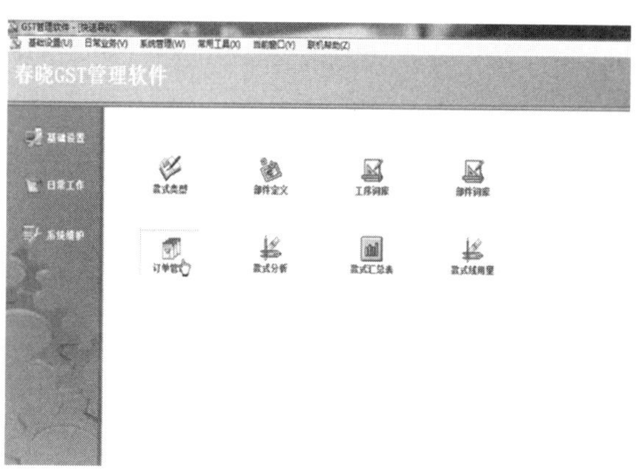

图6　GST管理软件

图7　交互设计软件

(a)

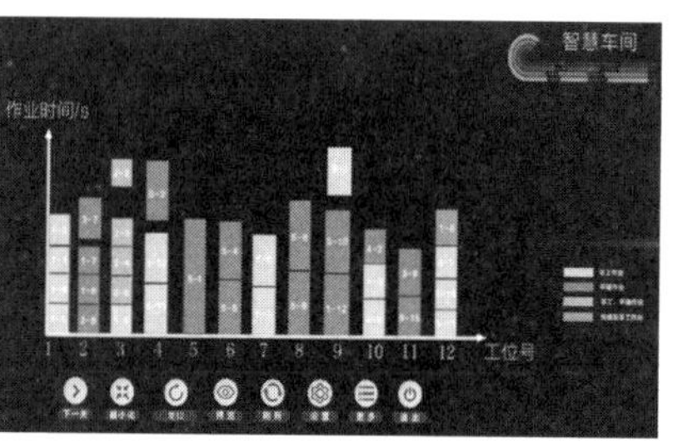

(b)

图8　“智慧车间”软件

为学生提供适合其专业发展的教学方案；使课后产品最终效果与企业标准对接，修改完善打样并生产大货投入市场销售，积累学生实战经验。

4. 思政教育浸润课堂教学

基于产教融合背景进行服装生产管理岗位能力分析，挖掘服装生产管理课程蕴含的思政元素，构建以立德树人为主线的教学模式，在教学过程中将情感培养及素质教育渗透进知识传授和能力提升中，培养学生高尚的爱国主义情怀、崇高的职业道德、强烈的职业认同感、爱岗敬业的工匠精神、保护环境勤俭节约的美德、乐观向上的人生态度、思维和科技的创新能力等。

四、教学成效

（一）教学模式应用成效

创新教学模式，主要包括四个方面（见图9）：

一是教学主体实行身份互通的确认机制，实现产教融合的职业理念；

二是教学内容采用项目式一体化教学处置形式，符合职业标准的编排体系；

三是教学手段衔接工作现场的技术方法，体现与企业真实生产无缝对接；

四是教学场所推行文化融通的职场体验，实现产教融合的职业理念。

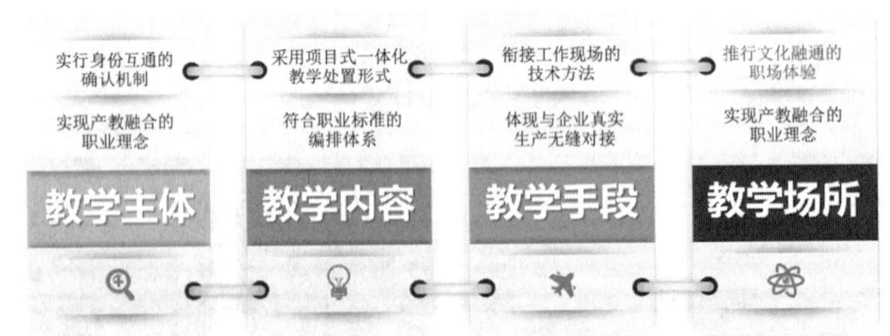

图9　创新教学模式

（二）促进学生发展成效

一是学习经验的“设计”。本课贴合“互联网+服装制造”时代主题，基于企业真实情境，教学内容与学生今后的工作内容密切相关，学生面向未来真实岗位，使自身个性化学习经验更好地适应岗位的变化。校企合作，资源实时共享，依据校企合作“三同步”（流程指示同步、技术管控同步、效率提升同步）原则，提高学生课堂自主学习效率（见图10），满足学生个性化学习需求。

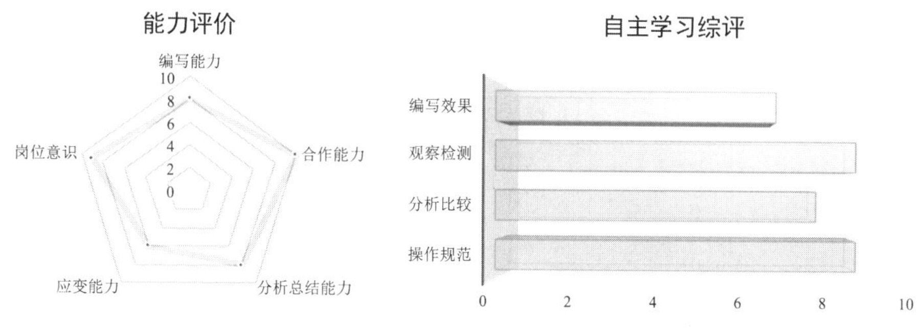

图10　学生课堂自主学习效率反馈图

二是学习兴趣的“培育”。在组织教学时，利用“登山型”教学理念，使各组学生通过“真实项目主题——企业任务”实现“合作探求——产品设计与制作”，并把“获得”和“巩固”知识和技能的学习转变为“表现”的、“共有”的学习，最后学生通过“表现”和“共有”的实战销售产品（见图11）再进行反思，形成学习的最大推动力。

图11　企业认可并生产销售的学生作品

五、特色创新

（一）创新教学实施系统模型

本课坚持“教学”与“标准”并行，以“标”见长，基于以企业项目工作任务及实践需要为导向的教学实施系统模型（见图 12）进行实施。

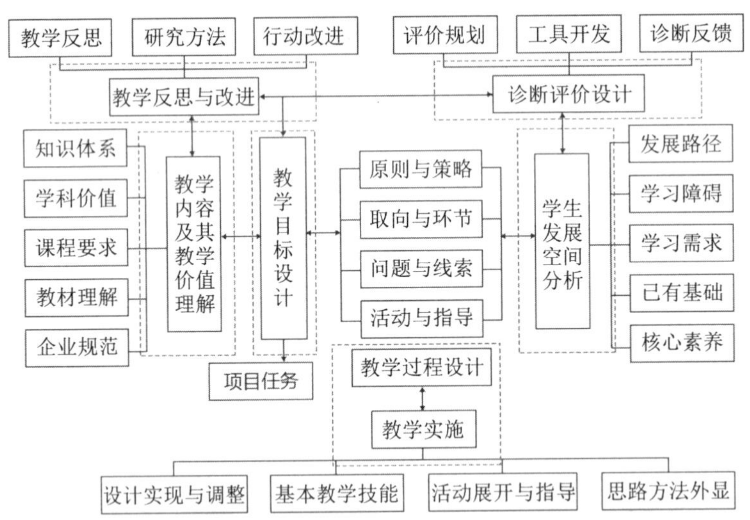

图 12　基于以企业项目工作任务及实践需要为导向的教学实施系统模型

（二）创新服装专业教学模式

本课融教育教学、技艺结合、协同制造、差异化设计于一体，构建多向融合的活力课堂，增强学生在综合实训过程中对所出现的问题的求解能力，这样有助于培养学生的大国工匠精神。

六、反思与改进

在建设“学习共同体”方面，学生表现参差不齐。未来课堂教学中应注重挖掘每一个学生的潜在能力，使学生做好课堂的三个对话——“与主

题对话”“与小组同学对话”“与自己对话”，即将实现这三种对话作为改进教学设计的突破口。

本课教学涉及 7 个任务，从设计、工艺、制版、打样到最后的检验，在任务转换的过程中，各组学生能按照既定目标完成任务，但他们缺少质疑精神。下一步我们还要深挖课程建设，这并不是表示我们要制订完美的教学计划，而是要增强师生、生生的交流和共享创造性学习活动的体验。

“渔夫帽的设计与制作——渔夫帽的开发与设计”教案

一、教学基本情况			
授课教师	徐　蕾	教学班级	17 服制 2 班
课程名称	“服装设计与制作”综合实训	授课课题	渔夫帽的开发与设计
授课课时	4 课时	授课形式	综合实训
教学资源	（1）文本资源：教材、校本教材。 （2）平台资源：泛雅教学平台。 （3）其他资源：交互式仿真软件、故宫 APP、三维动画。		
二、教学分析			
教材分析	1. 课程分析 本课程是服装制作与生产管理专业必修的一门专业综合实训课程，是在服装造型设计、服装结构设计、服装制作工艺课程的基础上开设的理论与实践相结合的、跨学科融合的核心课程，其任务是培养学生运用服装产品设计、结构设计及工艺制作等方面的专业理论知识和基本技能分析完成服装设计与制作中的具体项目的综合能力，为其后续发展和促进就业奠定职业能力基础。 2. 教材分析 所用教材遵循“以提高学生全面素质为目的，培养学生创新精神和实践能力为重点”的教学改革指导思想，以培养学生的创新思维和动手能力为主线，以服装知识和设计的基本原理及方法为基础，着眼于知识和技能在实际工作中的运用以及学生未来发展的需要。 3. 内容处理 本课将教材《服装设计》中的第三章“服装色彩设计”、第六章“服饰品设计”中的第一节“帽子造型设计”，以及教材《服装设计基础》中的第五章“服装款式构成”中的第三节“装饰纹样与图案”的内容相整合，参照相关的职业资格标准，改革课程体系和教学内容，在修订过程中，从增强教育教学的针对性和实效性入手，建立突出职业能力培养的课程目标，并结合地方特色制定了校本教材内容——渔夫帽的开发与设计。		

续表

学情分析	1. 已有基础 在本任务学习之前，学生已经具备服装设计的基本素养，在服装及服饰品的造型、色彩、纹样、面料等方面有一定的学习基础。通过教学平台中的学生留言得知，本班学生渴望参与企业产品的设计与开发，以期达到企业岗位要求。 2. 不足之处 通过课前测试反馈，参照往届学生学习本任务的情况，预测学生会在纹样的设计与合理运用上存在学习瓶颈，缺少创新精神。
教学目标	（1）掌握渔夫帽款式特征及其造型特点； （2）理解在设计过程中造型、色彩、纹样、面料相互制约的关系； （3）合作完成具有故宫元素的渔夫帽； （4）具备设计与开发渔夫帽的能力； （5）培养学生对中国传统文化的感知和热爱，增强学生的爱国主义情怀，树立其团结统一、勤劳勇敢、自强不息的伟大民族精神。 确立依据：服装制作与生产管理专业“服装设计与制作”综合实训课程标准、岗位能力要求。
重难点	教学重点：渔夫帽设计与开发的方法。 教学难点：巧妙设计渔夫帽的“故宫元素”图案。 确立依据：学情分析、教学内容、课程标准。
教学策略	根据教材分析及学情分析，采用任务驱动法、情境教学法等多种教学方法，同时借助课程学习平台、交互式仿真软件、故宫 APP、三维动画、CorelDRAW 绘图软件等信息化技术手段实现教学目标。 课前：在学习平台发布学习任务，让学生明确教学目标。另外，指导学生异质分组，每组选出组长、记录员等，确保每人都有工作。组织学生进行企业调研、参观帽子博物馆，探寻企业生产帽子流程。 课中：以校企合作企业真实生产案例切入课题，面向学生未来真实岗位，践行创新与传承的设计理念，提升学生“职场人”意识，帮助学生迭代个性化学习经验，充分发挥学生主体地位，通过播放视频创设情境，让学生了解帽子的功能性和装饰性作用，激发学生对帽子的创作热情。采用任务驱动法、自主探究法等，引导学生思考问题、分析和解决问题，体现“学中做、做中学”做学合一的教学理念。教学中指导学生采用体验式学习、合作式学习等学习方法，使学生真正动起来、活起来。运用网络平台及时对学生进行评价，及时了解学生学习情况并调整教学进度。整个教学过程依托多种信息化技术手段，将渔夫帽从造型、色彩、纹样到面料整个设计完美呈现。 课后：将学生完成的渔夫帽工艺单提交至企业，接受企业的评价并修改完善作品。

续表

三、教学流程图
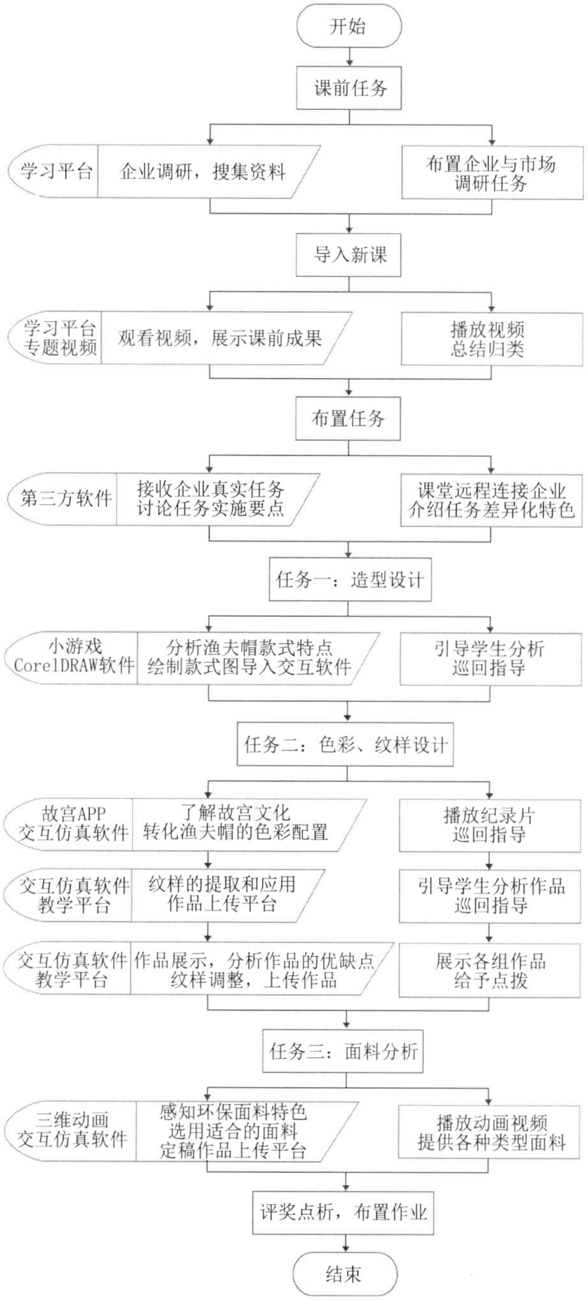 开始 ↓ 课前任务 → 学习平台 ｜ 企业调研，搜集资料 ／ 布置企业与市场调研任务 ↓ 导入新课 → 学习平台 专题视频 ｜ 观看视频，展示课前成果 ／ 播放视频 总结归类 ↓ 布置任务 → 第三方软件 ｜ 接收企业真实任务 讨论任务实施要点 ／ 课堂远程连接企业 介绍任务差异化特色 ↓ 任务一：造型设计 → 小游戏 CorelDRAW软件 ｜ 分析渔夫帽款式特点 绘制款式图导入交互软件 ／ 引导学生分析 巡回指导 ↓ 任务二：色彩、纹样设计 → 故宫APP 交互仿真软件 ｜ 了解故宫文化 转化渔夫帽的色彩配置 ／ 播放纪录片 巡回指导 → 交互仿真软件 教学平台 ｜ 纹样的提取和应用 作品上传平台 ／ 引导学生分析作品 巡回指导 → 交互仿真软件 教学平台 ｜ 作品展示，分析作品的优缺点 纹样调整，上传作品 ／ 展示各组作品 给予点拨 ↓ 任务三：面料分析 → 三维动画 交互仿真软件 ｜ 感知环保面料特色 选用适合的面料 定稿作品上传平台 ／ 播放动画视频 提供各种类型面料 ↓ 评奖点析，布置作业 ↓ 结束

续表

四、教学过程					
教学环节		教学内容	教师活动	学生活动	设计意图
第一阶段：准备阶段	预习导航	(1) 企业调研，参观帽子博物馆。	(1) 带领学生参观帽业有限公司设计部，与设计部人员沟通，请其安排博物馆解说人员；带领学生参观帽业有限公司生产部。	(1) 在教师指引下参观帽业有限公司设计部，聆听解说，了解国内外帽子发展史；参观生产部的流水线生产。	(1) 使学生通过企业调研深入了解帽子发展历史，探寻企业生产帽子的流程。
		(2) 搜集资料，归纳整理，制作相册。	(2) 引导学生搜集不同种类帽子的图片及资料，将学生搜集的图片及资料进行整理、归纳，并制作成相册。	(2) 网上搜集帽子的图片和资料，将搜集的图片按照帽子的种类进行分类，并制作相册。	(2) 使学生通过资料的搜集了解帽子的分类。
		(3) 分发问卷，市场调研。	(3) 安排学生制作消费者调研问卷。	(3) 制作调研问卷，分发和回收问卷，并对问卷进行整理。	(3) 通过调查问卷的形式让学生了解消费者的喜好。
	情境导入	(1) 播放视频，创设情境。	(1) 播放《加一顶帽子使平凡搭配变时髦》视频，导入新课并提问：“帽子有哪些作用?”	(1) 欣赏视频，发现帽子与生活的联系，并回答老师的问题。	(1) 通过视频的播放让学生了解帽子的功能性和装饰性作用，激发学生的创作热情。

续表

教学环节		教学内容	教师活动	学生活动	设计意图
第一阶段：准备阶段	情境导入	（2）展示收集的资料，分析总结帽子的类型和特点。	（2）安排学生分小组上台展示本组搜集的帽子图片，根据款式特点对学生搜集的帽子进行归类总结。 	（2）每组派代表上台展示本组搜集的帽子的图片并讲述其特点。根据教师的总结，发现帽子根据款式特点可分为贝雷帽、鸭舌帽、渔夫帽、棒球帽等。	（2）通过分组展示，检测学生课前预习情况，形成资源的共享。通过师生共同探讨帽子的特点，对帽子进行分类，形成知识体系。
		（3）联系企业，分析任务。	（3）在课上完成和帽业有限公司负责人的连线。 	（3）学生接收到本节课的任务是要完成渔夫帽的设计，并在设计中加入故宫的元素。	（3）通过连线企业形成真实的任务，使学生明确学习任务。
第二阶段：探究阶段	探索新知（一）	（1）分析渔夫帽的造型特征。	（1）教师安排学生分小组探究渔夫帽的造型特征。	（1）通过课前搜集的图片分组探究渔夫帽的造型特征。	（1）通过分小组探究，提高学生自我总结的能力。
		（2）归纳特点。渔夫帽的特点：边缘窄小呈梯形但内里深。	（2）设置连连看小游戏，随机抽取学生上台完成连连看小游戏并归纳渔夫帽的特点。	（2）被抽取的学生上台完成连连看小游戏。全体学生跟随教师的思路，进一步了解渔夫帽的特点。	（2）通过游戏检查学生对渔夫帽特点的掌握。通过总结，让学生形成知识体系。
		（3）款式绘制。分小组完成渔夫帽款式的绘制。（重点）	（3）安排学生分小组完成渔夫帽造型设计，并巡回指导。	（3）学生分小组运用CorelDRAW软件完成渔夫帽款式的绘制。	（3）通过分小组绘制，学生完成渔夫帽的造型设计，为下一步作业打下基础。
		（4）作品点评。作品上传，相互交流。	（4）安排学生将绘制好的图形上传至平台，并对款式进行点评。	（4）将款式图上传至平台。 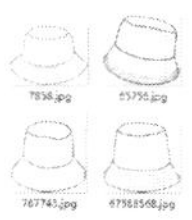	（4）上传平台，相互点评，发现不足，及时改正。

续表

教学环节		教学内容	教师活动	学生活动	设计意图
第二阶段：探究阶段		(5) 导入仿真软件，再次观察设计效果	(5) 安排学生将款式图导入交互式仿真软件。	(5) 将款式图导入交互式仿真软件。	(5) 通过将款式图导入交互式仿真软件，再次观察效果，为纹样色彩的设计做好铺垫。
	探索新知（二）	(1) 解读故宫。了解故宫，搜集素材。	(1) 播放故宫纪录片，安排学生进入故宫 APP 了解故宫文化。	(1) 观看故宫纪录片，进入 APP 探索故宫文化，搜集素材，将素材导入交互式软件。	(1) 通过了解故宫文化，激发学生的爱国热情。通过学生对素材的搜索，为下一步纹样的设计打下基础。
		(2) 色彩及纹样设计。分小组完成渔夫帽色彩及纹样的设计。(重点)	(2) 安排学生进入交互式软件进行色彩、纹样的设计，巡回指导并安排学生将设计稿上传至平台。	(2) 分小组提取故宫的元素，完成渔夫帽色彩、纹样的设计，并上传至平台。	(2) 通过任务的实施，考察学生的设计思维。学生运用交互式软件，快速有效地生成设计效果。
		(3) 作品点评及修改。学生分小组展示作品，探讨其中存在的问题，再次调整并分享。（难点）	(3) 安排学生代表上台讲述本组的设计理念并和学生共同探讨其中存在的问题以及解决的方案。安排学生将作品上传至平台，点评优秀作品。	(3) 每组派代表上台讲述设计理念。上传作品至平台，优秀小组介绍作品。	(3) 师生共同探讨，突破难点。学生通过作品上传展示最终成果，分享感受。
	探索新知（三）	(1) 感知面料。触摸面料，感受新科技面料的神奇魅力。	(1) 播放动画视频，介绍新型环保面料为塑料瓶的再加工产品，并将面料小样分发给学生。	(1) 感受面料小样的质感，感叹高科技的神奇。	(1) 通过环保面料的介绍，呼吁学生爱护环境、减少污染、保护地球家园。

续表

教学环节		教学内容	教师活动	学生活动	设计意图
第二阶段：探究阶段	探索新知（三）	（2）确定纹样工艺。 根据面料特点确定纹样采用的工艺方法。（重点）	（2）讲解面料特点，引导学生采用合适的工艺方法。	（2）根据新型面料的特点，进入交互式软件，确定纹样工艺方法，完善作品。	（2）通过面料的选用确定纹样工艺方法，强调设计的整体性。
	巩固应用	课堂检测。	平台发布提问：渔夫帽的设计要点有哪些？	思考教师提出的问题，讨论并解答。	通过课堂检测，了解学生的知识掌握情况，提升教学效果。
第三阶段：总结阶段	总结评价	对学生本节课的表现作出评价。	选择学生总结本节课内容，并对学生总结进行补充，同时对学生本节课的表现作出评价。	回顾本节课的知识并积极总结。	通过学生自己总结知识，培养学生总结概括、整理归纳的能力。
	拓展提升	学生将作品提交至企业，接受企业的评价。	将学生设计的渔夫帽提交至企业，接受企业的点评。	通过企业点评，再次修改完善自己的作品。	通过企业评价，让学生知道自己的优点与不足，增强他们的学习自信心以及找到提高的方向，培养其自主学习的能力。
板书设计		渔夫帽的设计要点 1. 款式特征　2. 纹样的设计（故宫元素）　3. 面料色彩的选择			

获奖作品三："空间元素的位置关系与简单几何体"教学实施报告

江苏省扬州文化艺术学校　姚　敏

（2020年江苏省职业院校教学大赛一等奖）

"数学"课程是中等职业学校学生必修的公共基础课程，中等职业学校各专业均需开设。依据2009年教育部颁布的《中等职业学校数学教学大纲》和本校《建筑装饰专业人才培养方案》，规定数学课程总学时数为208学时，其中基础模块128学时、职业模块66学时，复习、测验等14学时。本课贯彻教育部最新颁布的《中等职业学校数学课程标准》，坚持党的教育方针，落实立德树人根本任务，教授给学生未来工作、学习和发展所必需的数学基础知识、基本技能、基本思想、基本活动经验，使学生初步学会用数学眼光观察世界、用数学思维分析世界、用数学语言表达世界。本课创设以学生为中心的学习环境，采用任务驱动、体验式教学、问题导向等教学方法实施教学。

一、课程设计

（一）课程结构情况

《中等职业学校数学教学大纲》明确数学课程包括基础模块（128学时）、职业模块（108学时）和拓展模块（不做统一规定）。根据《中等职业学校数学教学大纲》《建筑装饰专业人才培养方案》，基于数学课程的基础性、发展性、应用性和职业性等特点，以及中等职业学校建筑装饰专业学生的实际水平和职业发展需要，建筑装饰专业学生数学课程基础模块中的所有内容共计128学时；职业模块中选学三角计算及其应用、坐标变换与参

数方程、数据表格信息处理、编制计划的原理与方法、线性规划初步，共计66学时。(见图1)

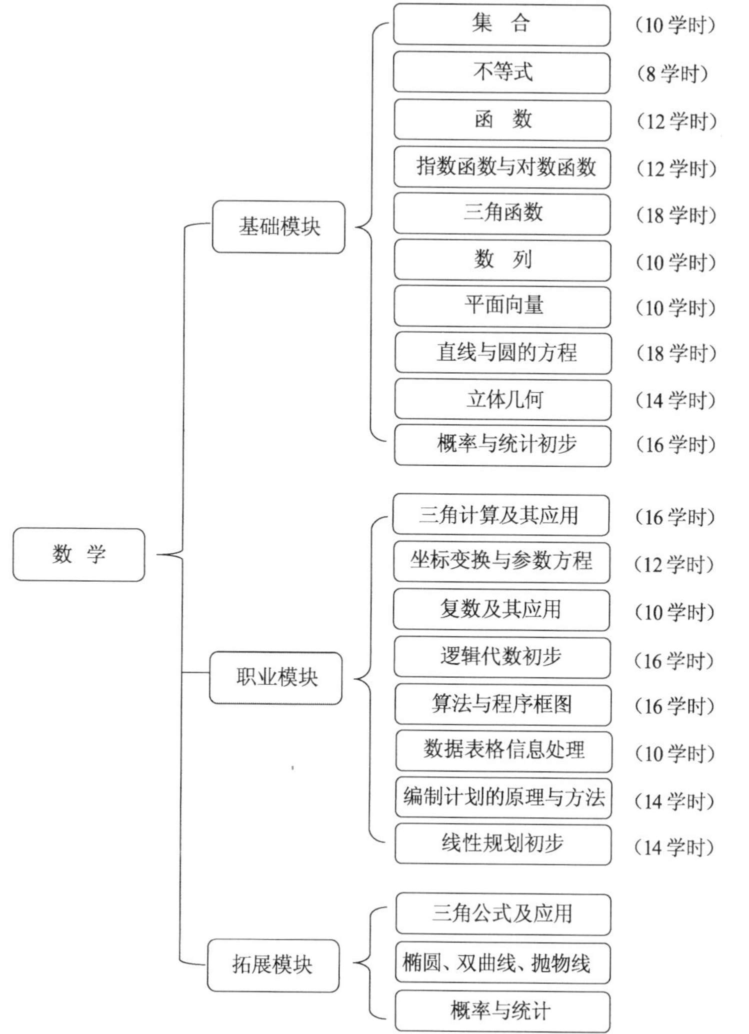

图1 课程结构体系

（二）教学模块设计

“立体几何”为数学课程中基础模块之第九章，主要包含平面的基本性质，空间两条直线的位置关系，直线与平面的位置关系，平面与平面的位置关系，柱、锥、球及其组合体。本课教学内容为立体几何模块之“空间元素的位置关系与简单几何体”，在第二学期完成（见图2）。在教学过程中，教师采用任务驱动、体验式教学、问题导向等多种教学方法，激发学生学习兴趣，启发学生独立思考，鼓励学生与他人交流，使学生在掌握知识与技能的同时理解数学的本质，形成和发展数学核心素养（见图3）。

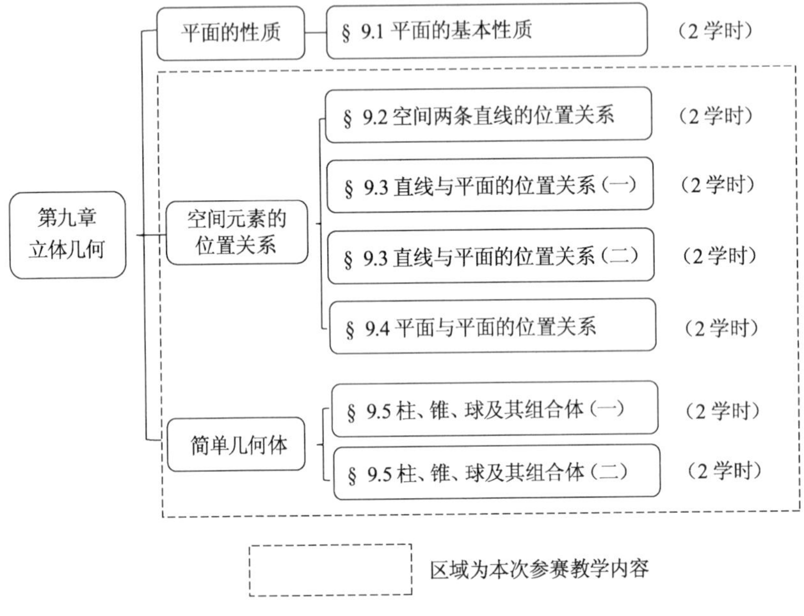

图 2　教学模块设计

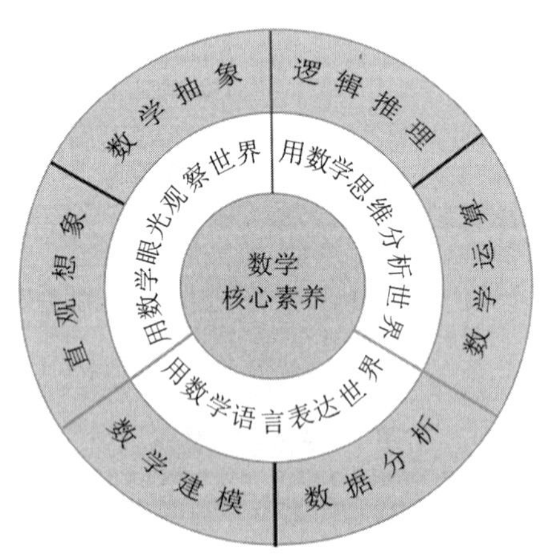

图 3　数学核心素养

（三）课程思政设计

以立德树人为出发点，结合数学课程特点，深入挖掘数学中所蕴含的思政教育元素，将科学精神、人文精神以及数学文化等渗透到具体教学过程中，构建与思政教育相融通的课程。学生通过感受数学的有序性、简明性、对称性和统一性，培养自身审美意识和高尚情操。在教学中对学生的严谨性和逻辑性作出要求，逐步培养学生在建筑装饰设计过程中一丝不苟、精益求精的工匠精神；通过中国传统历史文化、数学家的传奇故事、中国创造的现代奇迹，激发学生的爱国情怀，激励学生为实现中华民族伟大复兴努力学习、奋力拼搏。(见图4)

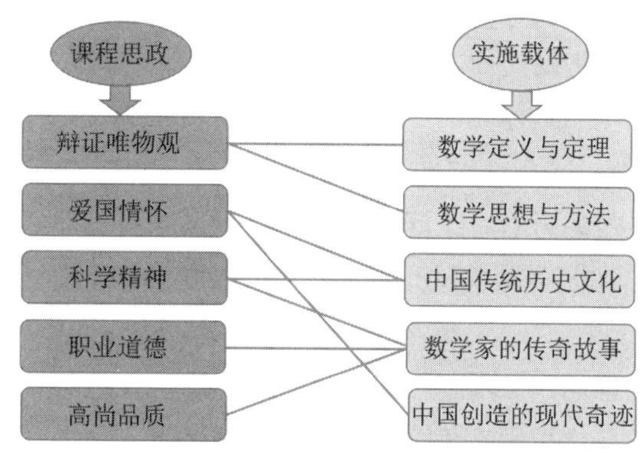

图4　课程思政设计

二、教学实施过程

（一）单元目标

通过本单元的学习，学生能理解空间元素（直线、平面）两两之间的位置关系，学会用数学语言表述空间元素之间有关平行、垂直的判定与性质，能运用这些结论对有关空间元素位置关系的简单命题进行论证，能理解简单几何体的结构特征及其表面积、体积的计算方法。

通过本单元的学习，学生在数学抽象、直观想象、逻辑推理和数学运算等方面的核心素养得到提升，敢于质疑、善于思考的科学精神和一丝不苟、精益求精的工匠精神得到培养。

（二）教学设计与实施依据

（1）建构主义理论。建构主义认为，知识不是通过教师传授得到的，而是学习者在一定的情境（即社会文化背景）下，借助学习过程中其他人的帮助，利用必要的学习资料，通过意义建构的方式获得的。因此，本课重视学习情境的创设，力求使学生在协作、会话的过程中形成数学概念，完成知识的自我建构。

（2）人本主义理论。人本主义主张教育要真正关照人的终极成长，促进人的“自我实现”，培养“完整人格”，而非受教者成绩提高之类的短期目标。因此，本课重视民主和谐的课堂文化创设，力求使学生能广泛参与学习，在收获学习成果的过程中体现自我生命的意义，进而在情感、精神和价值观等方面获得全面发展。

（3）弗赖登塔尔的学习“数学化”。这里所说的“数学化”的过程即“再发现”的过程。因此，本课重视创设能让学生参加数学实践的学习条件，让学生在实践的过程中，逐步通过自己的发现去学习数学、获得知识，从而实现数学的“再发现”，以此极大地激发学生学习数学课程的积极性。

（4）埃里克森的“以概念为本”的教学理念。这里所说的“以概念为本”的教学，是指教师在教学中要借助具体事实这一工具或手段来促成学生对概念和原理的深层次理解，使学生能够把新的知识整合到自身原有的知识信息储备中，从而建立更完整的概念性知识结构，并真正理解可迁移的知识。

（三）教学策略

1. 基于生活情境，在感中学

本课教学结合建筑装饰专业特性，根据学生已有的经验进行教学情境设计，引导学生在特定情境中主动进行知识经验的处理和转换，促使其在自己原有知识经验的基础上建构新的知识经验图层。

例如，在旋转体的表面积的教学中，教师创设了“神舟九号”返回舱隔热层及毛胚工艺品涂层用料问题的情境，通过展示我国航空航天事业的成就，使学生感受伟大的中国精神和中国力量，激发其努力学习报效祖国的热情，驱动学生自由自觉地学习。通过让学生观察毛坯工艺品，使其思考如何求涂层用料这一真实的问题境脉，让学生感受数学与生活的紧密联系，诱发其学习兴趣，从而主动对自己原有的知识经验进行意义重构。

2. 基于活动体验，在做中学

本课教学坚持以学生为中心，注重学生活动体验，让学生在做中建构知识、发展素养，实现了寓学习于“做中体验、问中悟理、答中生智、评中集成”。具体表现在以下方面：一是设计活动。如学生在学习直线与平面所成的角时，教师设计了在硬纸板上固定斜线与其上可自由调节的细绳的学具，使学生通过“做中体验”，亲自经历知识的生成过程。二是提出问题。学生在做中学的过程中，教师及时提问、追问，学生以问题为导向实现了“问中悟理”。三是组织交流。教师提出问题，组织学生小组交流后回答，让大多数学生都有思考、回答的机会，促进智慧的互动与升华，以此实现“答中生智”。四是点评总结。教师在学生开展做中学的同时，对学生得出的正确结论给予充分肯定，对学生出现的错误及时给予纠正，对做中学过程中产生的知识与技能进行总结梳理，以此促进学生形成结构化知识系统，实现“评中集成”。(见图5)

图5　学生活动

3. 基于任务驱动，在探中学

本课以与教学内容紧密结合的任务为载体，使学生在探索完成任务的过程中获得知识与技能、能力与品格，最终感悟到自己的生命意义与价值，实现了寓学习于“境中激学、探中悟学、研中活学”。具体表现在以下方面：一是创设情境。如在直线与平面垂直的判定定理的学习中，教师创设了华表与地面的位置关系的情境，激发了学生的学习兴趣，唤起其有关平面几何的知识、经验及表象，为接下来的任务探究奠定基础，以此实现“境中激学”。二是确定任务。如教师在创设的华表的情境中，选择与当前学习内容密切相关的真实性事件所蕴含的问题“如何判定一条直线与平面垂直”为任务，要求学生探究完成。三是探究任务。学生在探究“平面外一条直线究竟需要与平面内几条直线、哪些直线相垂直时才能判定该直线与平面垂直”这一任务的进程中，不断激活自己原有的知识和经验，并在运用其解决当前问题的过程中产生“同化”和“顺应”，以此实现“探中悟学”。四是研讨交流。在学生探究完成任务的过程中，教师鼓励学生开展研讨和交流，学生通过不同观点的碰撞，对不完善的地方进行补充，使原有方案得到进一步完善，使自身知识与能力结构得到进一步优化，使课堂活力得到充分激发，以此实现“研中活学”。

4. 基于学习小组，在研中学

根据学生的兴趣爱好、学习基础与能力、性别及性格特点等，将全班学生组建成 4 个协作学习小组，开展合作学习。在这样的环境中，每个学生都有自己的学习共同体，所有学生都承担了一定的责任，运用不同程度的能力开展自主探究、合作学习、交流研讨，促进知识的意义建构与素养的动态生成。这克服了中职课堂传统的教师讲、学生听的低效问题，通过师生的相互协作实现了“官教兵、兵教兵”，极大提高了学生参与学习的深度和广度，课堂由低效乏味走向活力四射。同时，在教学实施过程中，教师注重各个协作学习小组的学习成果，以调动学生学习的积极性，增强课堂教学的有效性。(见图 6)

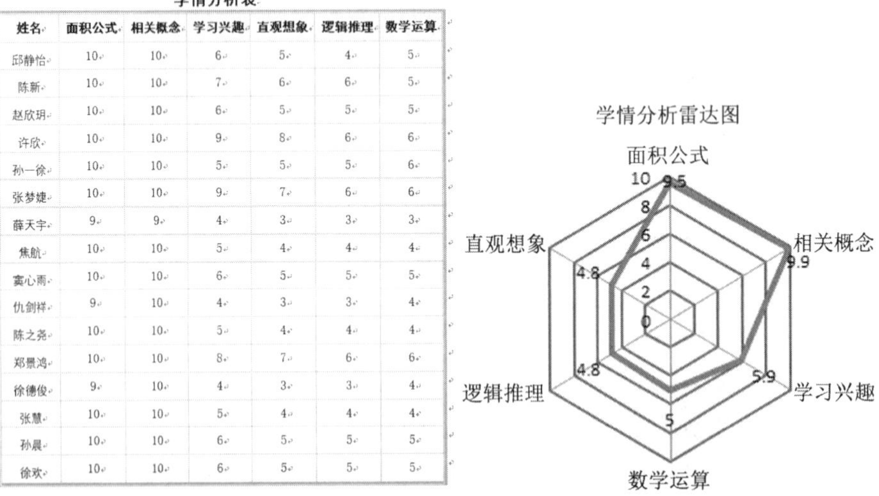

学情分析表

姓名	面积公式	相关概念	学习兴趣	直观想象	逻辑推理	数学运算
邱静怡	10	10	6	5	4	5
陈新	10	10	7	6	6	5
赵欣玥	10	10	6	5	5	5
许欣	10	10	9	8	6	6
孙一徐	10	10	5	5	5	6
张梦婕	10	10	9	7	6	6
薛天宇	9	9	4	3	3	3
焦航	10	10	5	4	4	4
窦心雨	10	10	6	5	5	5
仇剑祥	9	10	4	3	3	4
陈之尧	10	10	5	4	4	4
郑景鸿	10	10	8	7	6	6
徐德俊	9	10	4	3	3	4
张慧	10	10	5	4	4	4
孙晨	10	10	6	5	5	5
徐欢	10	10	6	5	5	5

图 6　学情分析表及雷达图

5. 基于信息技术，在融中学

本课借助信息技术促进学生开展“虚实”融合学习，增强了学生学习的积极性与交互性，以此提高课堂教学的有效性。具体表现在以下方面：

一是依托教学平台。通过泛雅教学平台（见图 7）开展线上发布学习资源、布置作业、创设学习情境、随堂测试、课堂抢答与投票、交流展示、在线评价等多种教学活动，不仅使课堂教学活动更为行之有效、时间利用更趋合理，而且实现了师生课前、课中、课后各环节的多元交互。二是借助数字资源和软件。通过数字资源、软件与课程内容的有机融合，使知识内容的表现形式更加形象化、多样化、互动化。如本课针对旋转体的学习自主开发旋转体学习软件（见图 8），融合了几何画板及自主开发的 Flash 动画、三维动画等数字资源；另外，软件具有集成性、交互性和便捷性等优点，借助软件有效突破了本课教学重难点。三是开展疫情防控期间线上教学。借助信息技术，顺利开展了春季学期延期开学期间的在线教学工作。充分利用泛雅教学平台、班级 QQ 群、微信群、腾讯会议、Zoom 云视频会议等平台资源，开展学生签到、师生互动、线上答疑、资料发放、音视频直播、作业批改反馈等活动，初步实现了信息技术与教学深度融合的课堂教学改革，有效缓解了疫情对教学工作的负面影响。

图 7　泛雅教学平台

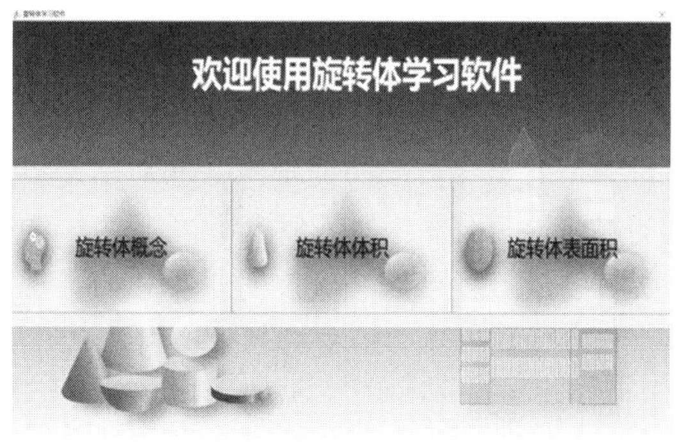

图 8　旋转体学习软件

6. 基于数学思想，在问中学

数学思想是数学学习的基础和灵魂，也是学生个人思维和能力提升的关键。本课教学注重挖掘教学内容中蕴含的数学思想，在学生掌握重点、突破难点时，教师有意识地适时点拨学生运用数学思想方法解决数学问题，促进学生从数学思想方法的高度领悟和把握数学知识的本质和内在的规律，进而培育学生数学核心素养。比如化归思想，它是最基本、最重要、应用最广泛的数学思想方法之一，在学生学习空间内线面角的度量这一新的问题时，教师适时搭建“脚手架”，通过一系列追问来引导学生开动脑筋，使其利用化归思想将空间内线面角的度量问题转化为曾经学过的平面内线线角的度量，从而将陌生的问题转化为熟悉的问题，再运用自己熟悉的知识、经验解决问题。再比如极限思想，在探求球的表面积公式时，由于球不能像圆柱、圆锥那样展开成平面图形，学生用常规方法无法解决球的表面积问题，此时，教师通过软件中的数字资源，先让学生观看刘徽的割圆术视频，使学生初步体会极限思想，再引导学生借鉴削苹果的生活经验将球的表面进行无限分割，从结构入手，化曲为直，将复杂的问题简单化。其实，这里除了运用极限思想，也体现了化归思想。

（四）教学模式

本课设计遵循中职活力课堂“三段六步”教学结构程序（见图 9），将课前、课中、课后进行整体化教学设计并组织实施。第一段为准备阶段，包括预习导航、情境导入。教师课前通过教学平台发布和检测课前预习任务，针对学生预习情况，以学定教；课中按照“诱发兴趣、贴近经验、真实发生”原则创设情境，使学生以积极的情感态度投入新知探究中。第二段为探究阶段，包括探索新知、巩固应用。探索新知是指教师根据新知内容特点，构建以学生为中心的学习环境，组织引导学生在做中学、在问中学、在用中学，进而组织学生练习和强化。第三段为总结阶段，包括总结评价、拓展提升。总结即师生共同对新知进行结构化梳理、对新知获得过程与经验进行分析归纳；评价是指师生按学生的学习态度、知识掌握、能力提升及素养发展四个维度对学生学习情况实施多元评价。课后，教师通过平台发布拓展练习，提升学生运用知识解决真实情境中问题的能力。以空间两条直线的位置关系为例，其具体实施方案见图 10。

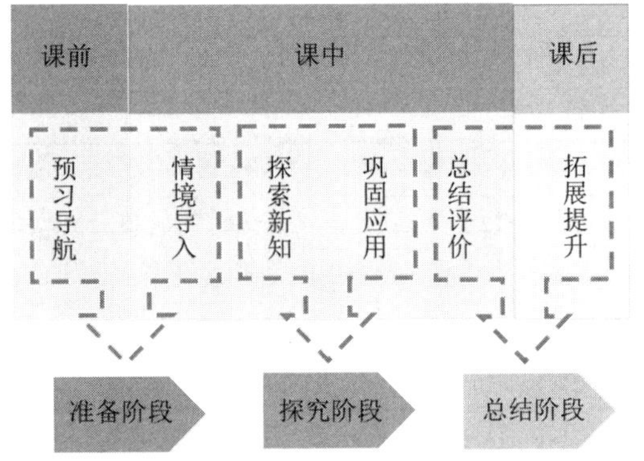

图 9 “三段六步”教学结构程序

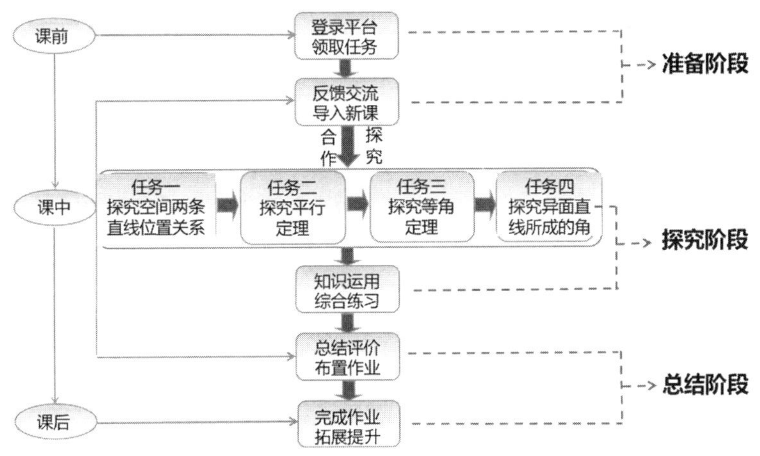

图 10 “空间两条直线的位置关系”具体实施方案

三、教学实施成效

12 课时的教学完成后，学生对空间元素的位置关系与简单几何体有了深入了解，通过学习情况评价可知学生完成了相关学习任务（见图 11、图 12）。

星艺 组　　　　　　　姓名： ***　　　　　　　总分： 94

评价项目	评价内容（满分值）	自评	互评	师评
态度	积极认真地参与课前、课中、课后学习活动。(15 分)	15	14	15
	善于与人合作，积极参与小组讨论与交流。(10 分)	10	10	9
知识	理解旋转体表面积公式的推导过程。(15 分)	14	14	13
	掌握旋转体的表面积公式并能应用公式进行计算。(15 分)	14	15	14
技能	完成课前、课后任务。(10 分)	9	9	10
	根据相关知识推导旋转体的表面各公式。(10 分)	10	10	10
	运用公式解决旋转的面积问题。(10 分)	9	9	9
能力	理解化归、极限、类比等数学思想方法。(5 分)	4	4	4
	发展直观想象、逻辑推理、数值运算等素养。(5 分)	4	5	4
	领略旋转体图形、公式所蕴涵的数学美感。(5 分)	5	5	5
总得分		94	95	93

说明：此评价表“自评”部分由学生本人完成，“互评”部分由所在小组其他成员完成，“师评”部分由教师完成。自评、互评、师评的权重为 3 : 3 : 4。

图 11　教学评价表

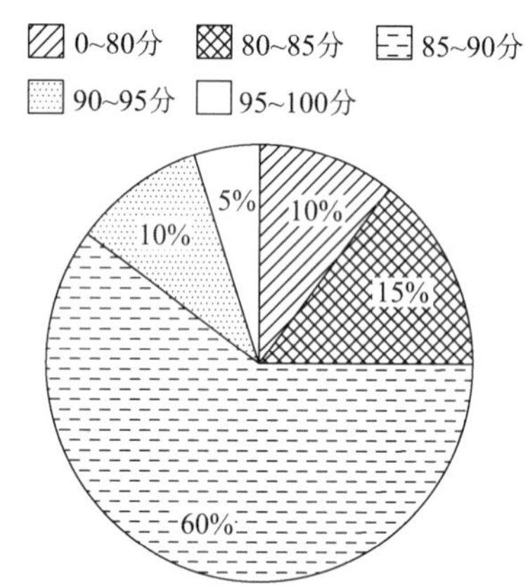

图 12　学习评价结果分析

通过两届学生的数据对比发现，学生在态度、知识、技能、能力等方面有了显著提高（见图 13），这主要得益于教师能力的提升。例如：在信息技术的应用方面，教师能熟练借助信息技术辅助或开展课堂教学，如数字资源的开发、线上教学等。在更新教学内容、变革教学方式方面，教师教学能力也有了显著提升。在教学资源开发方面，教师发挥团队合作精神，共建共享教学资源，如旋转体学习软件、空间元素位置关系的几何画板，以帮助学生克服思维障碍，攻克教学重难点。

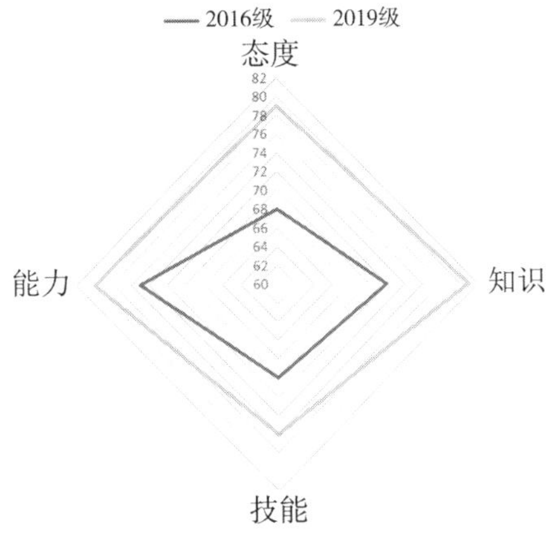

图 13　2016 级与 2019 级两届学生教学实施效果对比

四、特色与创新

（一）创新“三段六步”教学结构程序

基于建构主义理论，采用活力课堂教学模式“三段六步”稳变结合的教学结构程序（见图 14），实现学生课前、课中、课后学习的一体化，使课堂教学活动更为行之有效、时间利用更加趋于合理。师生课前、课中、课后各环节的多维交互，让教师能够关照到每一个学生。在探究阶段采用基于数学化的任务驱动式教学、基于学生经验的做中学、基于信息技术的融合教学等策略，克服了传统中职课堂的教师讲、学生听的低效问题，促进了学生深度学习，激发了学生的学习潜能，发展了学生的核心素养。

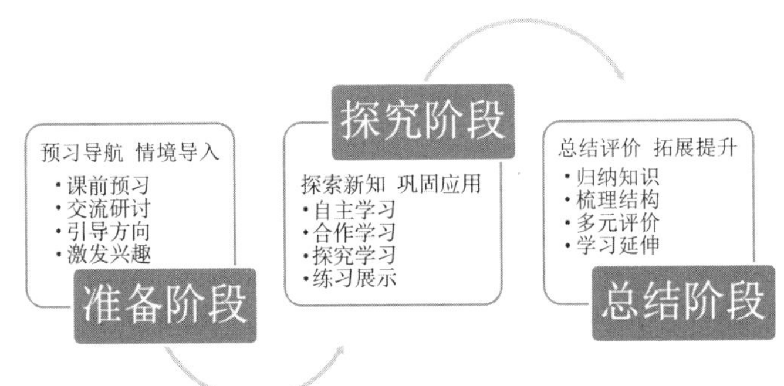

图 14　“三段六步”教学结构程序

（二）创新“六中联动”任务探究模式

本课教学设计致力于发展学生核心素养，遵从建构主义理论和美国著名课程专家埃里克森的“以概念为本”的教学理念，所有任务实施均借助具体事实来促成学生对概念的深层次理解，使学生能够把新的知识整合到自身原有的知识结构中，从而建立更完整的概念性知识结构，并真正理解可迁移的知识。教学中通过做中体验、问中导学、答中明理、悟中概括、展中完善、用中升华等步骤，使学生形成彼此相互联系的知识体系，逐步推动学生形成高阶思维。“六中联动”任务探究模式（见图15）促进了学生发生概念、形成概括、升华原理，实现了学习的数学化。

图15 “六中联动”任务探究模式

五、反思与改进

（1）加强数学课程与专业课程的融合。建筑装饰专业的人才培养目标决定了数学课程应该为学生的专业学习和终身发展奠定基础。然而正值新旧课标转换之际，学校尚未有新修订的专业人才培养方案出台，缺少刚性文件的引领，故对新课标的落实存在一定的随意性。另外，本课在针对建筑装饰专业学生的空间想象、数据分析、数学计算等能力培养方面还有所欠缺。因此，数学课程如何与专业结合，以更好地服务学生专业课程的学习和学生核心素养的培养，还需要我们不断地探索。

（2）进一步探索差异化教学途径。建筑装饰专业学生的学习基础、学习能力差异较大，现行教学中统一的教学目标和教学活动设计，使基础好的学生无法得到最大限度的提升，而基础弱的学生虽能跟上学习节奏，但尚未取得充分的进步与发展。因此，如何更好地进行差异化教学有待进一步研究。

“空间元素的位置关系与简单几何体——直线与平面的位置关系（二）”教案

课题	直线与平面的位置关系（二）	教师	姚敏
授课班级	建筑装饰专业一年级学生	授课地点	Web 教室
班级人数	16 人	课时安排	2 课时

一、课程目标

本课课程目标依据 2009 年教育部颁布的《中等职业学校数学教学大纲》，以及教育部最新颁布的《中等职业学校数学课程标准》制定。中等职业学校数学课程具有基础性、发展性、应用性和职业性等特点，其目标是全面贯彻党的教育方针，落实立德树人根本任务。学生在完成义务教育的基础上，通过中等职业学校数学课程的学习，能获得未来工作、学习和发展所必需的数学基础知识、基本技能、基本思想、基本活动经验，从而具备从数学角度发现和提出问题的能力、运用数学知识和思想方法分析和解决问题的能力。

通过中等职业学校数学课程的学习，学生提高了学习数学的兴趣，增强了学好数学的自信心，培养了理性思维、敢于质疑、善于思考、严谨求实的科学精神和精益求精的工匠精神，加深了对数学的科学价值、应用价值、文化价值和审美价值的认识。

在数学知识学习和数学能力培养的过程中，逐步提高学生数学运算、直观想象、数据分析、逻辑推理、数学抽象、数学建模等数学学科核心素养，使其初步学会用数学眼光观察世界、用数学思维分析世界、用数学语言表达世界。

二、教材分析

教材体系	新课标下的国规省规教材尚未出版，目前仍沿用现有教材，即由马复、王巧林主编的江苏省职业学校文化课教材《数学》，2013 年 4 月由江苏教育出版社（凤凰职教）出版。本课程由三个模块构成，即基础模块、职业模块和拓展模块，总计 21 个单元。
内容分析	《数学》第二册主要内容包括第六章数列、第七章平面向量、第八章直线与圆的方程、第九章立体几何、第十章概率统计等，着眼于提升学生的数学核心素养，致力于学生的数学核心素养在生活和工作中的运用。 第九章立体几何研究的是三维空间中物体的形状、大小和位置关系，对学生认识和理解现实世界、适应社会的发展有着重要意义。“直线与平面的位置关系”是“直线与直线位置关系”的拓展与延伸，掌握其判定定理与性质定理，对学生今后在建筑施工中轻松找到平行参照物具有重要的理论依据作用。
内容处理	（1）结合学生专业，以建筑装饰设计作为教学情境设置问题，最后添加了运用所学定理解决情境问题，使教学过程形成一个闭环。 （2）创设与学生专业相关的教学情境，同时在任务探究活动设计中将历史人文、CAD 制图、建筑美学、建筑装饰要素等与数学知识相结合，促进学生跨学科融合学习的能力，拓宽学生学科视野，精修学生学科素养，提升学生综合素质。

续表

三、学情分析
授课对象：中职建筑装饰专业一年级学生。 学生能力需求：根据建筑装饰专业人才培养方案的要求，学生需具备熟练的识读、绘制图纸和设计施工的能力。学生需要借助数学课程的学习，不断提高自身的逻辑思维和空间想象力，提升审美能力，为更好地进行专业学习奠定基础。 学生知识与能力储备：学生在初中已掌握直线与直线垂直的判断方法，具备一定的空间想象力，以及分析问题和解决问题的能力。 学生学习特点：喜欢竞争、思维活跃，乐于感性、直观的学习方式，接受新生事物的能力强。但由于学生正处于十六七岁的年龄，自我意识正逐渐增强，心理抗压能力较为薄弱，加上初中数学基础不牢，因此学习数学的兴趣不浓，克服困难的意志不坚，解决问题的能力不强，数学抽象、直观想象、逻辑推理、数值运算等数学核心素养较为欠缺。
四、教学目标
（1）理解直线与平面所成的角，掌握直线与平面垂直的判定定理及性质定理。 （2）通过对直线与平面垂直判定定理及性质定理的探究，培养学生直观想象、数学抽象、逻辑推理等数学核心素养，使其体会化归数学思想。 （3）在研究线面角、线面垂直关系的过程中，渗透辩证唯物主义观念，提升学生审美能力，培养他们善于合作、勇于探索的精神。 教学重点：直线与平面垂直的判定定理及性质定理。 教学难点：直线与平面所成的角，直线与平面垂直的判定定理和性质定理。
五、教学策略
（1）情境教学。以建筑装饰专业中用 CAD 软件绘制的房屋图片、介绍中国著名建筑的视频等创设教学情境，展现数学知识与专业的融合，使学生对实体产生直观的认识，感知数学在专业学习中的应用，激发学生的学习兴趣。 （2）问题导向。将教学内容以一些逻辑相关的问题形式呈现，逐步引导学生通过自主探究、合作交流的方式寻求问题解决办法，培养学生主动探究、独立思考的能力，以及创新意识和创造能力。 （3）合作学习。按照同组异质、异组同质的原则将全班同学分为 4 个小组，每组 4 人。充分发挥学生的主观能动性和协作能力，以小组合作探究的形式逐层展开 4 个任务的探究活动。 （4）信息化教学。采用多种形式的信息化手段，帮助学生克服空间思维的障碍，培养学生的直观想象能力，激发学生学习兴趣，有效促进教学目标的达成。 （5）任务驱动。根据本节内容设计 4 个任务，在任务驱动下，学生利用相关教学资源进行自主探索和相互学习。

续表

六、教学流程图

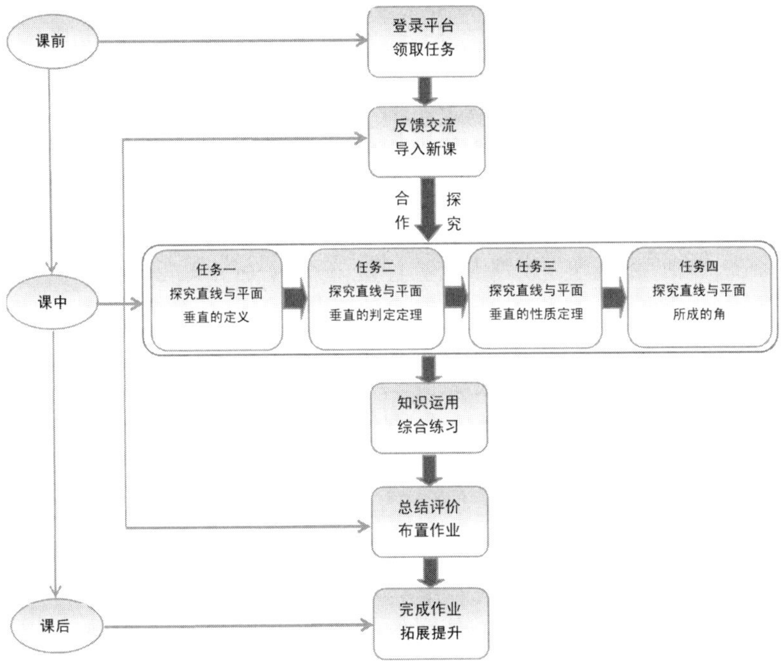

课前
登录平台
领取任务
反馈交流
导入新课
合作
探究
课中
任务一
探究直线与平面
垂直的定义
任务二
探究直线与平面
垂直的判定定理
任务三
探究直线与平面
垂直的性质定理
任务四
探究直线与平面
所成的角
知识运用
综合练习
总结评价
布置作业
课后
完成作业
拓展提升

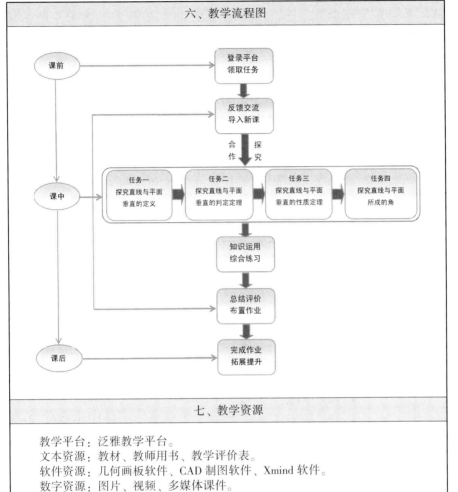

七、教学资源

教学平台：泛雅教学平台。
文本资源：教材、教师用书、教学评价表。
软件资源：几何画板软件、CAD 制图软件、Xmind 软件。
数字资源：图片、视频、多媒体课件。
设备资源：Web 教室、iPad 实物模型。

续表

八、教学过程					
准备阶段					
教学环节	教学内容	教师活动	学生活动	设计意图
预习导航	感知生活中直线与平面垂直的位置关系	(1) 布置本课探究过程中需用到的线面垂直知识的练习。 (2) 在平台布置学生搜集中国著名建筑图片的任务。 (3) 在平台上检查学生任务完成情况,了解学情。	(1) 完成课前练习。学生登录平台,完成与本课探究相关的预备练习。 (2) 搜集图片资料。学生分小组搜集中国著名建筑图片。 (3) 标注图片。每人在自己搜集的图片中选择一张自己喜欢的图片,标注线与平面,完成后上传至平台。	引导学生观察实际生活中有线面垂直关系的建筑,并应用 CAD 软件设计作品,激发学生学习兴趣,为探究线面垂直奠定基础。 【信息化手段】 (1) 泛雅教学平台。 (2) CAD 软件。
情境导入	展示点评,提出问题,揭示课题	(1) 播放中国著名的建筑(先播放学生找的,后播放教师找的)。 (2) 展示点评学生图片中标注的直线与平面。 (3) 播放建筑建设视频。 提问:若把建筑物中构造柱等抽象成一条直线,地面抽象成一个平面,则这些直线和平面有哪些位置关系? (4) 揭示课题:直线与平面的垂直。	(1) 观看视频,体会建筑美与数学的紧密联系。 (2) 欣赏作品,感受生活中线面特殊位置除了平行还有垂直。 (3) 感受建筑中的"垂直"相交。 (4) 明确学习内容。	创设中国著名建筑的情境,增强学生的专业认同感,激发学生学习数学的兴趣,厚植爱国主义情怀。 【信息化手段】 (1) 泛雅教学平台。 (2) 视频。 (3) PPT 课件。

续表

探究阶段				
教学环节	教学内容	教师活动	学生活动	设计意图
探索新知	任务一：探究直线与平面垂直的定义	(1) 播放视频，引出主题（借助CAD软件制图，演示装饰中线面垂直的实例）。 提问：图中墙角线与地面是什么位置关系？	(1) 观看视频，回答问题。	借助建筑装饰专业中CAD制图过程，创设建筑上线面垂直的情境，激发学生的学习兴趣。
		(2) 捕捉情境（发现学生将书打开竖放在桌面上）。 引导学生观察书脊、书页与桌面的交线之间的位置关系。 根据学生的回答归纳出直线与平面垂直的定义。	(2) 观察书打开的情境，通过现场演示来回答问题。 小组举手演示、回答老师提出的问题。	捕捉课堂上发生的情境，促进学生主动发现线面垂直的情况，加深对此位置关系的印象。
		(3) 布置任务，展示作图。 布置学生根据定义画出直线与平面垂直的图形。	(3) 画图，并提交平台。	通过动手画图，增强学生对线面垂直的理解，使其掌握线面垂直的作图方法。
		(4) 概念辨析。	(4) 完成任务并投屏出每道题的统计结果。	通过操作体验，揭示知识发生、发展的过程，启发学生通过观察、分析、联想、抽象、归纳、概括等高阶思维活动，自主建构认知体系。

续表

教学环节	教学内容	教师活动	学生活动	设计意图
探索新知	任务二：探究直线与平面垂直的判定定理	(1) 播放视频。 提问：天安门前白色的柱子是什么？ 追问 1：华表与地面的位置关系是什么？ 追问 2：为什么要与地面保持垂直？不垂直会产生什么问题？	(1) 观看视频，回答：华表。 回答：垂直。 思考回答。	华表是中华民族的象征，承载着中华五千年的文明，能激发学生爱国之情、报国之意，使学生充满学习情感。 通过询问华表与地面的位置关系突出直线与平面垂直的重要性，引出课题。
		(2) 提问：直线与平面垂直的定义是什么？ 追问 1：能否直接用定义来判定直线与平面垂直呢？为什么？ 追问 2：空间两条异面直线所成的角对解决空间问题有什么启发？	(2) 思考回答。 边演示边阐述自己的观点，体会化归思想。	以问题为导向，引导学生透过现象逐步认识线面垂直的本质，着重培养学生的直观想象和逻辑推理等数学核心素养。 揭示化归思想在解决问题中的作用。
		(3) 布置实验和思考任务。 引导学生用书和笔做实验，探究直线与平面内几条直线垂直就可以判定直线与平面垂直。	(3) 各小组合作做实验并思考直线与平面内几条直线垂直即可判定直线与平面垂直。	通过小组合作呈现“做中学”体验式的教学方法，加深学生对定理的理解，课堂呈现出动感。

续表

教学环节	教学内容	教师活动	学生活动	设计意图
探索新知	任务二：探究直线与平面垂直的判定定理	（4）提问：如果直线和平面内的一条直线垂直能判定直线与平面垂直吗？	（4）根据所做的实验演示进行回答：不能。 	
		追问1：直线与平面内两条直线垂直呢？	有的组认同，有的组不认同并演示出不认同的理由。 	通过不断追问，让学生逐步领会定理的内涵，并激发他们的灵感。
		追问2：直线与平面内两条什么样的直线垂直，就可以判定直线与平面垂直呢？	回答：相交直线。	
		（5）布置学生观看几何画板演示的任务。	（5）各小组观看几何画板的演示并讨论。 	通过观看演示进一步验证小组得出的结论，为下一步写出判定定理做铺垫。
		（6）布置学生表述直线与平面垂直的判定定理的任务。点评小组投屏内容，组织学生相互纠正。 	（6）结合前面的实验和几何画板的演示，经过小组讨论，写出判定定理并投屏（投票评价）。	通过书写判定定理，使学生学会用数学语言表达客观世界的能力，培养学生的数学抽象核心素养。
		（7）归纳总结，揭示定理。 	（7）深入理解定理。	

续表

教学环节	教学内容	教师活动	学生活动	设计意图
探索新知	任务二：探究直线与平面垂直的判定定理	(8) 布置学生用数学语言表示直线与平面垂直的判定定理。 点评小组投屏内容，组织学生相互纠正。	(8) 小组讨论，用数学语言写出判定定理，各小组分别投屏，相互纠正。	
		(9) 组织学生在线答题，点评反馈。	(9) 在线答题。	加深学生对知识点的理解，检测目标的达成。
		(10) 布置学生做检测华表与下方底座所在的平面是否垂直的实验。 提问：如果直线与平面内三条或三条以上的直线垂直，能否判定直线与平面垂直呢？为什么？	(10) 小组合作完成实验。 回答问题并阐述理由。	通过小组合作检测，使学生达到学以致用的目的，与最初的情境创设形成一个闭环。 【信息化手段】 (1) 泛雅教学平台。 (2) 视频。 (3) PPT 课件。 (4) 几何画板。
		(11) 课堂评价。评出最佳学习小组。	(11) 参与最佳学习小组的评价。	
	任务三：探究直线与平面垂直的性质定理	(1) 展示一块长方体并提出问题。	(1) 认真审题，思考交流，小组得出结论。	展示常见的长方体，给学生一种熟悉感，消除学生的畏难情绪。
		(2) 布置学生做实验，让学生将两支笔同时竖放在桌上，保持与桌面垂直。 提问：你在实验中有什么发现？	(2) 按照要求做实验，小组间进行交流。 思考、讨论，小组派代表回答。	布置学生做小实验，活跃课堂气氛，培养学生直观想象、逻辑推理能力。

续表

教学环节	教学内容	教师活动	学生活动	设计意图
探索新知	任务三：探究直线与平面垂直的性质定理	(3) 布置学生表述定理任务。布置学生小组讨论，写出线面平行判定定理。 (4) 尝试解题。组织学生答题，对平台中错误率最高的题，及时解析和评价。	(3) 讨论定理表述。小组讨论并完成定理描述且上传至平台讨论区。 (4) 自主解题。通过平台答题，个别学生讲解错误率高的题目。	【信息化手段】 (1) 泛雅教学平台。 (2) 视频。 (3) PPT 课件。
	任务四：探究直线与平面所成的角	(1) 创设情境。播放中国著名的斜拉索桥视频。 (2) 揭示主题：直线与平面所成的角。组织学生观察模型。 提问：斜拉索和桥面的位置关系如何？ 追问：你能给这类位置的直线起个名字吗？ 揭示斜线定义。 (3) 提问：斜拉索与桥面的倾斜程度，用怎样的量来刻画？ 追问：这个角的两条边在哪里？	(1) 观看视频，感悟生活中的线面角度，领会刻画线面角大小的重要性。 (2) 明确学习内容。 观察斜拉索桥模型并回答：相交。 思考回答。 理解定义。 (3) 观察模型思考回答：用角。 思考回答。	通过港珠澳大桥等宏伟建筑的雄姿，展现数学知识给建筑带来的美，提升学生艺术审美能力，增强学生的民族自信和自豪感。 引导学生用数学语言表达问题，提升其数学抽象的素养。 以问题为导向，通过一系列的追问引导学生在做中探究线面角的本质，从而培养学生直观想象、数学抽象等素养，提高学生解决问题的能力。

续表

教学环节	教学内容	教师活动	学生活动	设计意图
		(4) 布置学生找点，确定角的另一条边。教师巡视指导，组织学生汇报交流。 	(4) 操作实验。操作模型开展实验，小组讨论得出结论并汇报交流。	通过动手实验让学生在做中学，培养学生的直觉思维，并促使学生发生思维迁移，从而使学生真正理解线面角的本质。
		(5) 揭示射影概念：过斜线上斜足 A 以外的一点 P 向平面引垂线，垂足为点 O，过垂足 O 和斜足 A 的直线叫作斜线在这个平面上的射影。 追问：如果在射影的两侧作斜线，行吗?	(5) 认知概念。  继续操作实验。小组讨论，汇报交流。	
探索新知	任务四：探究直线与平面所成的角	教师引导学生操作软件进一步验证以上结论。 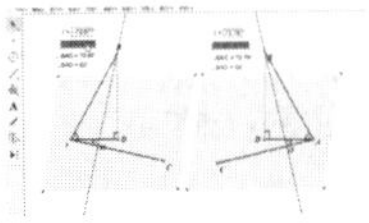	各小组操作电脑上的几何画板软件，验证结论。 	通过操作软件验证结论，培养学生的科学实证意识。
		(6) 布置学生表述定义的任务。布置学生小组讨论，写出斜线与平面所成的角的定义，让学生对最佳表述进行投票，及时评价。  组织学生相互寻找定义表述的不足之处。	(6) 讨论定义表述。小组讨论完成定义描述并上传至平台讨论区。学生投票评出最佳表述的小组。 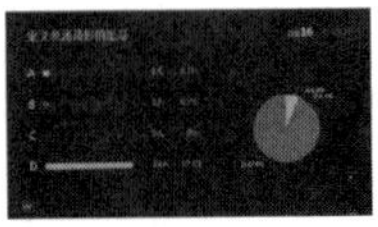 自查并互相检查定义的表述，进一步领会定义的要素，感悟数学严密性的典型特征。	通过组织学生小组合作研讨定义，使学生学会用数学语言表达客观事物的本质，发展学生数学抽象的核心素养。 通过互相纠错，提高学生数学思维的缜密性及语言表达的严密性，培养学生严谨的科学精神。

续表

教学环节	教学内容	教师活动	学生活动	设计意图
探索新知	任务四：探究直线与平面所成的角	揭示定义。用课件展示斜线与平面所成角的定义及其特征。 (7) 提问：平面的斜线和平面所成的角的范围是什么？ 追问：直线和平面所成的角的范围呢？ 斜线与平面所成角的取值范围：(0°，90°) 直线与平面所成角的取值范围：[0°，90°] 直线和平面平行或在平面内， 直线垂直于平面， (8) 尝试解题。 找一找： 如图，在正方体$ABCD-A_1B_1C_1D_1$中， 1. A_1B与底面AC所成的角是（ ） (A) $\angle A_1BA$；(B) $\angle A_1BC$；(C) $\angle A_1BD$ 2. B_1C与底面AC所成的角是（ ） (A) $\angle B_1BA$；(B) $\angle B_1BC$；(C) $\angle B_1BD$ 辨一辨： 辨一辨： (1) 两条平行直线在同一平面内的射影一定是平行直线。( ) (2) 两条平行直线和一个平面所成的角一定相等。( ) (3) 若两条直线和一个平面所成的角相等，则两直线平行。( ) 算一算： 如图，在正方体$ABCD-A_1B_1C_1D_1$中， 求 (1) A_1B与底面AC所成的角 (2) B_1C与底面AC所成的角 (9) 评价。组织学生评选最优小组。	进一步理解定义。 (7) 思考归纳。小组讨论并回答，体会数学分类讨论思想的重要性。 回答：[0，90°]。 (8) 自主解题。通过平台自主答题。学生辨析，对错误的地方举以反例说明。 个别学生讲解错误率高的题目。 (9) 根据集星结果评选出最优小组。	渗透分类讨论思想。 通过练习让学生巩固所学知识。教师检测教学目标达成情况。 【信息化手段】 (1) 泛雅教学平台。 (2) 视频。 (3) PPT 课件。 (4) 几何画板软件。
巩固应用	综合应用	推送练习题。推送综合练习，让学生限时训练。 通过平台展示学生及小组答题正确率。	自主解题。通过平台自主答题。个别学生讲解错误率高的题目。	结合本课知识点设计综合练习题，培养学生解题能力，使其巩固所学内容。 【信息化手段】 泛雅教学平台。
		1.若直线与平面不垂直，那么在平面内与直线垂直的直线（ ） A.只有一条　B.有无数条 C.是平面内的所有直线　D.不存在 2.在正方体$ABCD-A_1B_1C_1D_1$中，直线AD_1与平面$ABCD$所成的角________。 3.已知四面体$ABCD$所有的棱长相等，求证：$AB\perp CD$。		

续表

<table>
<tr><td colspan="5">总结阶段</td></tr>
<tr><td>教学环节</td><td>教学内容</td><td>教师活动</td><td>学生活动</td><td>设计意图</td></tr>
<tr><td rowspan="3">总结评价</td><td rowspan="3">总结知识、思想方法</td><td>(1) 提问：本节课你收获了什么？绘制总结性思维导图。

(2) 展示小组所绘思维导图，推出本节课思维导图。</td><td>(1) 归纳整理。从知识、思想和方法上总结本节课的收获，小组代表进行阐述。完成思维导图。
(2) 观看思维导图，梳理本节课所学内容。</td><td>利用 Xmind 软件让学生自己总结结论，培养学生勤于总结的良好习惯，以及利用思维导图整理知识碎片的能力，课堂在学生满满收获中展现美感。
【信息化手段】
(1) 泛雅教学平台。
(2) PPT 课件。
(3) Xmind 软件。</td></tr>
<tr><td colspan="3">立体几何
直线与直线的位置关系
平行
相交
异面
直线与平面的位置关系
直线在平面内
平行
直线与平面只有一个交点
相交
垂直
判定定理
性质定理
直线与平面所成的角</td></tr>
<tr><td>(3) 评选最优小组。</td><td>(3) 根据课堂表现和平台答题统计情况评选最优小组。</td><td></td></tr>
<tr><td>拓展提升</td><td>完成课后作业，开展教学评价</td><td>(1) 在平台发布基础练习和拓展练习。
基础练习：书 P122
拓展练习：
练习 1：18 米高的旗杆 AD 直立在地面上，绳子 AB、AC 分别和杆身成 30° 和 45° 的角 B、C、D 都在地面上。
求：(1) 线段 AB 与地面的夹角为______
(2) 线段 AC 与地面的夹角为______
(3) AB 在地面上的射影长为______
(4) AC 在地面上的射影长为______</td><td>(1) 登录平台，领取任务，完成课后基础练习巩固所学公式。根据自身情况选择性完成拓展练习。</td><td>巩固强化本课所学内容。
【信息化手段】
泛雅教学平台。</td></tr>
</table>

续表

总结阶段				
教学环节	教学内容	教师活动	学生活动	设计意图
拓展提升	完成课后作业，开展教学评价	（2）在线评价。即时生成每位学生的评价结果。 （3）发布检测作业，反馈问题，平台答疑。	（2）在线评价。根据教师要求进行评价。 （3）提交练习答案，交流分享，巩固知识。	

九、教学反思
（1）思效：本节课教学目标明确，任务明确。各个教学环节衔接自然，教学重点突出；对难点的突破有方法。教学活动设计合理，学生能积极主动参与；教学、学法切合实际，学生学有所得。 （2）思得：本节课的设计注重任务的探究，在课堂上创设情境、设计实验、设置问题，给学生留有学习、思考和合作交流的时间和空间，提高了学生的课堂参与率；有效将抽象转化为具体，有机融合该班专业的特点，使学生充分感受知识融会贯通带来的能力提升。 （3）思失：在小组合作交流过程中，未能及时关注学习层次较低的学生，对学生的鼓励不够，激发他们的手段有所欠缺。 （4）思改：合作探讨应建立在个体深入思考、自主探究的基础上，小组讨论时要先鼓励个人思考，教师应适当参与指导。

获奖作品四：“水性素色漆涂装工艺”教学实施报告

江苏省江都中等专业学校　王荣军

（2020 年江苏省职业院校教学大赛一等奖）

“汽车涂装技术”是汽车车身修复专业的核心课程，是在“汽车机械基础”“汽车构造基础”“汽车涂装基础”等课程的基础上开设的一门实践性较强的核心平台课程。本课程在中职汽车车身修复专业第四学期开设，旨在培养与我国社会主义现代化建设要求相适应，德、智、体、美、劳全面发展，具有良好的职业道德和职业素养，掌握车身涂装对应职业岗位必备的知识与技能，能从事汽车车身涂装、漆面美容与养护、车漆调色等工作，具备职业生涯发展基础和终身学习能力，面向汽车行业（企业）从事汽车专业领域工作的复合型技术技能人才。本课程以绿色汽修产业发展为基础，对接国家职业标准和行业标准，结合国家汽车涂料和涂装工业的指导性标准《低挥发性有机化合物含量涂料产品技术要求》（GB/T 38597—2020）提出的行业新工艺、新技术、新规范，适时适量适当地更新行业新动态，从汽车维修技术人员的岗位核心能力出发，基于工作任务进行模块化课程组织与重构，采用强化能力培养的项目化教学等行动导向教学方法，使理虚实相结合，以汽车车身漆面损伤修复真实案例项目为载体实施教学。

一、教学整体设计

（一）学情分析

汽车车身修复专业二年级的学生已经学习了汽车机械基础、汽车构造基础、汽车涂装基础等基础课程，掌握了汽车构造基本知识和汽车涂装设备、设施、工具的使用，但缺乏系统的知识与运用技巧。他们也已经能熟练使用教学平台，喜欢在动手实践和直观感受中掌握新知，但是他们发现问题、解决问题的能力还很欠缺，尤其缺乏实践经验。

（二）课程结构设计

依据人才培养方案、实施性课程标准和学情，结合行业发展、岗位要求、技能大赛，以及汽车车身漆面养护与涂装喷漆技术“1+X”职业技能等级证书要求，对接新工艺、新技术、新规范，以汽车车身漆面损伤修复过程为主线，将课程整合为 4 个模块：水性素色漆施工、水性金属漆施工、油性素色漆施工和油性金属漆施工。每个模块细划分为 4 个子项目：汽车漆面损伤鉴定评估、水性素色漆调配色、水性素色漆喷涂、汽车抛光。每个项目基于真实的维修工作任务实施教学，提升学生岗位综合能力。（见图 1）

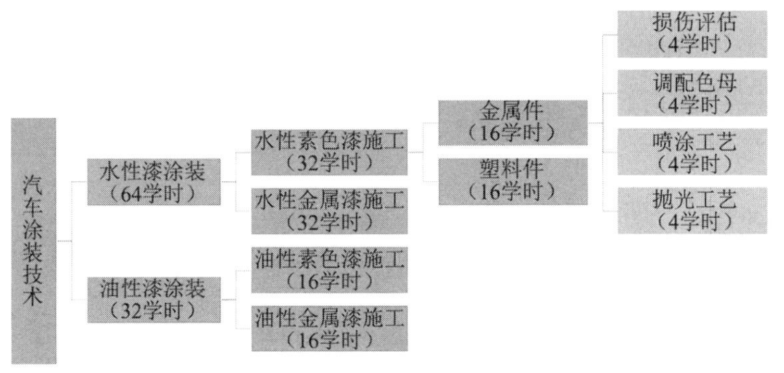

图 1　课程结构设计

（三）课程思政设计

以立德树人为出发点，系统梳理汽车维修行业的思政教育元素，在不同项目中有机融入爱国精神、绿色环保、工匠精神、使命意识等思政教育理念。（见图 2）

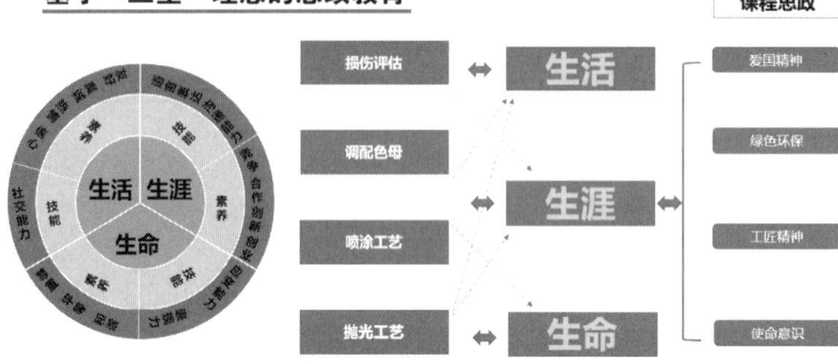

图 2　课程思政设计

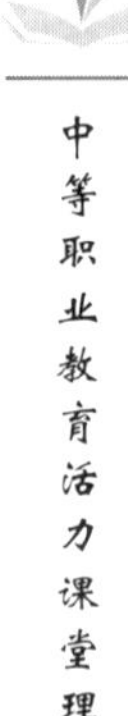

二、教学实施

（一）目标整合

结合“岗课赛证”，将教学目标、技能大赛的要求、“1+X”证书技能的要求与项目实施有机整合。(见图 3)

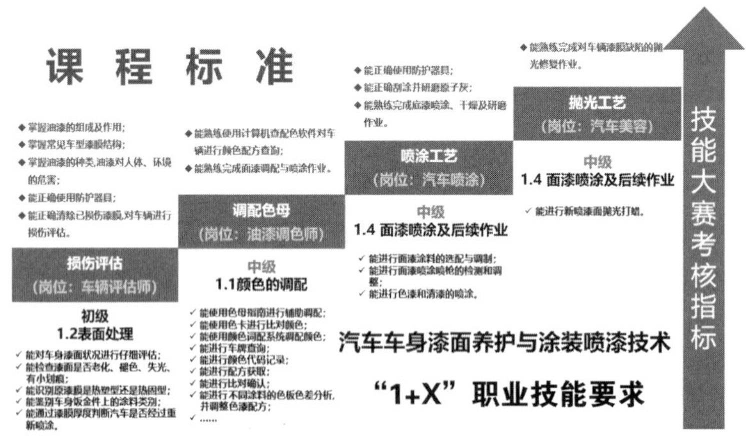

图 3　“岗课赛证”融合

（二）教学重难点

本课教学重难点见图 4。

项目名称	岗课赛证突出重点	生活案例突破难点
漆面损伤评估	掌握漆面损伤评估的目的、方法	根据受损报告制定受损维修方案
水性素色漆调色工艺	掌握调配色的工艺流程，依据查询配方调配颜色	结合配方，独立完成水性素色漆的调配
水性素色漆喷涂工艺	掌握喷涂水性素色漆湿碰湿施工的工艺流程	独立完成喷涂施工并确保质量
抛光工艺	掌握不同缺陷所制定的抛光方案和工艺流程	完成车辆漆面抛光作业

图 4　教学重难点

（三）教学策略

1. 基于现代学徒人才培养模式，践行校企全面育人

基于现代学徒人才培养模式，打造以工作过程为导向的任务驱动式教学。企业导师走进汽车涂装实训课堂，主要负责学生（学徒）实践技能的提升，做到手把手指导，按实际涂装工艺的标准要求学生，使学生未来能更好地适应企业的岗位需求。学生（学徒）阶段性进入企业实践，针对汽车涂装产业进行维修行业新工艺、新技术、新规范的研学。(见图 5)

图 5　基于工作过程的任务驱动式课堂

2. 基于生活场景的体验式学习，助力学生突破难点

基于生活场景、借助生活实例帮助学生理解和掌握水性素色漆工艺流程。例如：在漆面损伤评估项目中，采用生活中常见的“用油污净清洗油烟机去除油污原理”类比“用溶剂擦拭漆膜是否掉色”来判定漆膜是单组分水性漆还是双组分水性漆，从而依据漆膜状况制订维修计划。在汽车水性素色漆调配色项目中，利用多色彩橡皮泥初试颜色调配，通过颜色的变化让学生感悟色母的种类与量的多少决定了色差。在水性素色漆喷涂项目中，借助用化妆品装饰面部、用指甲油装饰指甲等例子诠释喷涂工艺中的刮涂腻子修补、涂装色彩、亮油防护工艺，从而让学生明确喷涂的工艺流程。在抛光项目中，借助用牙膏去除汽车车身划痕实验让学生感受抛光作业中抛光研磨剂的重要性，以及掌握抛光作业中解决漆面缺陷的类型。基于生活场景的体验式学习（见图6）能使学生动起来、活起来，形成生动活泼的课堂，从而提升学生学习兴趣和培养其探究合作精神。

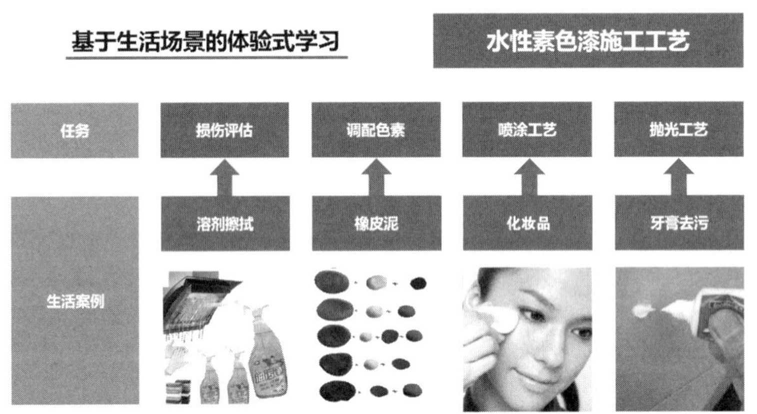

图6　基于生活场景的体验式学习

3. 基于真实任务的一体化课堂，强化学生技能训练

基于真实任务、借助信息技术，促进学生开展“理虚实”融合学习，增强学生学习的积极性与交互性，进一步提高课堂教学的有效性。（见图7）

基于真实任务打造理虚实一体化课堂
理
虚
实
活页式教材
国家标准
智学堂-学习平台
虚拟实训仿真平台
企业实训场所
学校实训场所
信息化资源库
工作手册
在线查色平台
实训监控平台
各类实训器材
各类操作车间
"理"——依托活页式教材、工作手册、信息化资源库，并结合国家标准开展理论教学。
"虚"——借助智学堂学习平台、虚拟实训仿真平台、在线查色平台、实训监控平台与课程内容的有机融合，使知识内容的表现形式更加形象化、多样化、互动化。
"实"——"三实"（实际项目、实境训练、实战检验）学生针对客户车辆漆面损伤程度制定维修计划，在企业车间和学校实训室利用各种仪器进行综合性技能学习。

图7　基于真实任务打造理虚实一体化课堂

三、教学实施过程

本次参赛16学时的教学设计，利用了信息化手段，基于学生主体、教师主导、做学教一体的教学模式，使课前、课中、课后教学组织系统连贯；创设教学情境，实施"三段六步"教学模式，构建和谐高效的活力课堂，提高学生综合素质。具体实施过程如下（以汽车水性素色漆调色为例）。

（一）准备阶段

1. 预习导航

课前，教师通过学习平台发布汽车水性素色漆学习资料和调色预习任务，检测学生任务完成情况，培养其自主学习能力；通过在线答疑和与学生互动，了解学生预习情况，适时调整教学内容，以学定教。

2. 情境导入

发布汽车车身（左前保险杠、左前翼子板、左前门板）损伤修复的任务：调配水性素色漆。课中针对学生课前预习情况进行反馈和点评，以客户抱怨爱车汽车漆面损伤修复后有严重色差为情境导入新课，引发学生讨论和思考色差产生的因素有哪些，从而分析和制订解决问题的工作计划，明确学习任务。

（二）探究阶段

1. 探索新知

计划部分 P（plan）：学生自主学习相关知识，制订解决任务的计划，教师借助微课、仿真实训软件进行讲解，以及邀请企业技师示范操作等帮助学生制订计划。教师再设置环环相扣、有知识梯度的活动，组织学生以小组为单位进行探究学习。

2. 巩固应用

实施部分 D（do）：按计划具体实施（学生实施操作，教师与企业技师巡查指导，及时发现问题）。

活动一：借助多色彩橡皮泥调配目标色，体验调色过程，辨析决定色差的因素，学生结合体验明确调色工艺对于车辆漆面维修的重要意义。

活动二：借助色卡比对损伤车辆，确定配方。学生登入计算机调配色软件学习查询配方，并打印配方。

活动三：借助仿真软件尝试调配色，梳理调配色流程。学生们在仿真操作测试通过后即可按照配方进行调配色作业。

活动四：依据调色喷涂样板比色，微调。

活动五：借助测色仪对颜色进行微调作业。

（三）总结阶段

1. 总结评价

检查部分 C（check）：对学生操作结果进行检查（学生自查、小组互查、教师核查）。教师在课中以设置奖励“学习星”和“实践星”的方式进行实时点评，学生对任务完成情况和展示汇报成果进行自评和互评，在实操环节教师和企业技师根据企业实际岗位操作标准对学生的学习情况进行实时评价。最后，教师通过平台推送课堂测试，以平台实时反馈的测试成绩作为判断教学目标是否达成的依据之一。

2. 拓展提升

改善行动 A（action）：对检查的结果进行判定（教师与企业技师判定）。

对不合格的操作再次 PDCA。（见图 8）

课后梳理调色工艺流程，绘制调配色工艺思维导图。

图 8　基于 PDCA 的综合评价系统

四、学习效果

（一）学生成长收获

学生通过完成汽车车身漆面损伤修复作业，借助智学堂教学平台、汽车涂装实训平台，结合专用工具达成了“1+X”能力目标，并为学测技能考核奠定良好基础。

1. 在实践技能方面

（1）掌握了汽车漆面损伤评估中“一看二摸三测量”的基本方法，掌握鉴定油漆的多种方法。通过了解原厂油漆喷涂工艺，掌握了漆膜仪的规范使用，能正确制定损伤评估方案，为从事岗位估损评估工作奠定基础。

（2）能熟练使用电脑软件查询颜色配方，进行喷涂样板比色，借助测色仪测色，掌握调配色的工艺流程，明确调配色的重要性，为调色岗位奠定扎实的理论基础。

（3）能理解“湿碰湿”喷涂工艺，将新工艺与传统工艺进行对比，明确时代发展的需要。

（4）能对漆面修复情况进行评估，会使用抛光设备对漆面缺陷实施抛光作业，为汽车维修和美容奠定技能基础。

2. 在综合素养方面

(1) 通过课前、课中、课后各小组分工合作，培养学生的责任感和团队意识，随着任务知识点层层推进、重难点逐级突破，培养了学生分析、归纳、解决问题的能力和勇于探索、积极进取的精神。在实践环节，让企业技师参与教学，在技师认真、严谨的工作作风影响下，学生内化了工匠精神，从而提高了学生学习的积极性和对专业的认同感，达成了素养目标。

(2) 通过与往届非学徒制班学生的数据作对比，发现在这种教学模式下，学生在学习态度、知识掌握、能力形成、素养发展等方面有了显著提高。现代学徒制人才培养模式大幅提升了学生的职业技能，学徒制班有80%的学生被企业留用，受到用人单位好评。学徒制班毕业学生的追踪调查结果显示，企业对试点班学生认可度高，学生转岗机会多、比例大，试点班学生的就业薪酬普遍高于其他同级学生，发展潜力大。

（二）团队成长收获

在本课计划实施过程中，本课程团队集体研究制定教学方案、探索教学手段，整合教学资源，创新评价方式，提炼教学手法，不仅有效实施了本课程，还借用了活力课堂“三段六步”稳变结合的教学结构程序，以学生为中心，把课堂还给学生，让课堂焕发出生命的活力。同时，将该教学模式推广至其他专业核心课程，对教育模式的探索有着较大的贡献。

五、教学特色与创新

（一）双师共育，PDCA 循环

基于 PDCA 的“双师共育”培养模式重构课程体系，实现专业课程与企业认证共生共长。企业技师走进课堂，改变传统授课方式，引入行业新工艺、新技术和新规范，以实际岗位标准及质量要求为学生提供指导和示范，并参与教学评价，形成“双师共育”的培养模式，构建“教师+师傅”的专业课堂。(见图 9)

图 9　基于 PDCA 的“双师共育”培养模式

（二）双轴同转，双标评价

通过“双轴同转”培养模式，建立多维双标评价体系。以“学校课堂”为轴线，对工作岗位情境进行模拟，使学生对汽车维修业务的学习转变成模拟实务岗位的教学；以“企业现场”为轴线，使学生把在模拟环境中学到的知识、能力放入真实的汽车维修职业活动现场，在各种各样较为复杂的工作情况中进行应用和强化。学校课堂与企业现场“双轴”循环实践，便于学生在学习过程中形成实际业务工作经验，熟悉汽车维修企业的管理工作流程和行业规范，培养其职业能力。教师和学生借助学习平台、课堂评星在课前、课中、课后全程对学生个体及合作学习小组的学习行为予以评价，形成“自评”“互评”“师评”多元互动评价体系，体现了评价的过程性和全面性。围绕行业企业岗位用人标准，校企共同制定教学质量评价体系。根据专业课程、技能竞赛、行业认证考核要求及其岗位具体情况设计评价标准，采用学校评价、企业评价、同学评价、行业评价、社会评价、技能竞赛评价等形式，规范教学活动，保障教学质量。企业技师依据企业维修工艺标准，针对学生实操过程进行评价，形成“双标”综合评价。最终评价成绩由学生的课堂学习情况评价和企业技师评价“双线”综合评定。（见图 10）

基于“双标”的企业课堂“双轴同转”模式

图 10　基于“双标”的企业课堂“双轴同转”模式

（三）双线教学，优势互补

疫情防控期间，学校落实“停课不停学”要求，及时调整教学策略、组织形式和资源供给，借助信息技术制定了详细的线上教学流程，用于指导任课教师开展线上教学工作。（见图 11）

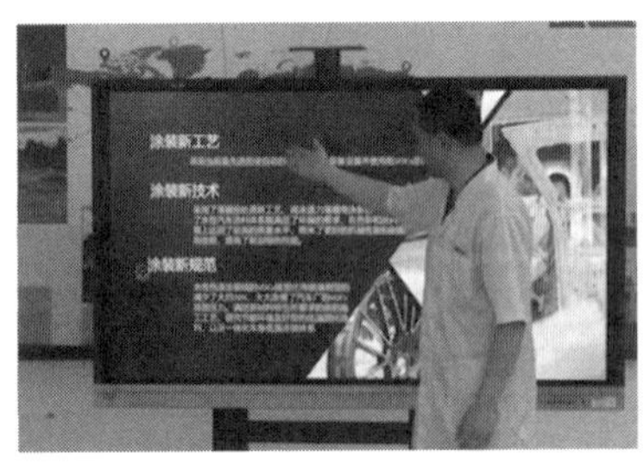

图 11　线上直播画面，线下现场答疑

六、反思与改进

（一）推进课程教学与产业发展的紧密结合

现代汽修提出了“绿色汽修”的行业环保理念，引入国家汽车涂料和涂装工业的指导性标准《低挥发性有机化合物含量涂料产品技术要求》（GB/T 38597—2020），对专业教师和未来的维修人员提出了更高的要求，所以教师在教学中应进一步进行教学改革，让学生所学更贴近生产实际。

（二）进一步探索分段、差异化教学途径，实现人才培养与企业需求精准对接

中职学生的学习基础、学习能力差异较大，现行的教学中统一的教学目标和教学活动设计，无法使基础好的学生得到最大限度的提升，基础弱的学生虽能跟上学习节奏，但尚未取得充分的进步与发展，如何更好地进行差异化教学有待进一步研究。

“水性素色漆涂装工艺——汽车漆面损伤鉴定评估”教案

<table>
<tr><th colspan="4">一、教学基本情况</th></tr>
<tr><td>授课教师</td><td>王荣军</td><td>教学班级</td><td>中职汽车车身修复专业二年级</td></tr>
<tr><td>课程名称</td><td>汽车涂装技术</td><td>授课课题</td><td>汽车漆面损伤鉴定评估</td></tr>
<tr><td>授课课时</td><td>4 课时</td><td>授课形式</td><td>新授课</td></tr>
<tr><th colspan="4">二、教学分析</th></tr>
<tr><td>教材分析</td><td colspan="3">【课程分析】本课程是江苏省中等职业教育汽车车身修复专业必修的一门专业基础平台课程，是为了培养本专业人才的可持续发展所开设的课程，是为学生日后在汽车行业发展作储备的专业拓展课程之一。本课程旨在培养学生对汽车车身表面进行恢复的能力，为学生从事汽车车身修复工作奠定良好的基础。
【教材分析】
所用教材根据汽车漆面修复领域和职业岗位的任职要求，对我国汽车产业和维修服务的发展需求以及市场用人标准进行调研分析之后，参照有关行业技能鉴定规范和中高级技术工人登记考核标准编写。教材以任务驱动组织教学项目，采用案例导入，力求与职业资格标准相衔接，有较强的岗位针对性和实用性。
【内容处理】
依据人才培养方案和课程标准要求，结合行业发展、职业岗位要求和“1+X”证书要求对水性素色漆的调色工艺内容进行整合，对学习任务进行创新设计。以真实工作任务为导向设计教学活动，学生在完成学习任务过程中，学习相关的专业理论与技能。注重学生实践技能的培养，将理论、虚拟仿真与实操相结合，对接行业新工艺、新技术、新规范，以任务为载体，以理论知识为指导，有效地提高学生的学习效果和知识的迁移能力。</td></tr>
<tr><td>学情分析</td><td colspan="3">汽车车身修复专业二年级的学生已经学习了汽车机械基础、汽车构造基础、汽车涂装基础等基础课程，掌握了汽车构造基本知识和汽车涂装设备、设施、工具的使用，但缺乏系统的知识与运用技巧。他们也已经能熟练使用教学平台，喜欢在动手实践和直观感受中掌握新知，但是他们发现问题、解决问题的能力还很欠缺，尤其缺乏实践经验。</td></tr>
</table>

续表

教学目标	（1）掌握水性漆的结构组成及作用。 （2）掌握水性漆的种类，水性漆对人体、环境的危害。 （3）正确清除已损伤的漆膜，对车辆进行损伤评估。 （4）鉴别车身钣金件上的涂料类别。 （5）通过漆膜厚度判断汽车是否经过重新喷涂。 （6）培养学生自主学习、团队合作、获取资源，以及分析问题、解决问题的能力。 （7）培养学生规范操作、安全环保意识，诚实守信的职业道德，爱岗敬业和严谨求实的工匠精神。
重点难点	教学重点：掌握漆面损伤评估的目的、方法。 教学难点：根据受损报告制定受损维修方案。 确立依据：学情分析、教学内容、课程标准。
教学资源	（1）文本资源：教材、教师用书、任务工单、教学卡片。 （2）设备资源：漆膜仪、溶剂、直尺、教学平板、白板。 （3）平台资源：智学堂教学平台、仿真软件、监控平台。 （4）信息资源：PPT 课件、微课视频、电子维修手册。
教学策略	（1）基于现代学徒人才培养模式，打造以工作过程为导向的任务驱动式教学。企业导师走进汽车涂装实训课堂，主要负责学生（学徒）实践技能的提升，做到手把手指导，按涂装工艺的标准要求学生，使学生未来能更好地适应企业的岗位需求。学生（学徒）阶段性进入企业实践，针对汽车涂装产业进行维修行业的新工艺、新技术、新规范的研学。 （2）基于生活场景的体验式学习，助力学生突破教学难点。借助生活实例帮助学生理解和掌握水性素色漆工艺流程，例如：在漆面损伤评估项目中，采用生活中常见的“用油污净清洗油烟机去除油污原理”类比“用溶剂擦拭漆膜是否掉色”来判定漆膜是单组分水性漆还是双组分水性漆，从而依据漆膜状况制订维修计划。基于生活场景的体验式学习能使学生动起来、活起来，形成生动活泼的课堂，从而提升学生学习兴趣和培养其探究合作精神。 （3）基于“三段六步”教学结构程序构建和谐高效课堂，提高学生综合素质。本课教学借助信息技术，促进学生开展“理虚实”融合学习，借用活力课堂“三段六步”稳变结合的教学结构程序，打造以学生为中心的项目课堂，把课堂还给学生，让课堂焕发出生命的活力。

续表

教学流程图	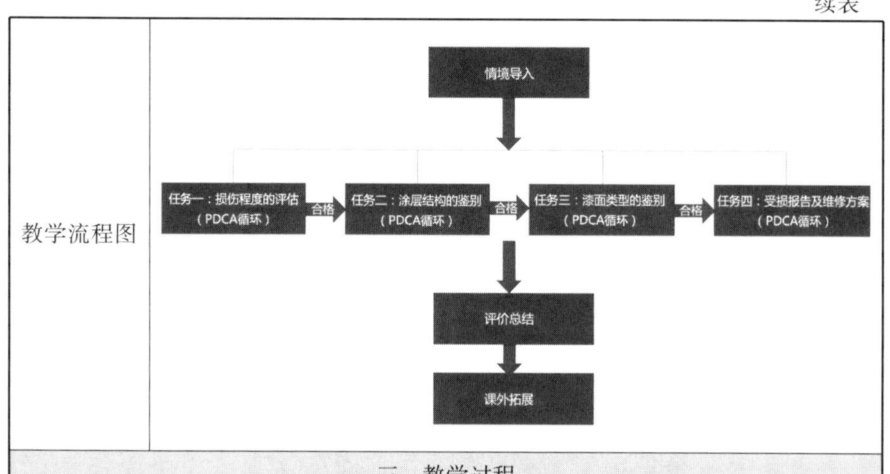

三、教学过程

教学环节		教学内容	教师活动	学生活动	设计意图
第一阶段：准备阶段	预习导航	基础知识	（1）在平台发布损伤评估基础知识，上传国家规范，指导学生学习。 （2）在平台发布损伤评估基础知识测试题。 （3）在平台查看学生课前学习的数据分析，发布成绩并给予针对性点评。	（1）登录平台，学习损伤评估基础知识的教学资源。 （2）在平台完成基础知识的测试题。 （3）根据教学平台的测试反馈和教师点评，查找不足，及时修正。	（1）通过平台推送教学资源，培养学生自主学习的能力，利用生活化、趣味化的学习资源，激发学生学习兴趣。 （2）通过测试，检验学生课前学习效果、分析学情。 （3）通过测试反馈，掌握学生的学习基础和学习效果，以学定教。
	情境导入	情境导入	（1）播放两车碰擦视频，A、B 车辆漆面有不同程度受损。 （2）明确以评星的机制鼓励学生学习，每次活动评出相应的“学习星”和“实践星”，在课堂终结性评价中作为加分项。	（1）观看案例，讨论该如何帮助客户解决问题，进入情境。 （2）了解鼓励机制。	（1）通过视频创设情境，引出学习内容以及学习目标，激发学生的求知欲，增强学生的学习动机和积极情感。 （2）以评星的机制激励学生进阶发展，促发学生学习的积极性和主动性。

续表

教学环节		教学内容	教师活动	学生活动	设计意图
第二阶段：探究阶段	探索新知（一）	任务一：损伤程度的评估	(1) 发布任务，对受损车辆的漆面损伤程度进行评估。 (2) 布置虚拟仿真实训要求。 (3) 总结点评，布置任务，巡回指导并记录学生行为表现。 (4) 检查学生完成情况，听取学生成果汇报。 (5) 知识总结及示范操作：先清洁车身，然后“一看二摸三测量”。 (6) 对学生成果进行评定。	(1) P：制订实施计划，并汇报操作流程和检查方法。 (2) D：登录仿真平台进行操作练习并生成评分报告。 (3) D：真车操作并将检查结果填写到工单中。 (4) C：对成果进行汇报，进一步梳理操作流程和规范要求。 (5) 记录操作要领。 (6) A：根据评定结果修正方案，轮换岗位，再次操作。	(1) 培养团队合作精神，共同制定实施方案。 (2) 利用仿真平台，熟悉操作要领。 (3) 实车操作，检验计划，初探方法。 (4) 检验成果，领悟操作要领。 (5) 通过多向互动，发生思维碰撞，形成互补、互助、互利的学习共同体的团队合作精神。 (6) 岗位轮换，方案修正，巩固知识。
	探索新知（二）	任务二：涂层结构的鉴别	(1) 发布任务，对涂层的结构进行鉴别。漆面结构：属于单工序面漆还是多工序面漆。 (2) 播放微课视频，了解漆面结构。 (3) 布置虚拟仿真实训要求。 (4) 总结点评，布置任务，巡回指导并记录学生行为表现。 (5) 检查学生完成情况，听取学生成果汇报。 (6) 知识总结及示范操作：观察法、打磨法。 (7) 对学生成果进行评定。	(1) P：根据任务制订实施计划。 (2) 观看视频，制订计划并汇报操作流程和检查方法。 (3) D：登录仿真平台进行操作练习并生成评分报告。 (4) 实车操作并将检查结果填入工单。 (5) C：对成果进行汇报，进一步梳理操作流程和规范要求。 (6) 记录操作要领。 (7) A：根据评定结果修正方案，轮换岗位，再次操作。	(1) 通过共同制定实施方案，产生“团结就是力量”的团队精神。 (2) 通过循环学习，增强学生自主探究能力。 (3) 利用仿真平台，熟悉操作要领。 (4) 实车操作，检验计划，初探方法。 (5) 检验成果，领悟操作要领。 (6) 知识总结。 (7) 岗位轮换，方案修正，巩固知识。

续表

教学环节		教学内容	教师活动	学生活动	设计意图
第二阶段：探究阶段	探索新知（三）	任务三：漆面类型的鉴别	(1) 发布任务，对漆面的类型进行鉴别。 漆面类型： ① 属于挥发干燥型还是烘干型？ ② 属于原厂漆还是修补漆？ (2) 安排学生走进原厂喷涂车间，了解原厂漆面工艺流程。 (3) 总结点评，布置任务，巡回指导并记录学生行为表现。 (4) 检查学生任务完成情况，听取学生成果汇报。 (5) 知识总结及示范操作：方法、工具特点及使用场景。 (6) 对学生成果进行评定。	(1) P：根据任务制订实施计划。 (2) 部分学生进车间，其余学生观看直播画面，制订计划并汇报操作流程和检查方法。 (3) D：实车操作，使用漆膜仪检测并将检查结果填入工单。 (4) C：对成果进行汇报，进一步梳理操作流程和规范要求。 (5) 记录操作要领。 (6) A：根据评定结果修正方案，轮换岗位，再次操作。	(1) 设计问题情境，明确知识、技能目标，帮助学生确立探究活动开展方向。 (2) 学生自主探究，了解行业动态，以及新工艺、新技术、新规范。 (3) 实车操作，检验计划，初探方法。 (4) 检验成果，领悟操作要领。 (5) 知识总结。 (6) 岗位轮换，方案修正，巩固知识。
	巩固应用	任务四：受损报告及维修方案	(1) 发布任务，对受损车辆进行评估。 ① 形成受损报告。 ② 制定维修方案。 (2) 布置任务，巡回指导并记录学生行为表现。 (3) 检查学生任务完成情况，听取学生成果汇报。 (4) 对学生方案进行评定。	(1) （P：根据任务制订实施计划，小组分工。 (2) D：实车操作，检测并将检查结果填入工单。 (3) C：对成果进行汇报，生成受损报告及维修方案。 (4) A：根据评定结果修正方案，轮换岗位，再次操作。	(1) 通过项目实操与报告、方案撰写，使学生感知学习内容，感悟应用中产生的真知真觉。 (2) 实车操作，检验计划，初探方法。 (3) 检验成果，领悟操作要领。 (4) 岗位轮换，方案修正，巩固知识。

续表

<table>
<tr><th colspan="2">教学环节</th><th>教学内容</th><th>教师活动</th><th>学生活动</th><th>设计意图</th></tr>
<tr><td rowspan="2">第三阶段：总结阶段</td><td>总结评价</td><td>多维评价</td><td>(1) 对学生进行多维评价，教师登录平台进行师评。
(2) 多维评价学生思维导图。
(3) 加强思政教育。</td><td>(1) 登录平台进行自评和小组互评。
(2) 完成思维导图并上传至平台。
(3) 观看视频。</td><td>(1) 利用平台完成多维评价。结合课前、课中、课后进行学习全过程评价。
(2) 归纳知识，强化技能，进一步掌握评估流程及方法。
(3) 结合新工艺、新技术、新规范，培养民族自信、弘扬工匠精神等。</td></tr>
<tr><td>拓展提升</td><td>多层次作业</td><td>(1) 完成虚拟实训实验报告。
(2) 梳理车辆漆面损伤鉴定与评估的思维导图。
(3) 到实训工厂、二手车评估市场进行技能训练。</td><td>(1) 将本次实训的感想与收获写入实训小结。
(2) 创建思维导图，总结损伤鉴定与评估的流程和操作要点。
(3) 结合所学知识到相应工作岗位完成真实工作。</td><td>(1) 培养学生的反思习惯。自查各个任务的完成情况与不足，修改自查中的问题，进行自我评价。
(2) 通过自我梳理，使学生加深对本章所学技能的理解。
(3) 通过完成真实工作，让学生学以致用。</td></tr>
<tr><td colspan="6">【教学反思】
学生通过完成汽车车身漆面损伤修复作业，借助智学堂教学平台、汽车涂装实训平台，结合专用工具达成了“1+X”能力目标，并为学测技能考核奠定良好基础。
1. 在实践技能方面
掌握了汽车漆面损伤评估中“一看二摸三测量”的基本方法，掌握了鉴定水性漆的多种方法。通过了解原厂水性漆喷涂工艺，掌握了漆膜仪的规范使用，能正确制定损伤评估方案，为从事岗位估损评估工作奠定基础。
2. 在综合素养方面
通过课前、课中、课后各小组分工合作，培养学生的责任感和团队意识，随着任务知识点层层推进、重难点逐级突破，培养了学生分析、归纳、解决问题的能力和勇于探索、积极进取的精神。在实践环节，让企业技师参与教学，在技师认真、严谨的工作作风带领下，学生内化了工匠精神，从而提高了学生学习的积极性和对专业的认同感，达成了素养目标。
3. 存在的不足
依据学生个性差异应采用不同措施进行分层训练；个别学生的操作熟练度不够；由于时间限制教师没能做到逐一指导。
改善措施：加强对学生的心理疏导，提高其技能本领，不断提升学生的核心素养。</td></tr>
</table>

参考文献

一、著作

［1］叶澜. 变革中生成：叶澜教育报告集［M］. 北京：中国人民大学出版社，2019.

［2］杰·唐纳·华特士. 生命教育：与孩子一同迎向人生挑战［M］. 林莺，译. 成都：四川大学出版社，2006.

［3］周峰. 主体的实践：马克思《关于费尔巴哈的提纲》如是读［M］. 广州：广东人民出版社，2016.

［4］莱斯利·P. 斯特弗，杰里·盖尔. 教育中的建构主义［M］. 高文，等译. 上海：华东师范大学出版社，2002.

［5］乌云特娜. 回溯苏霍姆林斯基的教育情感世界［M］. 北京：中国社会科学出版社，2020.

［6］罗杰斯. 罗杰斯著作精粹［M］. 刘毅，钟华，译 . 北京：中国人民大学出版社，2006.

［7］尤·克·巴班斯基. 教学过程最优化：一般教学论方面［M］. 张定璋，等译. 北京：人民教育出版社，2007.

［8］顾明远. 这就是教育家：李吉林和情境教育学派研究［M］. 北京：教育科学出版社，2011.

［9］维果茨基. 维果茨基教育论著选［M］. 余震球，译. 北京：人民教育出版社，2004.

［10］陶行知. 陶行知文集：上［M］. 南京：江苏教育出版社，2008.

［11］布鲁纳. 教育过程［M］. 邵瑞珍，译. 北京：文化教育出版社，1982.

［12］怀特海. 教育的目的［M］. 庄莲平，王立中，译. 上海：文汇出版社，2012.

［13］戴维·H·乔纳森，苏珊·M·兰德. 学习环境的理论基础［M］. 徐世猛，李洁，周小勇，译. 2 版 . 上海：华东师范大学出版社，2015.

［14］希尔伯特·迈尔. 怎样上课才最棒：优质课堂教学的十项特征

[M]. 黄雪媛，马媛，译. 上海：华东师范大学出版社，2010.

[15] 洛林·W. 安德森，等. 布卢姆教育目标分类学 [M]. 蒋小平，张琴美，罗晶晶，译. 修订版 . 北京：外语教学与研究出版社，2018.

[16] 佐藤学. 静悄悄的革命：课堂改变，学校就会改变 [M]. 李季湄，译. 北京：教育科学出版社，2014.

[17] 余文森. 核心素养导向的课堂教学 [M]. 上海：上海教育出版社，2017.

[18] 布鲁斯·乔伊斯，玛莎·韦尔，艾米莉·卡尔霍恩. 教学模式 [M]. 兰英，等译. 8 版 . 北京：中国人民大学出版社，2014.

[19] 文秋芳. 产出导向法：中国外语教育理论创新探索 [M]. 北京：外语教学与研究出版社，2020.

[20] 联合国教科文组织国际教育发展委员会. 学会生存：教育世界的今天和明天 [M]. 华东师范大学比较教育研究所，译. 北京：教育科学出版社，1996.

[21] 乌申斯基. 人是教育的对象 [M]. 李子卓，等译. 北京：科学出版社，1959.

[22] 马克思 . 1844 年经济学哲学手稿 [M]. 中共中央马克思恩格斯列宁斯大林著作编译局，编译. 北京：人民出版社，2018.

[23] 福禄培尔. 人的教育 [M]. 孙祖复，译. 北京：人民教育出版社，1991.

[24] 陈佑清. 教学论新编 [M]. 北京：人民教育出版社，2011.

[25] 戴维·保罗·奥苏贝尔. 意义学习新论：获得与保持知识的认知观 [M]. 毛伟，译. 杭州：浙江教育出版社，2018.

二、论文

[1] 叶澜. 让课堂焕发出生命活力 [J]. 教师之友，2004（1）：49-53.

[2] 叶澜. 重建课堂教学过程观：“新基础教育”课堂教学改革的理论与实践探究之二 [J]. 教育研究，2002（10）：24-30，50.

[3] 郭华. 教学改革的初心与坚守 [J]. 中小学管理，2021（5）：9-12.

[4] 邱学华. 尝试教学研究 50 年 [J]. 课程·教材·教法，2013，33（4）：3-13.

[5] 杨曙明. “活动单导学”：课堂教学结构的根本性变革 [J]. 江苏教育研究，2009（30）：61-64.

[6] 裴娣娜. 读懂叶澜教授及其“生命·实践”教育学派 [J]. 当代

教育与文化，2015，7（3）：24-26.

［7］徐洁. 论生态课堂的四维价值诉求［J］. 教学与管理（中学版），2015（1）：1-4.

［8］孙芙蓉. 试论课堂生态研究的几个基本问题［J］. 教育研究，2011（12）：59-63.

［9］孙芙蓉. 健康课堂生态系统研究刍论［J］. 教育研究，2012（12）：77-82.

［10］陈向阳. 活力的古今之变与职教“活力课堂”［J］. 中国职业技术教育，2021（20）：10-14.

［11］王光宇. 发挥学生主体作用，构建数学活力课堂［D］. 苏州：苏州大学，2011.

［12］张金秀，李艳，付琦. 中学英语活力课堂的结构和内涵［J］. 英语教师，2015，15（3）：50-54，59.

［13］陈苏俊. 基于 CDIO 创设中职活力课堂的研究与思考［J］. 辽宁农业职业技术学院学报，2017，19（6）：40-42.

［14］林伟民，夏一生. 活力课堂：基本内涵与构建要素——以数学学科为例［J］. 教育研究与评论（中学教育教学），2012（10）：21-25.

［15］任逸姿. 中职学校活力课堂的构建策略研究：基于课堂教学管理的视角［J］. 职业教育研究，2018（5）：41-45.

［16］陈海鲸. 激活课堂教学要素　打造数学活力课堂［J］. 数学教学通讯，2013（34）：35-36.

［17］石中英. 学校活力的内涵和源泉［J］. 河北师范大学学报（教育科学版），2017，19（2）：5-7.

［18］林高明. 深度学习：为核心素养立魂［J］. 今日教育，2017（6）：22-24.

［19］叶浩生. 具身认知：认知心理学的新取向［J］. 心理科学进展，2010，18（5）：705-709.

［20］朱俊，陈金国，姚敏，吕传鸿. 中职活力课堂：内涵意蕴、操作程序与实施策略［J］. 中国职业技术教育，2021（20）：15-20.

［21］张俭民. 教学型高校课堂教学质量保障体系运行机制研究［J］. 高等理科教育，2012（3）：43-46，79.

［22］卢洁. 高等学校教学质量保障体系建设研究［J］. 才智，2018（28）：195-196.

[23] 张进，杨宁，陈伟建，等. 评估视角下高校教学质量保障体系的重构 [J]. 高等工程教育研究，2018 (3)：137-141.

[24] 张远增. 教育评价方法认识与教育评价实践建议 [J]. 教育科学研究，2003 (9)：33-36.

[25] 王素瑛. 论教育教学评价方法的发展及创新走向 [J]. 绵阳师范学院学报，2007，26 (10)：123-126.

[26] 于晓波，李臣之. 发展性课堂教学自我评价体系探究 [J]. 教学与管理，2014 (11)：144-147.

[27] 南纪稳. 结构性课堂教学评价与开放性课堂教学评价探析 [J]. 教育科学研究，2005 (2)：24-27.

[28] 毛艳丽，吴洪艳，王瑞. "任务书式" 活页实训课程及教材的开发与应用研究：以中职物流仓储与配送技能实训为例 [J]. 职教论坛，2019 (10)：52-56.

[29] 陈幼儿. 构建数学 "生命课堂" 提升教学品质 [J]. 教育艺术，2013 (3)：9.

[30] 冷丽娟. 任务驱动教学法在中职学校《电子技术基础》课程中的探索与应用 [J]. 心事，2014 (17)：142-143.

[31] 陈雨亭. 课堂教学诊断与改进的理念与策略 [J]. 当代教育科学，2014 (2)：27-29.

[32] 倪焕敏，徐黎明. 高职院校课堂教学诊断与改进的内涵和价值研究 [J]. 新疆职业教育研究，2018，9 (2)：26-28.

[33] 代天真，李如密. 课堂教学诊断：价值、内容及策略 [J]. 全球教育展望，2010 (4)：41-43，66.

[34] 杨兰娥. 教学诊断应秉持的六大原则 [J]. 河北教育 (综合版)，2009 (11)：42.

[35] 孔庆新. 论人的自我解放 [J]. 山西高等学校社会科学学报，2010 (4)：15-19.

[36] 张楚廷. 大学里，什么是一堂好课 [J]. 高等教育研究，2007，28 (3)：73-76.

[37] 何媛媛. 高校思想政治理论课生活化教学的理论依据及实践路径 [J]. 贺州学院学报，2021，37 (4)：142-147.

[38] 谢文新. 中职语文 "专业化" 导向改革刍议 [J]. 湖北广播电视大学学报，2011，31 (2)：41-42.

［39］张健. 人文教育：让职教更有底蕴和张力［J］. 滁州职业技术学院学报，2013，12（4）：5-7，27.

［40］陈金国. 中职数学活力课堂的基本特征与实施策略［J］. 中国职业技术教育，2019（11）：10-14.

［41］陈金国. 核心素养视角下中职数学项目化学习应用策略［J］. 职业技术教育，2020，41（11）：45-49.

［42］吕路平，童国通. 基于五位视角的高职课堂教学诊断与改进体系构建［J］. 职业技术教育，2017，38（20）：51-55.

［43］郝艳青，李政. 职业教育课堂教学诊断有效实施的要点分析［J］. 课程教育研究，2020（22）：117-118.

［44］吴小鸥. 课堂：人与知识相遇的教学场［J］. 教育理论与实践，2011，31（10）：53-56.

［45］赵颖. 高等学校英语教学环境建设及改进策略研究［J］. 河南科技学院学报，2021，41（12）：66-72.

［46］于冬梅. 数学美感课堂的内涵、要素及功能［J］. 教育导刊，2020（4）：42-47.

［47］马多秀，江敏锐，马萍丽. 中小学课堂教学情感环境的内涵、意义及其创设［J］. 中小学班主任，2022（8）：55-58.